社会发展与志愿服务研究丛书

中国志愿服务研究中心
中国志愿服务研究中心浙江（宁波）分中心 ／编著

志愿服务概论

An Introduction to
Volunteering

社会科学文献出版社
SOCIAL SCIENCES ACADEMIC PRESS (CHINA)

编　委　会

中国志愿服务研究中心简介

中国志愿服务研究中心（以下简称"中心"）在中央文明办大力支持下，于2019年10月在中国社会科学院应势成立，是国内第一家，也是唯一一家专注于新时代文明实践志愿服务研究的国家级志愿服务领域科研机构。中心依托中国社会科学院作为党中央、国务院思想库和智囊团的优势，承担统筹协调、引领示范全国新时代文明实践志愿服务的研究工作，通过整合资源和力量承接国家重大科研项目，开展理论研究、典型案例研究和监测调查评估，培养高层次人才队伍，促进全国志愿服务研究机构间的交流与合作。在志愿服务文化传播方面，中心具备志愿服务文化传播全媒体矩阵，并主办《中国志愿服务研究》期刊，记录志愿服务事业发展状况，书写志愿者奋斗历程，讲好新时代志愿服务故事，传播力、公信力、影响力与引导力展现出强大优势。中心具体职能如下。

承接中宣部、中央文明办等部门委托的重要课题。配合中央文明办，共同完成"新时代文明实践中心建设试点地区志愿服务监测和评估调查"，开展新时代文明实践志愿服务系列调研之全国大规模调研，这是我国首个全国性、大规模、多学科的志愿服务调查项目，可为学术研究和公共政策分析提供数据支持。通过科学化的指标体系，建立质量可靠、数据使用便利的新时代文明实践志愿服务数据库，评估监测基期调查（2020年）已顺利完成，多位专家学者基于数据库撰写中文论文并发表在相关期刊上，并据此撰写了博士、硕士学位论文。中心与生态环境部、国家卫健委、退役军人事务部、共青团中央、全国妇联、中国科学技术协会、中国老龄协会等形成了良好的协作关系，开展了一系列合作研究项目。

精心打造和承办志愿服务高端理论研讨会。中心先后与中央文明办、北京冬奥组委、中国志愿服务联合会，以及地方文明办联合主办了"冬奥志愿服务理论研讨会"、"新时代文明实践志愿服务理论研讨会"、"学习贯彻党的十九届五中全会精神理论研讨会暨'12·5 国际志愿者日'主题活动"、"健全志愿服务体系理论研讨会"和"企业志愿服务理论研讨会"等高端学术会议，受到中宣部、中央文明办领导的高度重视。《人民日报》、《光明日报》、中国文明网、《中国社会科学报》等主流媒体多次报道了相关研讨内容。

参与推动新时代文明实践志愿服务工作。中心在全国 21 个省份开展了志愿服务的相关调研，并与调研省份的宣传部、文明办达成合作意向。同时，根据调研的上海志愿服务案例撰写的《上海疫情防控志愿服务体系建设的经验启示》获得领导批示，被评为中国社会科学院 2020 年度优秀对策信息对策研究类三等奖。此外，中心研究人员还积极参与了"全国学雷锋志愿服务'四个 100'先进典型宣传推选活动"和"中国青年志愿服务项目大赛"等赛事的评审工作，推动了各类志愿服务项目大赛的规范化和专业化发展。

负责《中国志愿服务研究》期刊管理工作。作为志愿服务研究领域的专业学术期刊，《中国志愿服务研究》按季度完成组稿、编辑和出版发行工作。同时，编辑部还开设了"中国志愿服务研究"的微信公众号，与中心微信公众号同时运营，将理论宣讲和研究成果转化为志愿者、志愿服务组织和志愿服务工作者看得懂、想得清、学得会、用得上的经验分析和案例总结，并在调研和培训过程中推广，得到广泛关注和好评。

打造志愿服务理论宣讲和政策培训系列课程。中心先后参与了中央文明办、中国志愿服务联合会、全国妇联、国家卫健委、生态环境部、辽宁雷锋学院、全国博物馆协会、南水北调集团等单位和天津市、浙江省、河南省、陕西省、山西省、贵州省等省份组织的志愿服务理论宣讲和培训工作，累计培训基层干部人数超过 5000 人次。同时，中心正在打造新时代文明实践志愿服务系列课程，内容包括中国特色志愿服务的思想渊源与理论解读、新时代文明实践志愿服务的发展与实践、志愿服务参与社会治理的路径和方法、新时代中国特色志愿服务的形势与任务、应急救援志愿服务等，将成为体现"理论高度、内容深度、实践厚度"的全面、深入和实用的志愿服务系列课程。

中国志愿服务研究中心浙江（宁波）分中心简介

　　中国志愿服务研究中心浙江（宁波）分中心（以下简称"分中心"）成立于2020年9月，是目前中国志愿服务研究中心全国唯一的分中心。分中心主要从事志愿服务和新时代文明实践研究，重点研究新时代文明实践志愿服务经验及发展趋势，适时向中央文明办、浙江省委宣传部、宁波市委宣传部提交决策咨询建议，致力于提升浙江及宁波地区志愿服务研究水平，协力推进全国志愿服务健康发展的科学共同体和学术型智库。具体职责和任务如下。

　　基础理论研究。分中心重点开展新时代文明实践志愿服务研究，包括志愿服务基本理论、基本制度、组织建设、项目运行、队伍管理、法制保障等的研究，以及乡村治理与志愿服务等的研究。每年向中国志愿服务研究中心提交本地区新时代文明实践志愿服务年度调研报告一份。

　　信息资料整理。分中心对全国新时代文明实践中心建设的相关资料进行跟踪收集和整理，编写新时代文明实践志愿服务项目案例、培训教材等，用于学习参考和教育培训。

　　课题研究发布。分中心承担中央文明办交办的学术研究任务，承接其他党政部门相关课题研究任务，动员全国具备资质和符合条件的单位积极参与，组织专家智库团队对调研课题进行评估审核，为党政部门决策咨询提供支持。

　　智库团队建设。聘请相关领域知名专家学者、社会团体知名人士、公众人物和市民代表等为中心专家成员，逐步吸引国内外一流专家学者，组建一支较高水平的志愿服务研究智库团队，提升分中心研究水平。参与承担志愿服务研究队伍的培养工作，并设立与志愿服务相关的招生方向。

成果宣传推介。分中心通过公开发表评论文章、论文、权威性研究报告及出版书籍等方式公布调研成果，借助社科媒介、重要媒体和网络平台等传播途径，向学界和公众介绍志愿服务研究成果。每年向《中国志愿服务研究》和"中国志愿服务蓝皮书"提供符合要求的稿件两篇以上。

学术研讨与交流。分中心组织举办志愿服务论坛、志愿服务沙龙、志愿服务培训，为浙江省志愿服务专家、志愿者领袖、优秀志愿服务工作者，搭建经验交流、成果分享和思维启发的平台。在中央文明办支持和中国志愿服务研究中心指导下，每年组织一次以上全国性的志愿服务学术研讨会。

目 录

■ **导　论** / 001

第一节　新时代文明实践的思想渊源 / 002

第二节　新时代文明实践的理论基础 / 010

第三节　新时代文明实践中心的立体功能 / 014

第四节　新时代文明实践中心与志愿服务 / 018

■ **第一章　新时代文明实践志愿服务的概念、特征与要素** / 025

第一节　新时代文明实践志愿服务的概念 / 025

第二节　新时代文明实践志愿服务的特征 / 034

第三节　新时代文明实践志愿服务的要素 / 038

■ **第二章　新时代文明实践志愿服务的领域** / 051

第一节　新时代文明实践志愿服务的重点领域 / 052

第二节　新时代文明实践志愿服务的基本领域 / 074

■ **第三章　新时代文明实践志愿服务的项目设计与管理** / 086

第一节　新时代文明实践志愿服务项目的评判标准 / 086

第二节　新时代文明实践志愿服务项目的设计方法 / 089

第三节　新时代文明实践志愿服务项目的发起模式 / 093

第四节　新时代文明实践志愿服务项目的实施 / 095

第四章　新时代文明实践志愿服务的团队管理　/ 100

第一节　新时代文明实践志愿服务团队概述 / 100

第二节　新时代文明实践志愿服务团队的组建 / 110

第三节　新时代文明实践志愿服务团队的管理 / 123

第五章　新时代文明实践志愿服务的志愿者管理　/ 139

第一节　新时代文明实践志愿服务长效机制和社会氛围 / 139

第二节　新时代文明实践志愿服务参与动机 / 146

第三节　志愿者的招募 / 152

第四节　志愿者的培训 / 154

第五节　志愿者的激励 / 164

第六章　新时代文明实践志愿服务的资源整合　/ 176

第一节　志愿服务资源整合的维度与方法 / 176

第二节　理论宣讲平台的资源整合方法 / 183

第三节　教育服务平台的资源整合方法 / 190

第四节　文化服务平台的资源整合方法 / 194

第五节　科技与科普服务平台的资源整合方法 / 198

第六节　健身体育服务平台的资源整合方法 / 202

第七节　健康促进与卫生服务平台的资源整合方法 / 206

第八节　法律服务平台的资源整合方法 / 210

第七章　新时代文明实践志愿服务的制度体系建设　/ 215

第一节　志愿服务制度和制度体系 / 215

第二节　中国志愿服务制度体系建设的历程 / 217

第三节　中国志愿服务制度体系的主要构成 / 232

第四节　中国志愿服务制度体系的创新和发展方向 / 235

第八章 新时代文明实践志愿服务的可持续发展 / 238

第一节 人的可持续 / 239

第二节 政策的可持续 / 243

第三节 教育的可持续 / 245

第四节 工具的可持续 / 248

后 记 / 251

导　论

实践是人类社会存在和发展的前提，是社会历史进步的动力。文明的本质是实践，作为社会的素质，它是体现社会发展水平的重要标志。中国特色社会主义进入新时代，文明实践也进入了新的发展阶段。新时代文明实践有着深厚的思想渊源与科学的理论基础。马克思主义与习近平新时代中国特色社会主义思想为其提供了思想指引和行动指南，中国传统文化中的先进要素也为其提供了继承、转化与发展的思想资源。

与过去的文明实践相比，新时代文明实践的"新"突出表现在以下三个方面。首先，我国发展进入新阶段，满足人民日益增长的美好生活需要是精神文明建设在新阶段的时代所需。新时代文明实践具有与时俱进的时代属性。其次，与一般的文化搭台和文体活动不同，新时代文明实践中心的建设和发展是宣传思想工作守正创新、开拓新局的战略举措，是盘活基层、打牢基础的重大改革，是新形势下宣传群众、教育群众、引领群众、服务群众的重要抓手，是党中央站在聚焦提高全民道德素质和社会文明程度、建设具有强大生命力和创造力的社会主义精神文明的高度上，从试点探索到向全国县乡全域覆盖的有益实践。① 最后，志愿服务是一种公益性的社会实践活动，也是社会文明进步的重要标志。志愿服务在新时代文明实践中具有重要的意义，通过与新时代文明实践中心的建设和发展实现深度有机融合，即把志愿者作为新时代文明实践中心建设的主体力量，把志愿服务作为文明实践的主要活动形式，实现资源共享、优势互补、协同高效。

---

① 中共中央办公厅：《关于拓展新时代文明实践中心建设的意见》，2021。

广大志愿者是我国社会主义事业的建设者和同行者。在党的领导下，中国特色的志愿服务事业迎来了蓬勃发展的局面。结合群众对美好生活的期待，以群众需求为导向的志愿服务是推进新时代文明实践的有效载体和有力抓手，也是建设和发展新时代文明实践中心的工作重点。为实现志愿服务的规范化、常态化、专业化和可持续发展，使奉献、友爱、互助、进步的志愿服务事业融入我国新时代的经济社会发展大局，新时代文明实践中心的建设和发展为中国特色的志愿服务事业搭建了广阔的舞台。

第一节　新时代文明实践的思想渊源

中国特色社会主义进入新时代，文明实践也进入了新的历史发展阶段。在马克思主义的思想指引下，新时代文明实践是对社会主义核心价值观的培育与践行，在思想渊源上既包含了对中国优秀传统文化的继承与创新，也包含了对中国革命精神的当代传承与延伸。

一　马克思主义道德伦理思想提供了坚实的思想指引

习近平总书记指出，马克思主义始终是我们党和国家的指导思想，是我们认识世界、把握规律、追求真理、改造世界的强大思想武器。[①] 马克思主义普遍原理与中国具体实际的结合，是建设中国特色社会主义的基本路径。在社会主义初级阶段，精神文明建设与思想道德建设是社会主义建设的重要组成部分，新时代是中国特色社会主义的新现实与新阶段，是我国发展新的历史方位，马克思主义的道德伦理思想为新时代文明实践中心的发展和建设提供了丰富的理论源泉与科学的实践指引。

人类文明包含物质文明和精神文明，是社会发展与进步的重要标志，马克思主义为理解文明确立了历史唯物主义的科学方法，揭示了文明的实践属性与本质特征。其中，恩格斯在《英国工人阶级状况》一文中对 18 世纪英国社会的历史考察指出，文明是实践的事情，是社会的素质。[②] 文明既

---

① 习近平：《在纪念马克思诞辰 200 周年大会上的重要讲话》，2018 年 5 月 4 日。
② 《马克思恩格斯文集》第 1 卷，人民出版社，2009，第 97 页。

不是单纯的物质生产活动，也不是单纯的理性精神，它反映了主体与客体在实践中形成的辩证统一关系。正如实践具有历史性，文明的发展与人类认识和改造世界的实践活动息息相关，社会生产力的发展是文明进步的基础。

马克思主义对道德起源做出了科学阐释①，解释了道德是社会历史的产物，它在人类历史的长期社会实践中形成，并随着历史的发展而发生变化。作为上层建筑，道德受物质条件，尤其是生产力与生产关系的制约，它由社会的经济基础决定，并对经济基础有重要的能动作用。因为不同阶级在社会经济结构中所处的地位不同，道德作为一种意识形态具有鲜明的阶级性。

马克思主义道德伦理思想，作为中国道德建设实践的指导思想，在中国历史前进道路的不同阶段发挥了重要作用。马克思主义道德伦理思想对社会经济基础的能动作用，为物质文明的发展提供了精神动力和智力支持，不同历史时期的思想道德建设也契合了社会发展的阶段性特征，满足了相应的社会需要。

在新民主主义革命时期，中国化的马克思主义道德伦理思想得以形成和广泛传播。在社会主义革命和建设时期，在社会制度发生深刻变革的历史背景下，重建伦理秩序成为时代需求，人们的思想道德面貌也发生了巨大变化，整个社会呈现良好的道德风尚，这也是我国社会主义道德建设探索与社会主义伦理思想形成的重要阶段。在改革开放时期，解放和发展生产力体现了社会主义的本质要求，也是我国改革开放事业的首要任务。改革开放是马克思主义中国化探索的创举。中国社会的深刻结构转型，在道德生活与伦理秩序方面出现的新形势与新变化，对新时期的思想道德建设提出了新要求。在经济快速发展、物质文明不断进步的背景下，要发展和建立与之相适应的精神文明，从而为社会主义初级阶段的现代化事业提供强大的精神动力和智力支持。改革开放之初，我国确立了物质文明和精神文明协调发展的战略方针，这也是邓小平建设有中国特色社会主义理论的重要组成部分。

---

① 马克思、恩格斯：《德意志意识形态》（节选本），人民出版社，2003。

党的十八大以来，党中央高度重视精神文明建设，对物质文明与精神文明的协调发展做出专门部署。推动"两个文明"协调发展，既是坚持和发展中国特色社会主义的必然要求，也是全面建成小康社会的基本内容。人民向往的美好生活，小康社会的建成，不仅包括物质生活水平的提高，还包括精神文化生活的丰富。高水平的精神文明建设，为全面建成小康社会提供了坚强的思想保证与精神力量。

二 优秀传统文化中的道德元素提供了丰富的思想资源

新时代文明实践是对中华民族优秀传统文化的当代继承与创新，家国情怀是价值枢纽，中国精神是时代内涵。中华民族的传统美德是人民群众长期社会实践的产物，是中华民族集体智慧的结晶，早已融入我们的文化基因。

中华民族在长期的历史过程中创造和孕育了独特的思想文化与精神文明。传统的道德观念和伦理思想不仅是中华民族文化的重要组成部分，而且是历史发展的结晶，其中蕴含的许多积极进步要素与成分，也表现为具有普遍主义特征的道德观念和伦理思想，于当代中国的思想道德体系建设有重要的传承和弘扬价值。

在全球化的时代，优秀传统文化中丰富的道德和伦理传统，对于建构中国特色的社会主义精神文明与道德伦理具有重要的借鉴意义，它们代表了鲜明的民族特性，是"中国特色"与"中国精神"的重要组成部分。因而，积极进步的传统思想文化，有利于推动社会主义道德建设和制度建设，并在全球化的背景中彰显社会主义精神文明与道德伦理的中国特色。

党的十九大报告明确指出，中国共产党从成立之日起，既是中国先进文化的积极引领者和践行者，又是中华民族优秀传统文化的忠实传承者和弘扬者。中国特色社会主义文化，源自中华民族五千多年文明历史所孕育的中华优秀传统文化，熔铸于党领导人民在革命、建设、改革中创造的革命文化和社会主义先进文化，植根于中国特色社会主义伟大实践。培育和践行社会主义核心价值观，需要深入挖掘中华优秀传统文化蕴含的思想观念、人文精神和道德规范，也要结合时代的要求进行创造性转化和创新性发展，展现和发扬中华优秀传统文化的历史魅力与时代风采。

对优秀传统文化中积极道德元素的创造性转化与创新性发展，既是文化自信的表现，也是坚持社会主义核心价值体系、推动社会主义文化繁荣兴盛的必然要求，具有重要的理论和现实意义。继承、转化、发扬和发展的成分不仅包括具体的道德价值伦理，还包括道德教化的思想理念。中华民族历史上自强不息、厚德载物和忧国忧民的传统美德，通过思想导引教而化之，使人具有文化修养、进取精神和道德素质。

中华民族博大精深、源远流长的传统思想文化为社会主义精神文明建设提供了丰富宝贵的历史资源与文化遗产。要实现批判性地继承与发扬创新，科学分析与区分是创造性转化与创新性发展的前提条件。习近平总书记在中央政治局第十八次集体学习时的讲话指出："我们要对传统文化进行科学分析，对有益的东西、好的东西予以继承和发扬，对负面的、不好的东西加以抵制和克服，取其精华、去其糟粕，而不能采取全盘接受或者全盘抛弃的绝对主义态度。"①

传统思想文化中的精华部分，以及符合时代发展需要的价值伦理与道德规范，为新时代文明实践提供了思想资源。优秀传统文化与发展现实文明的有机统一、密切结合，是实现中华民族优秀传统文化创造性转化与创新性发展的有效路径。中国精神是社会主义核心价值观的集中体现和时代表达，是文明实践的"根"和"魂"。具有悠久历史和丰富思想内涵的中国精神既是新时代文明实践要传递的时代价值与精神，也是新时代文明实践的思想指引。

三 思想道德建设的历史进路提供了宝贵的实践经验

思想道德建设的历史进路，为新时代文明实践提供了宝贵的实践经验。在中国革命历史与社会主义事业建设过程中，不同历史阶段涌现出的适应时代潮流与发展需要的思想道德也是文明实践思想渊源的重要组成部分。

首先，毫不利己、专门利人的白求恩精神、全心全意为人民服务的思想传统以及雷锋精神，在不同时代的传承和发展，以及具有历史感和时代

---

① 习近平：《在中共中央政治局第十八次集体学习时的讲话》，《人民日报》2014 年 10 月 14 日，第 1 版。

感的道德榜样，以及他们身上体现的奉献精神和道德思想为文明实践注入了深刻内涵与发展动力。

在革命年代，"为人民服务"成为响应时代要求而生的道德思想。在新的历史时期，全心全意为人民服务作为中国共产党的根本宗旨，是中国共产党通过紧密联系群众，走好群众路线，长期执政的根本保证。为人民服务思想是社会主义核心价值观的生动诠释与体现，也是社会主义思想道德建设的核心。

其次，自新中国成立以来，公民的思想道德建设一直是党和国家工作的重点，同时在中国社会发展和变迁的过程中，公民道德建设呈现时代性与阶段性的特点。总体而言，1949 年之后，中国思想道德建设的历史进路向系统化和体系化迈进，并在不同历史阶段注入了特定的时代内涵，以契合我国社会主义发展事业的需要。改革开放之后，社会主义精神文明建设成为重大的战略任务。在世纪之交的新局面下，建立与社会主义市场经济相适应的道德体系成为新要求。

1949 年 9 月，新中国成立前夕，《中国人民政治协商会议共同纲领》中第一次提出了中国公民的社会主义思想道德规范，明确将"爱祖国、爱人民、爱劳动、爱科学、爱护公共财物"（以下简称"五爱"）作为公民基本道德要求。

在改革开放初期，针对社会经济发展的新动态与精神文明建设的新需求，1982 年 12 月召开的第五届全国人民代表大会第五次会议通过《中华人民共和国宪法》，其中第二十四条将 1949 年提出的"五爱"调整为"爱祖国、爱人民、爱劳动、爱科学、爱社会主义"。新的"五爱"是社会主义道德建设的基本要求，也是社会主义精神文明的重要组成部分。

1986 年的中国共产党第十二届中央委员会第六次全体会议，通过的《中共中央关于社会主义精神文明建设指导方针的决议》，将社会主义精神文明建设提升到战略高度，明确了它必须是推动社会主义现代化建设、促进全面改革和对外开放，以及坚持四项基本原则的社会主义精神文明建设。精神文明建设的根本任务在于，适应社会主义现代化建设的需要，培育有理想、有道德、有文化、有纪律的社会主义公民，提高整个中华民族的思想道德素质和科学文化素质。

1996 年 10 月，中共十四届六中全会通过了《中共中央关于加强社会主义精神文明建设若干重要问题的决议》。该决议是中国精神文明建设跨世纪发展的纲领性文件，确立了精神文明建设的指导思想："以马克思列宁主义、毛泽东思想和邓小平建设有中国特色社会主义理论为指导，坚持党的基本路线和基本方针，加强思想道德建设，发展教育科学文化，以科学的理论武装人，以正确的舆论引导人，以高尚的精神塑造人，以优秀的作品鼓舞人，培育有理想、有道德、有文化、有纪律的社会主义公民，提高全民族的思想道德素质和科学文化素质，团结和动员各族人民把我国建设成为富强、民主、文明的社会主义现代化国家。这是精神文明建设总的指导思想，也是精神文明建设总的要求。"①

《中共中央关于加强社会主义精神文明建设若干重要问题的决议》契合了中国发展的现实需要。改革开放之后，党和国家的工作重心转移到经济建设领域，在解放和发展社会主义生产力、提高人民生活水平上取得了一定的成绩。但是在一些地方和领域，存在忽视思想教育和精神文明建设的问题。1980 年 12 月，邓小平在中央工作会议上指出，"我们要建设的社会主义国家，不但要有高度的物质文明，而且要有高度的精神文明"。② 物质文明建设和社会主义精神文明建设成为两个需要共同发展、同时建设的对象，形成了著名的"两手抓，两手都要硬"的方针。

社会主义精神文明建设是一项跨世纪的重大战略任务，《中共中央关于加强社会主义精神文明建设若干重要问题的决议》指出了社会主义精神文明建设的主要目标："在全民族牢固树立建设有中国特色社会主义的共同理想，牢固树立坚持党的基本路线不动摇的坚定信念；实现以思想道德修养、科学教育水平、民主法制观念为主要内容的公民素质的显著提高，实现以积极健康、丰富多彩、服务人民为主要要求的文化生活质量的显著提高，实现以社会风气、公共秩序、生活环境为主要标志的城乡文明程度的显著提高；在全国范围形成物质文明建设和精神文明建设协调发展的良好

---

① 《中共中央关于加强社会主义精神文明建设若干重要问题的决议》，http://www.dzwww.com/2011/whjs/fzbs/201110/t20111026_6727062.htm。

② 邓小平：《贯彻调整方针，保证安定团结》（1980 年 12 月 25 日），载《邓小平文选》第 2 卷，人民出版社，1980，第 367 页。

局面。"

进入 21 世纪，2001 年 9 月 20 日，中共中央印发了《公民道德建设实施纲要》，强调加强社会主义思想道德建设，是发展先进文化的重要内容和中心环节。作为 21 世纪的第一份道德建设重要文件，《公民道德建设实施纲要》提到，公民道德建设，是以社会公德、职业道德和家庭美德为着力点；既要继承中华民族几千年形成的传统美德，发扬党领导人民在长期革命斗争与建设实践中形成的优良传统，借鉴世界各国道德建设的成功经验和先进文明成果，也要对社会主义市场经济建设所取得的发展有所回应。概而言之，公民道德建设的目的在于与时俱进地建立和发展与社会主义市场经济相适应的社会主义道德体系。

四 新时代思想道德建设的发展指明了时代性的新方向

从 1949 年《中国人民政治协商会议共同纲领》确立"五爱"，到 2001 年《公民道德建设实施纲要》的印发，我国的思想道德建设向体系化和系统化迈进，并在这一过程中融合了传统思想文化、社会主义革命与建设的优良传统等诸多先进要素。同时，中国的思想道德建设并不是故步自封的建设，而是在长期的发展与探索过程中不断吐故纳新，表现出较强的先进性、创新性、开放性和包容性。更为重要的是，各个历史阶段的思想道德建设，在内容和形式上，均是对我国社会发展现实基础与时代特征的反映。

2017 年 10 月，中国共产党第十九次全国代表大会胜利召开，会上做出的"中国特色社会主义进入新时代"的重大判断，对中华民族的发展具有划时代的里程碑意义。一方面，新时代是对社会主义初级阶段判断的继承、发展和创新[1]；另一方面，中国特色社会主义进入新时代，意味着近代以来久经磨难的中华民族迎来了从站起来、富起来到强起来的伟大飞跃，迎来了实现中华民族伟大复兴的光明前景。[2] 我国思想道德建设具有时代属性，中国特色社会主义新时代亦需要可以反映社会现实、适应社会发展的道德

---

① 唐任伍：《关于"新时代"的十大创新》，《人民论坛》2017 年第 31 期，第 2 页。
② 习近平：《决胜全面建成小康社会 夺取新时代中国特色社会主义伟大胜利——在中国共产党第十九次全国代表大会上的报告》，《求是》2017 年第 21 期，第 26 页。

建设纲领。

在 2001 年《公民道德建设实施纲要》发布之后，中国社会和国际形势在十余年的时间里发生了很大的变化。其中，中国特色社会主义进入新时代，是对中国社会全局性与根本性的重大科学判断，代表了党和国家事业发展的新起点。在中国特色社会主义进入新时代，面对新的社会情境、国际国内形势与现实，党和国家对公民道德建设提出了新的任务，以及与时俱进的新要求。

在世界与社会发生深刻变革的背景下，在一些领域和地方仍存在道德失范现象，如道德观念缺失，拜金主义、享乐主义和极端个人主义等问题，并出现许多违反公序良俗的现象，在人民群众和社会中造成了不良影响。2019 年 10 月，中共中央、国务院印发了《新时代公民道德建设实施纲要》。《新时代公民道德建设实施纲要》的印发，是对当代国内外历史变革与现实情境的回应，反映了时代特征与社会发展的需求。《新时代公民道德建设实施纲要》的重点任务包括：筑牢理想信念之基；培育和践行社会主义核心价值观；传承中华传统美德；弘扬民族精神和时代精神。深化道德教育引导和推动道德实践养成是公民道德建设的两种主要方式。

一方面，学校、家庭、工作单位是道德教化的重要场所，也是培育社会公德、家庭美德和职业道德的主要着力场所。此外，道德教化的深化，还需要先锋模范发挥道德风尚的引领作用，需要正确舆论营造良好的道德环境，需要优秀文艺作品为人民服务、陶冶道德情操。同时，发挥各类阵地和平台的道德教育作用。例如，爱国主义教育基地，科普、国防教育基地等。

另一方面，道德教化并不是灌输式的被动教育，它还需要道德实践的主动养成。除了体现时代特征，注重群众实践也是《新时代公民道德建设实施纲要》的重要特点。公民道德建设作为一项新时代精神文明建设的系统工程，对开展过程中工作规律的深入理解与科学把握提出了要求。尤其是，要通过搭建民众便于参与和乐于参与的平台，激发民众的参与热情，拓宽民众的参与渠道，突出公民道德建设的群众性、实践性和可操作性。

在此背景下，新时代文明实践中心的提出和建立，是一项积极有益的探索与实践。2018 年 7 月 6 日，中央全面深化改革委员会第三次会议审议通过了《关于建设新时代文明实践中心试点工作的指导意见》，强调建设新时代文明实践中心，是深入宣传习近平新时代中国特色社会主义思想的一个重要载体，要着眼于凝聚群众、引导群众，以文化人、成风化俗，调动各方力量，整合各种资源，创新方式方法，用中国特色社会主义文化、社会主义思想道德牢牢占领农村思想文化阵地，更广泛、更有效地动员和激励广大农村群众积极投身决胜全面建成小康社会、全面建设社会主义现代化国家。中宣部、中央文明办组织编写的《建设新时代文明实践中心指导手册》指出，"建设新时代文明实践中心总目标是要不断提升人民思想觉悟、道德水准、文明素养和全社会文明程度，把中心建设成为学习传播科学理论的大众平台、加强基层思想政治工作的坚强阵地、培养时代新人和弘扬时代新风的精神家园、开展中国特色志愿服务的广阔舞台"。新时代文明实践中心不仅是深化道德教化的重要场所和先进阵地，也是道德实践养成的综合平台与新着力点。

第二节　新时代文明实践的理论基础

新时代文明实践结合了具有时代性的社会主义精神文明与群众实践两部分的内容，它是先进思想与行动实践的统一，两者相辅相成、相互促进。在制度建设方面，新时代文明实践中心的建设和发展，以基层人民为中心，凝心聚力服务群众，培育和践行社会主义核心价值观，是加强改进农村基层宣传思想文化工作和精神文明建设，打通宣传群众、教育群众、关心群众和服务群众"最后一公里"的重要举措，对适应我国社会主要矛盾变化、推动中国特色社会主义文化建设、实施乡村振兴战略、全面建成小康社会具有重要的引领和推动作用。

一　新时代中国特色社会主义思想指导新时代文明实践

新时代文明实践契合了新时代中国特色社会主义的社会现实与发展要求。作为新时代文明实践的基本理论前提，我国进入中国特色社会主义新时代的科学判断，是马克思主义理论在中国实践中的深化与拓展，是中国特色社会主义理论，以及马克思主义中国化的最新成果。

马克思主义是我们立党立国的指导思想，马克思主义普遍原理与中国具体实际的结合，是建设中国特色社会主义的基本路径。从新民主主义革命到社会主义探索与建设，从开启改革开放到进入新时代，在中国共产党的带领下，中华民族逐步走向繁荣昌盛，中国人民的生活水平得到极大提高，幸福感、安全感和获得感不断增强。中国特色社会主义的长期探索实践，说明科学社会主义理论逻辑与中国社会发展历史逻辑的辩证统一。中国共产党认识到社会主义最根本的任务在于解放和发展生产力，坚持以经济建设为中心的基本路线和发展是硬道理，通过改革开放开创了一条中国特色社会主义道路，并在发展实践中取得了举世瞩目的成就。

社会主要矛盾的变化是新时代的重要标志。1981 年，党的十一届六中全会对我国社会主要矛盾做出了规范表述："在社会主义改造基本完成以后，我国所要解决的主要矛盾，是人民日益增长的物质文化需要同落后的社会生产之间的矛盾。"正是基于对这一主要矛盾的认识，几十年来，我国以经济建设为中心，集中力量发展社会生产力，解决了十几亿人的温饱问题，实现了国家工业化，达到了总体小康水平，并向全面建成小康社会迈进。人民生活水平的不断提高，不仅对物质文化生活提出了更高要求，而且在民主、法治、公平、正义、安全、环境等方面的要求日益增长。因此，新阶段更加突出的问题是发展的不平衡不充分，特别是城乡居民收入不平衡和地区发展不平衡不充分，这些成为满足人民日益增长的美好生活需要的主要制约因素。

中国特色社会主义进入新时代，我国社会主要矛盾已经转化为"人民日益增长的美好生活需要和不平衡不充分的发展之间的矛盾"。新时代的到来，要求我们深刻认识和把握我国社会主要矛盾的变化。一方面，党的十九大报告中明确提出，"我国社会主要矛盾的变化，没有改变我们对我国社会主义所处历史阶段的判断，我国仍然处于并将长期处于社会主义初期阶段的基本国情没有变，我国是世界最大发展中国家的国际地位没有变"。[1]

---

[1]　习近平：《决胜全面建成小康社会夺取新时代中国特色社会主义伟大胜利——在中国共产党第十九次全国代表大会上的报告》，http://www.gov.cn/zhuanti/2017 - 10/27/content_5234 876. htm。

另一方面，"我国社会主要矛盾的变化是关系全局的历史性变化，对党和国家工作提出了许多新要求"。同时，主要矛盾变化也是新时代理论与实践创新的内在动力，要求我们在工作中着力解决发展不平衡和发展不充分问题，更好地推动人的全面发展、社会的全面进步。

新时代中国特色社会主义思想指导新时代文明实践，为相关工作和新时代文明中心建设指明了新方向，提出了新要求。在国家发展战略与和群众生活密切相关的社会政策的提出、制定和调整过程中，对基本时代特征和现实情境的把握是基本前提。新时代文明实践的发展和新时代文明实践中心的建设，正是以对当前所处时代特征的科学判断与把握为基础，反映了新的时代精神与时代风貌。

二　践行党的群众路线与坚持理论联系实际的工作作风

新时代文明实践中心的建设和发展，要积极践行党的群众路线，坚持理论联系实际的工作作风。群众路线是中国共产党运用马克思主义原理做出的杰出创造，在党领导人民进行革命、建设和改革的事业中发挥了重要作用。中国社会主义事业取得的伟大成就，与中国共产党对群众路线的坚持和发展关系密切。理论联系实际是马克思主义一贯坚持的思想原则，是中国共产党在革命实践中形成的三大优良作风之一，是党领导人民不断取得革命、建设和改革胜利的重要保证。

群众路线是党领导人民在革命、建设和改革时期不断取得胜利的重要法宝。中国特色社会主义进入新时代，坚持以人民为中心，践行党的群众路线是新时代文明实践中心建设贯彻落实新时代中国特色社会主义思想的工作指引。

坚持以人民为中心，是习近平新时代中国特色社会主义思想的重要内容，具有丰富而深刻的思想内涵。始终坚持全心全意为人民服务的根本宗旨，是我们党始终得到人民拥护和爱戴的根本原因，对于充分发挥党密切联系群众的优势至关重要。习近平总书记在党的十九大报告中指出，人民是历史的创造者，是决定党和国家前途命运的根本力量。必须坚持人民主体地位，坚持立党为公、执政为民，践行全心全意为人民服务的根本宗旨，把党的群众路线贯彻到治国理政全部活动之中，把人民对美好生活的向往作为奋斗目标，依靠人民创造历史伟业。①

　　理论联系实际是马克思主义"活的灵魂"，是中国共产党的优良传统。马克思主义中国化的历史过程，是马克思主义作为行动指南和理论武器，不断与中国实际相结合的产物。在革命战争年代，1926 年成立的广州农民运动讲习所是以农民为主体的革命理论学习实践场所，是践行群众路线、坚持理论联系实际工作作风、推进革命理论与农民运动落地生根的成功典范。广州农民运动讲习所由中国共产党倡导主持讲学任务，毛泽东、周恩来和彭湃等革命家参与主持授课。在整个办学过程中始终坚持理论联系实际的学风，引导学员参与社会活动与社会调查，研究中国农村状况，总结农民运动的经验，并深刻论证了农民问题是中国国民革命的中心问题。

　　在新的历史阶段，理论联系实际是实现民族复兴与中国梦的重要保证。2017 年 10 月 25 日，习近平总书记在党的十九届一中全会上指出，在新时代的征程上，全党同志一定要弘扬理论联系实际的学风，紧密联系党和国家事业发生的历史性变革，紧密联系中国特色社会主义进入新时代的新实际，紧密联系我国社会主要矛盾的重大变化，紧密联系"两个一百年"奋斗目标和各项任务，自觉运用理论指导实践，使各方面工作更符合客观规律、科学规律的要求，不断提高新时代坚持和发展中国特色社会主义的能力，把党的科学理论转化为万众一心推动实现"两个一百年"奋斗目标、实现中华民族伟大复兴中国梦的强大力量。②

　　理论联系实际既是新时代文明实践工作坚持与强调的工作作风，也是贴近群众与"接地气"的工作方法。《关于建设新时代文明实践中心试点工作的指导意见》指出，在新时代文明实践工作方法中坚持正确的工作导向，要坚持一切从实际出发，深刻把握农村群众的思想特点和接受习惯，把握地域发展的差异，在此基础上创新工作理念和形式手段。

---

① 习近平：《决胜全面建成小康社会　夺取新时代中国特色社会主义伟大胜利——在中国共产党第十九次全国代表大会上的报告》，《求是》2017 年第 21 期。
② 习近平：《习近平在党的十九届一中全会上的讲话》，载《全面从严治党再出发》，新华出版社，2018，第 202 页。

第三节　新时代文明实践中心的立体功能

　　建设新时代文明实践中心是党中央从战略和全局上做出的重大决策，是贯彻习近平新时代中国特色社会主义思想的重大举措。新时代文明实践中心汇集了指挥中心、服务中心和信仰中心，它是整合各方力量资源，盘活存量、用好增量的指挥中心，是满足人民日益增长美好生活需要的服务中心，更是引导人们坚定自信、鼓舞斗志，同心同德、团结奋斗的信仰中心。① 新时代文明实践中心建设要以习近平新时代中国特色社会主义思想为指导，坚持以人民为中心的发展思想，适应社会主要矛盾的变化，调动各方力量，整合各种资源，创新方式方法，用中国特色社会主义文化、社会主义思想道德牢牢占领农村思想文化阵地，动员和激励广大农村群众积极投身社会主义现代化建设。要不断满足人民日益增长的精神文化需求，丰富人民精神世界，增强人民精神力量，提升人民精神风貌，更广泛、更有效地动员和激励广大农村群众积极投身决胜全面建成小康社会、全面建设社会主义现代化国家。

　　2019年10月，中央文明委印发的《关于深化拓展新时代文明实践中心建设试点工作的实施方案》，明确了新时代文明实践中心建设聚焦的重点任务：高举思想旗帜，把中心建设成学习传播科学理论的大众平台；落实政治责任，把中心建设成为加强基层思想政治工作的坚强阵地；围绕立德树人，把中心建设成为培养时代新人、弘扬时代新风的精神家园；完善运行机制，把中心建设成为开展中国特色志愿服务的广阔舞台。

　　新时代文明实践具有鲜明的时代性和丰富的实践性，要求先进思想与行动实践的统一。中国特色社会主义进入新时代的科学判断是展开新时代文明实践，以及中心、所和站建设发展的重要理论基础与基本现实依据。作为培育和践行社会主义核心价值观、推进精神文明建设的重要载体，新时代文明实践中心的设立具有综合性与整合性的立体特征，它具备三大平台功能：（1）思想教育；（2）资源整合与统筹协调；（3）群众参与。

---

　　①　中央文明办一局：《建设新时代文明实践中心指导手册》，学习出版社，2020，第1页。

新时代文明实践要实现"凝聚群众、引导群众、以文化人、成风化俗"的价值目标，需要完善和优化平台的建设，以充分激活和发挥这一综合平台的先进功能，推动基层文明实践多元化、常态化与可持续发展。

一 新时代文明实践中心的思想教育平台功能

新时代文明实践中心发挥了思想教育的平台功能。新时代文明实践中心的建立和发展，是对过去道德思想体系建设的优化与拓展，进一步明确了科学性、系统性、整合性和具有多元化特征的思想教育载体。推进新时代文明实践中心建设，是社会主义精神文明建设，培育和践行社会主义核心价值观在新时代制度建设在我国基层社会的具体实践。

2018 年 8 月，习近平总书记在全国宣传思想工作会议上强调，要推进新时代文明实践中心建设，不断提升人民思想觉悟、道德水准、文明素养和全社会文明程度。要弘扬新风正气，推进移风易俗，培育文明乡风、良好家风、淳朴民风，焕发乡村文明新气象。[①] 建设新时代文明实践中心是时代之需、使命所系、群众所盼，是守正创新做好基层宣传思想工作的战略举措。

新时代文明实践中心是精神文明建设与思想教育的重要平台，着力培养符合时代发展需要的时代新人，弘扬社会主义时代新风。根据《关于建设新时代文明实践中心试点工作的指导意见》要求，思想教育的工作内容包括几方面内容。（1）作为学习宣传习近平新时代中国特色社会主义思想的主阵地，组织基层党员群众学习实践科学理论。深入学习党的思想，掌握基本观点、核心理论和实践要求，将其更好地运用在生产生活实践中。（2）宣传和宣讲党的政策。面向基层宣传和解读科学理论，宣传和阐释党中央的大政方针与为民利民惠民政策，尤其是帮助基层民众学习和了解与自身利益密切相关的政策，如脱贫攻坚、致富兴业、民生保障和生态环保等。

立足基层、服务群众是新时代文明实践中心发挥思想教育平台功能的基本取向，在乡村治理中培育和践行社会主义核心价值观方面发挥着重要

---

① 习近平：《自觉承担起新形势下宣传思想工作的使命任务》，载《论党的宣传思想工作》，中央文献出版社，2020，第 337～342 页。

作用。一方面，通过教育引导、实践养成、制度保障，推动社会主义核心价值观的落细落小落实，将其融入文明公约、村规民约和家规家训中。另一方面，充分利用新时代文明实践中心的宣传教育平台，在乡村治理中用社会主义思想道德占领文化阵地。

在新时代的背景下，为加强公民道德建设、提高全社会道德水平，促进全面建成小康社会、全面建成社会主义现代化强国，《新时代公民道德建设实施纲要》于2019年10月发布。我国的公民道德建设在新时代进入了一个新阶段，道德教育引导的深化与道德实践养成的推动，对新时代文明实践中心的道德与思想教育工作提出了新要求，要充分发挥这一平台面向基层、服务群众的思想教育功能。

二　新时代文明实践中心的资源整合与统筹协调平台功能

新时代文明实践中心发挥了资源整合与统筹协调的平台功能，通过协调中央和地方关系，充分优化工作机制，调动积极性，形成扎实有效的合力。新时代文明实践中心、实践所和实践站的三级设置，构成了系统化、体系化、立体化的社会主义精神文明建设，以及培育和践行社会主义核心价值观、深化道德教化和道德养成的基层综合平台。实践中心、实践所和实践站的设立，在层级划分、互动关系和党群关系上，表现了文明实践面向基层、面向群众、服务基层与服务群众的工作取向和实践重点。

首先，在层级划分上，三级设置符合我国区域管理的特点。新时代文明实践的试点工作以县域为基本单位，实践中心、实践所和实践站分别对应了县、乡镇和村的三级区域。根据实际情况，其基本结构为：县级实践中心—镇级实践所—村级实践站。三级设置为新时代文明实践的基层工作提供了指引，各地同时需要结合地方的实际情况，因地制宜地组织和发展新时代文明实践工作。

其次，在互动关系上，三级设置为资源盘活和有机联动提出了工作要求。作为加强和改进基层宣传思想文化与精神文明建设的重要载体，新时代文明实践中心、实践所和实践站的三级设置，要求加强党的领导，发挥政治引领，健全工作机制。实践中心、实践所和实践站形成科学合理的系统分工，以及各部门机构间有机结合的联动关系。有机联动的实现，需要打破各组织、部门、机构和平台之间的限制与壁垒。各级文明委应立足本职，牵头协调，根据文明实践工作的需要，在机构人员和设施权属不变的条件下，盘活与整合资源、统一调配使用。

最后，在党群关系上，三级设置表现出向群众靠近、向基层延伸的特点。新时代文明实践中心的综合性特征，使其成为融合思想引领、道德教化、文化传承等多功能于一体的基层综合平台。新时代文明实践中心（所、站）也被理解为一种兼具物质性和精神性的"构成性中心"，它既是宣传思想文化和社会主义精神文明建设的精神性中心，也是打通群众工作"最后一公里"的物质性中心。① 群众工作"最后一公里"的打通，要求将文明实践落实到人民群众中去，真正实现群众在哪里，文明实践就延伸到哪里。

三　新时代文明实践中心的群众参与平台功能

新时代文明实践中心发挥了群众参与的平台功能。无论是作为思想教育平台，还是作为资源整合与统筹协调平台，新时代文明中心都以面向基层、服务群众为基本导向。"文明"与"实践"的结合，要实现先进思想与行动实践的统一。真正打通宣传群众、教育群众、关心群众、服务群众的"最后一公里"，新时代文明实践中心要发挥群众参与平台的功能，激发人民群众参与的主动性和积极性，通过开展丰富活跃的文化活动提高群众的思想觉悟、道德水准、文明素养、法治观念，让群众获得精神滋养、增强精神力量，将新时代文明实践中心打造为满足基层群众精神文化生活的新阵地。

社会风尚是衡量社会文明程度的重要标志，良好社会风尚的形成离不开人民群众的参与。《关于建设新时代文明实践中心试点工作的指导意见》也突出了重视实践的工作方法，强调工作中宣传教育和引导实践的结合，实现教育与实践的良性互动，使人民群众在参与过程中体悟美好生活、提高自身素质。

群众参与和实践是新时代公民道德建设的必要要求。公民道德建设不是一种道德教化与规训，尤其不应是灌输式的思想道德教育，它还对发挥

---

①　展伟：《放大新时代文明实践中心的构成功能》，《新华日报》2020 年 5 月 12 日，第 18 版。

道德教化的实践属性提出了较高的要求。新时代的公民道德建设强调道德的实践养成性，通过灵活多样与内容丰富的学习实践，激发社会成员的参与热情，并在融入道德内涵的实践互动中践行社会主义精神文明与核心价值观，在实践中养成，在养成中内化。

在开展弘扬时代新风行动、深化群众性创建活动、持续推进诚信建设、深入推进学雷锋志愿服务、广泛开展移风易俗行动、充分发挥礼仪礼节的教化作用、积极践行绿色生产生活方式、展现文明素养等方面，新时代文明实践中心、实践所和实践站可以在基层助力推动道德实践养成，发挥群众参与实践的平台功能。整合利用各种资源，通过组织丰富多彩、形式多样与群众喜闻乐见的文明实践活动，在丰富基层群众文化生活的同时，培育和践行社会主义核心价值观。

第四节　新时代文明实践中心与志愿服务

"志愿服务"指志愿者、志愿服务组织和其他组织自愿、无偿向社会或者他人提供的公益服务，具有志愿性、无偿性、公益性和组织性四个特征，是现代社会精神文明的重要标志。中国特色志愿服务是中国共产党领导下的群众性道德实践活动，以奉献、友爱、互助、进步为精神内核，以培育和践行社会主义核心价值观为根本，围绕中心、扎根基层、服务人民，不断向国家治理、社会治理、应急管理、民生公共服务等领域拓展，建立起以党员干部为核心、以基层群体为主体、各方面人员积极参与的志愿服务队伍，逐步探索形成中国特色的志愿服务体系。

新时代文明实践中心是建设具有强大凝聚力、引领力的社会主义意识形态的重要工程，是推动社会主义精神文明建设、服务基层社会治理的重要抓手。2018年7月6日，习近平总书记主持召开中央全面深化改革委员会第三次会议，对这项工作做出精确定位、提出明确要求。2018年8月21日，习近平总书记在全国宣传思想工作会议上再次强调，要加强和改进思想政治工作，推进新时代文明实践中心建设。王沪宁、黄坤明等中央领导同志对这项工作多次做出安排部署。2018年8月，中共中央办公厅印发《关于建设新时代文明实践中心试点工作的指导意见》，在12个省份的50

个县（市、区）部署开展试点工作。党的十九届四中全会通过的《中共中央关于坚持和完善中国特色社会主义制度　推进国家治理体系和治理能力现代化若干重大问题的决定》和《中国共产党宣传工作条例》、《中国共产党农村工作条例》等中央文件法规，也对建设新时代文明实践中心提出了具体任务。2019 年 10 月，中央文明委印发《关于深化拓展新时代文明实践中心建设试点工作的实施方案》，将试点县（市、区）覆盖到全国 31 个省（区、市）和新疆生产建设兵团，数量由 50 个扩大到 500 个。2021 年，中共中央办公厅印发《关于拓展新时代文明实践中心建设的意见》指出，"将推动新时代文明实践中心建设由试点探索转为全面展开、由试点县（市、区）向全国范围的县级行政区全面覆盖"，这一文件标志着新时代文明实践建设进入全面深化拓展、提质增效的新阶段。其中，《关于建设新时代文明实践中心试点工作的指导意见》、《关于深化拓展新时代文明实践中心建设试点工作的实施方案》、《关于新时代文明实践志愿服务机制建设的实施方案》和《关于拓展新时代文明实践中心建设的意见》均指出，新时代文明实践中心建设要以中国特色志愿服务为组织方式，坚持以志愿者作为主体力量、以志愿服务作为基本形式。

可见，新时代文明实践中心的建设、运转、维持、发展和创新离不开人民群众特别是志愿者的参与，志愿服务是推进新时代文明实践的有效载体和有力抓手。两者的关系体现在以下几个方面。

第一，志愿服务的内涵是动态的，只有进行时，没有完成时，新时代文明实践志愿服务是志愿服务内涵时代性、历史性的深化，其内容更丰富、意义更深刻，这体现在新时代文明实践志愿服务更高坐标的战略定位上。在近年的发展中，我国志愿服务始终围绕中心和发展大局，随着时代发展进步，不断拓展新的内涵和外延，在促进社会文明、增进人民福祉等方面的重要价值和意义日益凸显，推动中国特色社会主义思想在中国形成生动实践。发展中国特色的志愿服务事业受到党和国家的高度重视，已经成为重要的国家发展战略。为推动我国志愿服务事业的健康发展，习近平总书记曾多次做出重要指示，亲自主持召开会议审议通过了《中央全面深化改革委员会关于建设新时代文明实践中心试点工作的指导意见》《关于支持和发展志愿服务组织的意见》《关于公共文化设施开展学雷锋志愿服务的实施意见》等一批重要文件，先后给本禹志愿服务队、郭明义爱心团队、南京青奥会志愿者回信，并在同各界优秀青年代表座谈、参观抚顺雷锋纪念馆、考察天津朝阳里社区时，在向中国志愿服务联合会第二届全国代表大会致贺信中，就新时代文明实践志愿服务工作做出一系列重要指示、提出一系列明确要求。在志愿服务的制度建设方面，志愿服务的法规政策体系建设也越来越受到重视。国务院颁布的《志愿服务条例》是我国第一部关于志愿服务的全国性专门法规。党的十六届六中全会通过的《中共中央关于构建社会主义和谐社会若干重大问题的决定》，提出要"深入开展城乡社会志愿服务活动，建立与政府服务、市场服务相衔接的社会志愿服务体系"。党的十七大提出要"完善社会志愿服务体系"。党的十七届四中全会通过的《中共中央关于加强和改进新形势下党的建设若干重大问题的决定》，提出要"鼓励党员带头参与志愿服务"。党的十七届六中全会通过的《中共中央关于深化文化体制改革推动社会主义文化大发展大繁荣若干重大问题的决定》，提出要"广泛开展志愿服务活动，壮大文化志愿者队伍"。党的十八大，提出要"深化群众性精神文明创建活动，广泛开展志愿服务"。党的十八届三中全会通过的《中共中央关于全面深化改革若干重大问题的决定》，提出"要激发社会组织活力、支持和发展志愿服务组织"。党的十九大，提出要"推进诚信建设和志愿服务制度化，强化社会责任意识、规则意识、奉献意识"。党的十九届四中全会通过的《中共中央关于坚持和完善中国特色社会主义制度推进国家治理体系和治理能力现代化若干重大问题的决定》，提出要"健全志愿服务体系"。党的十九届五中全会审议通过的"十四五"规划建议明确提出"健全志愿服务体系""广泛开展志愿服务关爱行动"。在新时代文明实践背景下，志愿服务事业上升到前所未有的战略高度。

第二，广大志愿者是中国特色社会主义事业的建设者和同行者，要让新时代文明实践中心进一步动起来、活起来、实起来，在服务百姓生活、解决实际问题中凝聚群众、引领群众，就要依靠志愿服务。"新时代文明实践中心要把重点放在提高全民道德素质和社会文明程度上，紧密结合人民群众对美好生活的新期待，扎根基层、团结群众，带领群众一起干，在关心群众、服务群众中教育群众、凝聚群众。"① 我国志愿服务事业呈现出蓬勃发展的态势，已经融入经济、社会、文化、生态文明建设的方方面面，成为推进社会主义现代化建设、提升社会文明程度不可忽视的新兴力量。根据 2021 年的数据，我国的实名志愿者总数已达 2.09 亿人，志愿队伍总数达 108 万个，累计志愿服务时间达 303450 万小时。② 志愿服务的灵活性、广泛性、公益性、多元性、组织性等优势，使其有一定的群众基础，具备强大的号召力、影响力和凝聚力。实践证明，中国特色志愿服务是社会建设的生力军，始终回应着时代呼唤和社会需求，是当代中国人学习和践行社会主义核心价值观的重要路径和重要载体，能够有效完成新时代文明实践中心的目标任务，充分发挥文明实践资源阵地的最大效能。新时代文明实践要通过志愿服务的形式，借力而为、相互促进、畅通渠道、形成合力、创新载体，提供有效供给，为保障志愿者、志愿服务组织和志愿服务对象的合法权益，鼓励和规范志愿服务，发展志愿服务事业，在服务中进行思想引领和价值引领，融入社会主义核心价值观的要求和社会主义先进文明的要义，促进社会文明进步。

第三，新时代文明实践志愿服务是新时代赋予志愿服务的新使命。党中央基于我国发展阶段、发展环境和发展条件变化的科学判断，做出推动新时代文明实践中心建设的战略抉择和重要部署，这就要求志愿服务进入高质量发展阶段。志愿服务是组织社会力量、开展社会服务的重要形式，是推进国家治理体系和治理能力现代化的重要方面，也是提高国民素质和社会文明程度的重要载体。中国特色社会主义进入"新时代"，社会主要矛盾发生转变，这是新时代文明实践与志愿服务工作不可忽视的现实基础与基本的理论前提，同时也是文明实践与我国志愿服务事业的新起点。新时代文明实践中心的建设和发展，以不断满足人民日益增长的精神文化需求，提升人民群众的幸福感、安全感和获得感为目标，这就要求志愿服务转向高质量发展阶段，以工作体系建设为基础，以队伍建设为重点，以项目建设为关键，整合各种资源，改进工作方式，创新服务模式，服务中心大局，

---

① 中央文明办一局：《建设新时代文明实践中心指导手册》，学习出版社，2020。

② 参见 https://chinavolunteer.mca.gov.cn/NVSI/LEAP/site/index.html。

着力构建服务优质、运转高效的志愿服务机制，切实解决文明实践谁来做、做什么、怎样做的问题，通过新时代文明实践中心（所、站）的建设，将其打造为思想教育、资源整合与协同、群众参与的立体化多功能平台，引领主流价值，推进文明实践志愿服务的制度化与常态化发展，真正打通宣传群众、教育群众、关心群众、服务群众的"最后一公里"。

第四，志愿服务工作要把助力新时代文明实践中心建设作为重要任务，同时，为中国特色志愿服务搭建广阔的舞台也是新时代文明实践中心工作的重点之一。通过实现志愿服务的规范化、常态化、专业化和可持续发展，以志愿服务的形式打通城乡公共服务体系的运行机制、"三下乡"的工作机制和群众性精神文明创建活动的引导机制，将文明实践延伸到基层、延伸到人民群众的生产生活中去。推进文明实践志愿服务的制度化与常态化发展，志愿服务的组织体系与队伍建设是重点，工作体系建设是基础，志愿服务项目建设是关键。

志愿服务队伍是开展文明实践活动的主要力量。志愿服务的制度化与常态化要求建立上下贯通与联动一体的组织体系，形成"8＋N"的志愿服务队伍格局。在县级（市、区、旗）建立志愿服务总队，并着力打造涵盖理论政策宣讲、文化文艺服务、助学支教、医疗健身、科学普及、法律服务、卫生环保、扶贫帮困的志愿服务常备队伍（8）。同时结合地方实际和优势，建立有自身特色的志愿服务队伍（N）。县级的志愿服务总队在新时代文明实践志愿服务组织体系中处于龙头地位，与县（市、区、旗）、乡镇（街道）和村（社区）组成上下贯通一体的三级联动组织体系。①

充分激活基层开展文明实践志愿服务的活力，要求建设党员干部和群众并肩携手的志愿服务队伍。志愿者作为新时代文明实践的主体力量，其队伍构成主要来自两个方面：（1）党政机关、国有企事业单位特别是涉农部门、宣传部门、教育部门、文化和旅游部门、住房城乡建设部门以及学校、党校（行政学院）的在职人员；（2）乡土文化人才、科技能人、科技特派员、律师、"五老"人员、退休文化工作者、先进人物、文艺志愿者、

---

① 中央文明办一局：《建设新时代文明实践中心指导手册》，学习出版社，2020，第103～104页。

大学生志愿者、创业返乡人员等。

从志愿服务的队伍构成看，文明实践的主体力量具有来源多元化、技能专业化和领域广泛化三个特征。一方面，来源多元化体现了新时代文明实践的群众属性，志愿服务的参与不受部门、城乡和区域的限制。另一方面，技能专业化与领域广泛化体现了新时代文明实践的服务群众属性，在科教文卫等领域通过专业志愿者的参与，向基层人民群众宣传党的大政方针，传播科学理论与科学文化，丰富活跃基层人民群众的文化生活，培育文明风尚，推动道德实践的养成。

在志愿服务的工作体系建设方面，建立协同高效的工作机制，搭建覆盖广泛的服务站点，形成党委统一领导、党政各部门尽职尽责、社会力量共同支持参与的工作格局。党员志愿者要发挥先锋带头作用，党员参与志愿服务，是巩固和深化党的群众路线教育实践活动的有效举措，也是党员志愿者培育和践行社会主义核心价值观的必然要求。早在 2014 年已有许多城市发布了专门的政策文件，鼓励和激励共产党员参与志愿服务活动，把社会主义核心价值观的具体要求转化为志愿服务实践。新时代文明实践中心、实践所和实践站的建立，为党员志愿者提供了发挥自身技能、服务群众的广阔空间。

在志愿服务的项目建设方面，坚持以人民群众为中心，打造接地气、聚人气的志愿服务项目。结合实际、因地制宜地展开工作，将志愿服务融入新时代文明实践，让志愿服务的触角遍及社会每个角落。志愿服务具有组织化、结构化和专业化的特点，对志愿者的招募和管理，志愿组织的运营和发展，志愿服务的项目设计、实施与评估提出了专业性的要求。志愿服务组织化、结构化与专业化的特点，为参与各级文明实践工作的志愿者和相关工作人员提出了学习要求。志愿服务的项目建设要突出思想内涵，嵌入在服务人民、奉献社会中实现人生价值的理念，承载爱国、敬业、诚信、友善的价值准则。志愿服务以人民需求为中心，精准把握群众需求，贴近群众生活，满足个性化与差异化需求。通过完善志愿服务项目流程与丰富志愿服务实践方式，提高志愿服务的专业化、科学化水平与服务能力，最终落脚到帮助人民群众解决实际问题，切实增强人民群众的获得感、幸福感和安全感。

　　总而言之，新时代文明实践志愿服务是中国特色志愿服务进入新发展阶段后，其内涵的历史性与时代性的深化、服务领域与服务对象的拓展、任务和使命的前伸后延以及服务效能与服务质量的提升，在理论和实践上既有延续，也有创新发展。需要注意的是，新时代文明实践志愿服务与一般志愿服务在理论和实践层面上是互相适用的。后续章节均围绕新时代文明实践这一概念叙事，在推进提高全民道德素质和社会文明程度、动员和激励广大城乡群众投身社会主义现代化建设的战略目标统领下，发掘我国志愿服务的独特内核与情境规律，阐释中国特色社会主义情境下，新时代文明实践志愿服务的概念特征、理论渊源、时代内涵、主体内容和工具方法。

第一章

新时代文明实践志愿服务的概念、特征与要素

第一节 新时代文明实践志愿服务的概念

目前，我国关于志愿服务的概念已经有成熟的界定："志愿服务是指志愿者、志愿组织利用自己的善心、时间、技能、资源等，为社会公众生产生活和促进社会发展进步提供非营利、无偿、非职业化援助的资源行为。"[①]

我国相关权威机构还未有关于新时代文明实践志愿服务的完整概念，但是，进入新时代以来，中共中央、国务院、中央文明办、民政部、教育部、共青团中央等部门围绕推进新时代文明实践中心建设下发了一系列重要文件，党和国家重要领导人就新时代文明实践中心建设发表了一系列重要讲话，这些文件和讲话指明了新时代文明实践志愿服务发展的要求。根据这些相关文件和重要讲话，我们对目前国内各种关于新时代文明实践志愿服务的界定进行整合，给出相应的概念。

所谓新时代文明实践志愿服务，概括而言，是指作为新时代文明实践中心建设重要载体的志愿服务。具体而言，在新时代的大背景下，作为推进新时代文明实践中心建设重要载体的志愿服务有了新要求、新任务，即

[①] 陆士桢：《中国特色志愿服务概论》，新华出版社，2017，第15页。

以习近平新时代中国特色社会主义思想为指导，以志愿者为主体力量，以志愿服务组织为运行平台，以党委领导、政府负责、社会协同、公众参与、法律保障和科技支撑为运行体系，以实现人们对美好生活的需要为出发点和落脚点，以实现人的自由而全面发展为最高价值目标，承担着培育和践行社会主义核心价值观，加强爱国主义、集体主义、社会主义教育，实施公民道德建设工程，打造共建共治共享社会治理格局、提高全社会文明程度，将国家制度优势转化为治理效能的重要任务。

可见，"新时代文明实践志愿服务"这一概念与以往的"志愿服务"并不是完全不同的概念，而是在以往中国志愿服务发展的实践基础上，在中国特色社会主义进入新时代背景下，在新的征程和目标任务下，有了更加广阔的内涵、更加重要的功能定位。

一　新时代文明实践志愿服务的产生背景

党的十九大宣告，经过长期努力，中国特色社会主义进入新时代。进入新时代，意味着我国社会主要矛盾以及党的中心任务和历史使命都发生了重大转变。我国面临的社会主要矛盾由人民日益增长的物质文化需要同落后的社会生产之间的矛盾，转变为人民日益增长的美好生活需要和不平衡不充分的发展之间的矛盾，人民群众在民主、法治、公平、正义、安全、环境等方面的要求日益增长。依据我国社会主要矛盾的变化，中国共产党明确提出新时代的中心任务是开启全面建设社会主义现代化国家新征程。中国共产党的历史使命也发生了重大变化。习近平总书记在党的十九大报告中指出："中国共产党一经成立，就把实现共产主义作为党的最高理想和最终目标，义无反顾肩负起实现中华民族伟大复兴的历史使命。"① 进入新时代，"我们比历史上任何时期都更接近、更有信心和能力实现中华民族伟大复兴的目标"。② 从国际层面看，两种社会制度即资本主义制度和社会主义制度正在发生伟大变化，世界面临百年未有之大变局、"东升西降"的世

---

① 习近平：《决胜全面建成小康社会　夺取新时代中国特色社会主义伟大胜利——在中国共产党第十九次代表大会上的报告》，人民出版社，2017，第13页。

② 习近平：《决胜全面建成小康社会　夺取新时代中国特色社会主义伟大胜利——在中国共产党第十九次代表大会上的报告》，人民出版社，2017，第15页。

界格局开始形成，中国特色社会主义制度和国家治理体系显示出强大的生命力和巨大的优越性，因此，为确保实现中华民族伟大复兴和实现"两个一百年"奋斗目标，党和国家必须继续坚持和完善中国特色社会主义制度、推进国家治理体系和治理能力现代化。在此背景下，推进文明实践志愿服务成为新时代中国特色社会主义重大战略部署的重要组成部分。

党的十九大报告在部署社会主义文化强国建设时指出，新时代要"发挥社会主义核心价值观对国民教育、精神文明创建、精神文化产品创作生产传播的引领作用"，同时"深化群众性精神文明创建活动"，"推进诚信建设和志愿服务制度化，强化社会责任意识、规则意识、奉献意识"。[①] 深入学习习近平总书记关于学雷锋志愿服务工作的重要指示精神，要紧紧围绕培育和践行社会主义核心价值观，要以志愿者为主体力量、以志愿服务为运行机制推进新时代文明实践中心建设。党的十九届四中全会对坚持和完善中国特色社会主义制度、推进国家治理体系和治理能力现代化做出重大部署，从文化建设制度层面强调推进新时代文明实践中心建设和健全志愿服务体系。党的十九届五中全会审议通过的《中共中央关于制定国民经济和社会发展第十四个五年规划和二〇三五年远景目标的建议》中使用"拓展""广泛开展"等词语强调新时代文明实践中心建设和志愿服务工作推进的紧迫性。党的十九届六中全会通过的《中共中央关于党的百年奋斗重大成就和历史经验的决议》中，特别总结了党在百年奋斗中坚持以社会主义核心价值观引领文化建设、建设新时代文明实践中心的成就。

在新时代、新任务、新征程的背景下，在党和国家重大部署的推动下，全国各地涌现了许多符合新时代要求的文明实践志愿服务项目和先进典型。比如，北京小汤山医院"药＋"志愿服务项目。该项目以"药师"为志愿服务提供者，紧紧围绕药师的专业性、丰富的药学知识，针对不同人群（来院患者、居家老年患者、社区老年人等）提供药物治疗、药物咨询等药学专业志愿服务，并且利用互联网、新媒体等通过"线上科普"的方式传播药学知识，使百姓足不出户便可享受免费、专业、个性化的药物治疗管

---

① 习近平：《决胜全面建成小康社会　夺取新时代中国特色社会主义伟大胜利——在中国共产党第十九次代表大会上的报告》，人民出版社，2017，第43页。

理服务。又如，天津市"好记者讲好故事"志愿宣讲项目。该宣讲团成立于 2017 年 8 月，为全力做好决胜全面小康、决战脱贫攻坚的宣传报道，推送优秀新闻故事 200 多篇，该宣讲团还于 2020 年举办了以"众志成城、战疫同行"为主题的专题宣讲活动，通过农村大喇叭、网络云技术等传统和现代手段使受众达 2 万人，为提高公众精神文明程度、论公众及时了解国家战略发展和形成对中华民族的共同凝聚力和对国家的情感认同做出了突出贡献。

二 新时代文明实践志愿服务的指导思想

新时代文明实践志愿服务的指导思想是习近平新时代中国特色社会主义思想。习近平同志是习近平新时代中国特色社会主义思想的主要创立者，正如党的十九届六中全会通过的《中共中央关于党的百年奋斗重大成就和历史经验的决议》指出的那样，习近平同志"就新时代坚持和发展什么样的中国特色社会主义、怎样坚持和发展中国特色社会主义，建设什么样的社会主义强国，怎么建设社会主义强国，建设什么样的长期执政的马克思主义政党、怎样建设长期执政的马克思主义政党等重大时代课题，提出一系列原创性的治国理政新理念新思想新战略"，确立习近平新时代中国特色社会主义思想的指导地位，对推进中华民族伟大复兴历史进程具有决定性意义。这一决定性意义也决定了推进新时代文明实践志愿服务必须坚持以习近平新时代中国特色社会主义思想为指导。

2019 年 4 月，国务院总理李克强在第十四次全国民政会议会见与会代表的讲话中强调，人民追求美好生活的愿望十分强烈，要坚持以习近平新时代中国特色社会主义思想为指导，弘扬志愿服务精神，人人参与、人人尽力。① 2020 年 6 月，中央文明办负责同志指出："我国志愿服务事业蓬勃发展、取得显著成效，最根本的在于以习近平同志为核心的党中央高度重视、坚强领导。习近平总书记对志愿服务事业倾情关心关怀，亲自主持会议审议通过一批有关志愿服务的重要文件，并在参观考察、座谈交流、批

---

① 《第十四次全国民政会议在京召开李克强会见与会代表并讲话》，中华人民共和国中央人民政府网，http://www.gov.cn/xinwen/2019－04/02/content_5379146.htm，2019 年 4 月 2 日。

示回信时，多次对志愿服务做出重要指示、提出明确要求。"① 2019 年 1 月，习近平总书记在调研京津冀协同发展时指出，要更好地发挥志愿服务在社会治理中的重要作用，以及"志愿者事业要同'两个一百年'奋斗目标、同建设社会主义现代化国家同行"。② 2020 年 9 月，习近平总书记在统筹推进新冠肺炎疫情防控和经济社会发展工作部署会议上的重要讲话中强调，包括志愿者在内的一线工作人员真诚奉献，为抗疫做出了重大贡献，要广泛宣传他们的事迹，"在全社会激发正能量、弘扬真善美推动社会主义精神文明建设"。③ 此外，习近平总书记强调中华民族伟大复兴必将为世界美好生活做出贡献，并指出中国的志愿服务要在新时代迈向国际化，在一系列国内、国际志愿服务活动中凸显中国作为负责任大国的国际形象。

正是在习近平新时代中国特色社会主义思想指导下，近年来，我国持续推进各地区文明实践中心建设，各地志愿服务组织和各类志愿服务活动如火如荼开展起来，志愿服务事业从城市到乡村、从局部到全国不断发展壮大，对实现中华民族的伟大复兴、"两个一百年"的奋斗目标和推动国家治理、社会治理现代化起到了极大的推动作用。

三　新时代文明实践志愿服务的运行机制

新时代文明实践志愿服务以志愿者为主体力量，以志愿组织为运行平台，以党委领导、政府负责、社会协同、公众参与、法律保障和科技支撑为运行体系，整个运行机制呈现上下互动、左右协同、整体联动的治理新格局。

2017 年 6 月，经国务院第一百七十五次常务会议通过的《志愿服务条例》提到，志愿者"是指以自己的时间、知识、技能、体力等从事志愿服务的自然人"；志愿服务组织"是指依法成立，以开展志愿服务为宗旨的非

① 《推动新时代志愿服务事业持续健康发展——中央文明办负责同志答记者问》，《人民日报》2020 年 6 月 6 日。
② 《一项历史性工程——习近平总书记调研京津冀协同发展并主持召开座谈会纪实》，《人民日报》2019 年 1 月 20 日。
③ 习近平：《在统筹推进新冠肺炎疫情防控和经济社会发展工作部署会议上的讲话》，人民出版社，2020，第 15~16 页。

营利性组织"。进入新时代以来，志愿者队伍和志愿服务组织持续壮大，截至目前，实名志愿者总数超过 1.87 亿人，志愿组织总数超过 77.27 万个，服务时间总数超 25.96 亿小时①，志愿者队伍和志愿服务组织成为新时代文明实践志愿服务的主要力量和运行平台。

新时代文明实践志愿服务是提高社会文明程度、加强社会建设和社会治理的重要组成部分。习近平总书记强调志愿服务是社会文明进步的重要标志。② 李克强总理在第十三届全国人民代表大会第一次会议上提到把志愿服务纳入打造共建共治共享的社会治理格局。党的十九大报告首次提出，"加强社会治理制度建设，完善党委领导、政府负责、社会协同、公众参与、法治保障的社会治理体制，提高社会治理社会化、法治化、智能化、专业化水平"。随着人工智能等科技成果在社会治理领域的应用，党的十九届四中全会在共建共治共享的社会治理制度中增加了"科技支撑"这一环节，提出"必须加强和创新社会治理，完善党委领导、政府负责、民主协商、社会协同、公众参与、法治保障、科技支撑的社会治理体系"。在党和国家的战略部署下，新时代文明实践志愿服务逐渐形成了党委领导、政府负责、社会协同、公众参与、法律保障和科技支撑的运行体系。

新时代文明实践志愿服务坚持"党委领导、政府负责"，主要体现为党委、政府及相关部门通过发布政策文件和传达重要会议讲话精神等形式对志愿服务发展给予统筹支持和发展方向的引领；坚持"社会协同、公众参与"，主要体现为基层人员按照志愿服务相关法律文件、适应人民群众某种日常或应急需求，按照一定的流程完成志愿服务组织注册，广大公众按照自愿原则在符合招募条件下成为其中某个组织的志愿者，广泛参与到志愿服务活动中提供无偿服务；坚持"法律保障、科技支撑"，主要体现为通过相关法律法规范志愿服务发展、保障志愿者和相关管理人员的合法权益，通过互联网、APP 等进行志愿服务注册、招募、出具证明等流程，支撑志愿服务纳入共享共建共治的社会治理体系。

---

① 数据来源于中华志愿者协会官网，http://www.chinesevolunteer.org/，最后访问日期：2021 年 12 月 10 日。

② 参见习近平《弘扬奉献友爱互助进步的志愿精神以实际行动书写新时代的雷锋故事》，《人民日报》2019 年 7 月 25 日。

比如，2019 年 6 月，中共中央办公厅、国务院办公厅通过的《关于加强和改进乡村治理的指导意见》指出，党员要联系志愿服务等活动帮助解决群众实际困难，加强对贫困人口、低保对象、留守儿童和妇女、老年人、残疾人、特困人员等人群的关爱服务，通过新时代文明实践中心推动农村学雷锋志愿服务制度化、常态化。在《关于加强和改进乡村治理的指导意见》支持和引领下，全国各地区自上而下成立县级文明实践志愿服务总队、镇级文明实践志愿服务分队、乡村社区文明实践志愿服务小队，县、镇、村的党委（支部）书记担任队长，吸纳机关、企事业单位、村居群众和社会民间志愿者，构成"小门面、大联合"的志愿服务力量，形成以关爱留守儿童、居家养老、"义诊、义剪"助老助残、脱贫攻坚等为内容的志愿服务项目，像入选 2020 年度"最佳服务项目"的福州市晋安区新店镇"精准助农"新时代文明实践项目，以满足人民群众和北峰山区农企、农户的实际需求为落脚点，采取"政府牵头 + 资源整合 + 科技支撑 + 农户参与"的运作模式，开展"公益助农"志愿活动，参与人员达 1000 人次，为农企农户创收近 70 万元，有效持续助力乡村振兴。

四　新时代文明实践志愿服务的目标任务

新时代文明实践志愿服务的总体目标是以人民为中心、满足人们对美好生活的需要、推进实现"两个一百年"奋斗目标和中国式现代化，实现中华民族伟大复兴和最终实现人的自由而全面的发展；主要任务是培育和践行社会主义核心价值观，加强爱国主义、集体主义、社会主义教育，实施公民道德建设工程，打造共建共治共享社会治理格局，提高全社会文明程度，将国家制度优势转化为治理效能。

习近平总书记多次强调以人民为中心，人民是历史进步的真正推动者，以人民为中心是中国共产党的根本政治立场，新时代文明实践志愿服务的立场必然是以人民为中心。从眼前看，以人民为中心推进新时代文明实践志愿服务，就是要根据变化了的社会主要矛盾满足人民的需求，即满足人们对美好生活的需要，让人民有获得感，在此基础上形成强大的民族凝聚力，为实现中华民族伟大复兴、"两个一百年"奋斗目标和中国式现代化而奋斗。从长远看，以人民为中心推进新时代文明实践志愿服务，就是实现人的自由而全面的发展。"对美好生活的需要"不仅仅包括以往的靠客观经济发展促进的"日益增长的物质文化需要",还包括主观上老百姓的获得感、幸福感以及对公平、正义、安全、环境等方面的需求,诸如缩小城乡差距、地区差距、行业差距,提高政治参与度,加强法治建设,提升生活环境质量等需求,因此,新时代文明实践志愿服务的发展必须针对这些需求,实现新目标。

比如,就人们对公平、正义,缩小差距等需求,2019年1月,民政部《关于学习贯彻习近平总书记有关志愿服务重要指示精神的通知》中明确提出志愿服务发展的如下目标:"要引导志愿者和志愿服务组织服务大局,围绕脱贫攻坚、乡村振兴等重大战略,围绕社区治理、扶老救孤、恤病助残、助医助学、防震减灾、大型赛会等重点领域广泛开展志愿服务活动。"① 除了全国各地区、各县市、各乡镇的"精准扶贫"任务下的志愿服务项目,还有一个做出典型贡献的志愿者项目,即由共青团中央、教育部、财政部、人力资源和社会保障部联合组织实施的"大学生志愿服务西部计划",该计划自实施以来,大学生志愿者们在中西部22个省区市及新疆生产建设兵团的2100多个县市区(旗)开展基层服务,通过支教育人、科技扶贫、法律科普、网销农产品等形式,持续为当地经济社会发展、公众获得感提升以及民族团结进步做出了重大贡献。为进一步缩小收入差距,继2019年党的十九届四中全会首次明确提出"重视发挥第三次分配作用,发展慈善等社会公益事业"后,在2020年党的十九届五中全会提出"发挥第三次分配作用,发展慈善事业,改善收入和财富分配格局"的基础上,在2021年中央财经委员会第十次会议上,习近平同志提到"构建初次分配、再分配、三次分配协调配套的基础性制度安排",要求将志愿服务等慈善事业参与第三次分配以制度性安排的方式去推进。

又比如,就人们对提升生活环境质量的需求,习近平生态文明思想,强调"绿水青山就是金山银山"。2019年9月,生态环境部印发《国家生态文明建设示范县市建设指标》、《国家生态文明建设示范市县管理规程》和《"绿水青山就是金山银山"实践创新基地建设管理规程(试行)》,要求各

---

① 参见中国政府网,http://www.gov.cn/xinwen/2019-08/02/content_5418265.htm。

地方生态环境局深入践行习近平生态文明思想，创办一系列生态文明示范市县和实践创新基地。之后，上海、成都等地迅速行动，成立多个环保志愿队。以上海为例，2019 年 12 月，上海部署了建设新时代文明实践中心，将 5 个区列入全国试点范围，将 11 个区列入上海试点范围，这些试点中有许多个志愿服务项目，像上海咔咕环保志愿服务队、上海青年绿色营、上海青少年生态文明志愿服务总队、生活垃圾分类"上海模式"等志愿服务项目，通过入社区、入商圈、入学校等开展普及环保知识和环保技术等活动，实实在在满足了人们对提升生活环境的需求。

从长远目标看，新时代文明实践志愿服务是为了实现人的自由而全面的发展。从形式上看，志愿服务是一种打破了现有的职业划分、身份划分、地位差异的自愿性、无偿性和公益性的活动，是不求回报的活动。从马克思主义观点来看，这种活动实质上是一种自由自在的类生活，是消除了资本主义制度下"国家 - 市民社会"二元分裂、"资本 - 劳动"二元分裂以及劳动异化、人与人之间异化和对物的依赖关系，走向共产主义中人的自由而全面发展的重要路径。正如马克思、恩格斯在《德意志意识形态》中所说，在共产主义社会里，"社会调节着整个生产，因而使我有可能随自己的兴趣今天干这事，明天干那事，上午打猎，下午捕鱼，傍晚从事畜牧，晚饭后从事批判，这样就不会使我老是一个猎人、渔夫、牧人或批判者"。①当前，中国依然处在社会主义初级阶段，但是随着中国从"富起来"走向"强起来"，实现"两个一百年"奋斗目标、中华民族伟大复兴的目标和社会主义现代化强国的战略目标，新时代文明实践志愿活动也必然朝着实现人的自由而全面发展的长远目标一步步迈进。

新时代文明实践志愿服务的主要任务是培育和践行社会主义核心价值观，加强爱国主义、集体主义、社会主义教育，实施公民道德建设工程，打造共建共治共享社会治理格局、提高全社会文明程度，将国家制度优势转化为治理效能。2017 年 12 月，作为我国首部全国性志愿服务法规《志愿服务条例》实施，这"是推进志愿服务制度化的重大成果，是将社会主义

① 《马克思恩格斯文集》第 1 卷，人民出版社，2009，第 539 页。

核心价值观融入我国法制的重大成果"。① 2019 年 11 月，中共中央、国务院印发的《新时代爱国主义教育实施纲要》强调，要把爱国主义教育融入新时代文明实践中心建设、学雷锋志愿服务、精神文明创建。党的十九届四中全会通过的《中共中央关于坚持和完善中国特色社会主义制度 推进国家治理体系和治理能力现代化若干重大问题的决定》中再次强调，坚持以社会主义核心价值观引领文化建设制度，加强爱国主义、集体主义、社会主义教育，实施公民道德建设工程，推进新时代文明实践中心建设，健全志愿服务体系，并进一步指明要在落实这一主要任务时注意推进中华优秀传统文化传承和发展。《中华人民共和国国民经济和社会发展第十四个五年规划和 2035 年远景目标纲要》就贯彻和落实社会主义文化强国战略指出，推进公民道德建设，实施文明创建工程，要继续拓展新时代文明实践中心建设，广泛开展志愿服务关爱行动，提高全社会文明程度。此外，党和政府的文件以及重要领导人在关于促进志愿服务的讲话中多次强调，新时代文明实践志愿服务是创新社会治理的重要平台，是将国家制度优势转化为治理效能的现实路径。

第二节 新时代文明实践志愿服务的特征

一般来说，学界普遍认为志愿服务具有自愿性、无偿性和公益性的特点，但是经历了多年的发展，已经由当初的临时性、零散性和政治动员性到今天的规模化与组织化、多样化与专业化、全面化与信息化、政策化与法治化等。目前来看，新时代文明实践志愿服务已经具备七个方面的特征。

第一，开始走向规模化、组织化。从数据来看，志愿中国官网显示，截至 2022 年 6 月 11 日，已注册志愿者人数超过 9346 万人，累计展开志愿服务活动超过 274 万次，累计志愿服务信用时数超过 3.9 亿小时。从发展历程看，20 世纪 90 年代后，在共青团组织推动下，全国性的青年志愿组织产生并开始向社区志愿组织发展。2013 年 12 月 18 日，中国志愿服务联合会成立，标志着中国志愿服务走向组织化。党的十九大以来，在党和国家大

---

① 许莲丽：《新时代中国志愿服务理论与实践的新探索》，人民出版社，2018，前言，第 1 页。

力推进下，全国各地迅速开展各级各层文明实践志愿服务活动，组建多领域志愿服务队伍，依靠原有的、已经发展起来的志愿服务组织，新时代文明实践志愿服务中心顺利进入规模化、组织化阶段。

第二，项目多样化、专业精细化。目前，全国志愿服务活动涉及多领域、多层次、多项目，主要的志愿活动类型有扶贫济困、助老助残、社区服务、生态建设、大型活动、抢险救灾、社会管理、文化建设、西部开发和海外服务十大类型。在志愿服务专业化和精细化方面，突出表现在文化扶贫、下乡支教、专家义诊、法律援助、心理咨询、科技扶持等专业志愿服务队，在文化教育发展、医疗卫生、法律诉讼、心理治疗等领域起到了重大的推动作用。

第三，管理正在走向地域全面化、平台信息化。中国现代志愿服务兴起于沿海发达城市，比如广州、海口等，之后在中央政策和财政支持下拓展到内陆，尤其是省会城市、发达城市。2018 年，中央一号文件《中共中央　国务院关于实施乡村振兴战略的意见》中提出，积极发展农村志愿服务，吸引支持企业家、党政干部、专家学者、医生、教师、规划师、建筑师、律师、技能人才等，下乡担任志愿者。《乡村振兴战略规划（2018—2022 年）》进一步将志愿服务纳入乡村社会治理机制。在政策支持下，县、镇、村积极布局建设新时代文明实践中心，主要活动方式是志愿服务，主体力量是志愿者，志愿服务从城市延展到乡村。同时，为有效管理全面化的志愿服务，共享志愿组织信息，中央和地方加紧依靠现代网络推进志愿服务信息化。比如，2015 年 9 月 14 日，中央文明办、民政部、共青团中央下发关于推广应用《志愿服务信息系统基本规范》的通知，要求民政部等部门将全国志愿者队伍建设信息系统升级改造为全国志愿服务信息系统，提供给各地区、各部门和志愿服务组织无偿使用；新冠肺炎疫情防控志愿者通过中宣部的"学习强国"APP 和地方公众号进行报名，在快捷方便的同时做到了组织有序。

第四，从政策支持走向制度化、法治化。2014 年，中央文明委下发的《关于推进志愿服务制度化的意见》指出，要建立志愿服务记录制度，对志愿者的服务进行及时、完整、准确记录，为表彰激励提供依据；建立志愿者星级认定制度，根据志愿者的服务时间和服务质量，对志愿者给予相应的星级认定；同时，要完善政策和法律。2017 年，国务院颁布的《志愿服务条例》特别强调，县级以上人民政府应当将志愿服务事业纳入国民经济和社会发展规划，合理安排志愿服务所需资金，广覆盖、多层次、宽领域开展志愿服务。各级政府、各级志愿组织积极响应，比如，共青团中央为在志愿中国网站上注册的志愿者免费提供保险，额度为 10 万～200 万元。在政策支持、法律保障下，志愿服务队伍迅速壮大。2019 年，党的十九届四中全会明确把志愿服务纳入坚持和完善中国特色社会主义制度、推进国家治理体系和治理能力现代化的总体部署，表明志愿服务正在向着"党委领导、政府负责、社会协同、公众参与、法治保障、科技支撑"的治理格局方向发展。中国志愿服务体系正在走向制度化、法治化。

第五，呈现自愿性与组织性相统一的特点。志愿服务以高尚的精神自觉为行为主导意志，其动机都是源自个体内心的自觉自愿。做好事的思想动机和价值取向使志愿者产生为他人提供服务、为社会做贡献的自觉意识。因此，志愿者进行志愿服务一定是出于自身意愿的选择，绝非因为外界强制。这种非义务性和非强制性，能将志愿服务与一般党政机关和社会机构的职业工作区别开来。诚然，我国大多数的志愿服务行为都是在党和国家、社会机构的组织下发动的，但一定需要明确的是，志愿者是作为个人自愿参与志愿服务的人员，在参与的过程中他们始终有选择的权利。志愿服务绝对不是某个机构将其当作一种义务强制人参加。参与志愿服务绝不是被动地、简单地接受学校的教育，也不是完成学校的行政命令和组织任务，而是自愿参与的行为。离开自愿的原则，志愿服务就失去了可持续发展的土壤和环境。虽然自觉自愿是志愿服务有别于任何教育活动的突出特点，但不可否认的是，我国志愿服务呈现高度的组织化特征，集中体现了自愿性与组织性相统一的特点。为了能够更好地动员志愿者发挥更大的作用，各类部门一般都是通过强大的组织化动员方式，有计划地开展活动。在这种组织化的动员下，志愿者产生自愿的行为体验，进一步引发志愿者主体的能动性和创造力。一般来说，对于大学生志愿者而言，高校组织化的志愿服务体系是最为安全、最为便捷的。尤其对于大型活动志愿服务而言，组织化的大学生志愿者是最适合参加的群体。这是因为大型活动的持续时间较长，对于志愿服务质量和专业化程度的要求较高，这种活动从社会上招募志愿者存在一定的难度和风险。高校接受上级部门要求，组织动员程度较高，能够明显降低大型活动的志愿服务成本，从注册、招募开始一直到最后的服务管理和总结，都相对规范，更易完成任务。

第六，逐渐走向实践性与育人性相结合的道路。雷锋精神，人人可学；奉献爱心，处处可为。积小善为大善，善莫大焉。当有人需要帮助时，大家搭把手、出份力，社会将变得更加美好。志愿服务，是一种具有高尚道德精神和人文关怀的行为，其目的和动机得到高校教育工作者和各类社会群体普遍的支持与认同。志愿者通过志愿服务向群众伸手相援，就是友善；为弱势群体提供帮助、创造机会，就是公正；志愿服务在全社会形成相助相帮的风气，就是和谐，将这些小的善举汇聚起来，便是向着富强、民主、文明、和谐的国家步步前进。志愿服务是一项社会实践活动，这项活动既包含着深刻的思想内涵，又是实实在在的社会服务，具有极强的实践性。因此，在志愿服务的实践中，各类社会组织无形中嵌入了思想政治教育的育人性。著名教育家陶行知提出"生活即教育、社会即学校"。他又进一步提出"教的方法是根据学的方法，学的方法是根据教的方法。事怎样做就怎样学，怎样学就怎样教"，即实践的方法是思想政治教育的根本方法。尤其对于大学生志愿者来说，志愿服务是高校为大学生设立的实践教育课堂，在这个课堂上，大学生融入社会、接触社会，促进了思想政治教育的日常化、生活化。广大志愿者在奉献爱心和服务社会过程中，潜移默化地突出了思想政治教育的核心内容。从实践性与育人性相结合来看，有以下几个方面。一是搭建了思想政治教育工作的新平台。志愿精神是思想政治教育的重要内容之一，志愿服务则是实现我国教育立德树人根本任务的有效载体。志愿服务集中反映了中国特色社会主义的意识形态，蕴含于人民的社会心理、思维模式和生活实践之中。在参与志愿服务过程中，志愿者实现了服务他人、教育自我、优化社会环境"三位一体"的功能。因此，志愿服务具有鲜明的育人性。二是改进了思想政治教育的工作模式。志愿服务使思想政治教育对象由客体变为主体，教育过程由单向变为双向，教育方式由被动变为主动。志愿者是自我选择、自我实践、自我教育的体验者。这种方式不仅能够转换思想政治教育方式，还意味着思想政治教育的本质和目的的回归。

第七，呈现无偿性与公益性相一致的态势。志愿服务是非营利取向的，不以物质报酬为目的，这就与追求个人利益最大化的经济行为相区别。在当今经济繁荣、物质丰富的社会，很多人信奉利益至上。但是，志愿者却反其道而行之，付出时间、精力去帮助他人、服务社会，这也是志愿服务的本质所在。因此，在物质回报上，志愿服务一定是表现为无偿奉献的。奉献是不计报酬的无偿给予，是满怀感情的贡献，是不计回报的服务，是为了让这个世界更加美好的道德实践。从公益性来说，志愿服务既不是为某个人或某个组织、某个机构服务，也不是基于亲属、朋友和个人关系，而是为了社会公众的利益和福祉而开展的活动，是社会的公益行为。志愿者开展志愿服务面对的大多是未曾谋面或者没有利益关系的陌生人，只要能够为他人做出力所能及的服务，志愿者就愿意付出个人的善意和关心。邻里之间的互相帮助，虽然体现了和谐的人际关系，但这不是现代意义上的志愿服务，而是基于私人关系的互帮互助。公益性是体现志愿服务社会价值的基本源泉。志愿者开展志愿服务，是为了追求实现个人价值和社会责任的统一。随着志愿服务的深入开展，这种公益性不再仅仅针对某些弱势群体，而是面向所有人。因此，志愿服务也开始由最初的扶贫帮困逐渐延伸到环境保护、大型活动中来。志愿服务不以营利为目的，不以获取物质报酬为目的。志愿者把参与志愿服务当作自己生活中的重要组成部分，将回报社会作为自己应尽的义务和责任。因此，志愿服务无论是偶发性还是长期性，都蕴含着志愿者热情、积极参与社会公共领域建设的无偿性、公益性的态度，体现了全心全意为人民服务的精神。

第三节　新时代文明实践志愿服务的要素

新时代文明实践志愿服务的要素包括领导要素、主体要素、对象要素、动力要素以及内容和形式要素五个方面，这些要素共同构成新时代文明实践志愿服务的关系结构。

一　领导要素：中国共产党

习近平总书记在《在庆祝中国共产党成立100周年大会上的讲话》中

指出："中国共产党领导是中国特色社会主义最本质的特征，是中国特色社会主义制度的最大优势，是党和国家的根本所在、命脉所在，是全国各族人民的利益所系、命运所系。"① 党的十九届六中全会指出，"中国共产党是领导我们事业的核心力量"，"治理好我们这个世界上最大的政党和人口最多的国家，必须坚持党的全面领导特别是党中央集中统一领导"。② 东西南北中，党是领导一切的，因此，党的领导也就必然包括党对推进新时代文明实践志愿服务工作的领导。

从共产党的性质来看，共产党是马克思主义使命型政党，作为无产阶级的先锋队，它自诞生之日起就担负着通过解放全人类而解放自己的伟大历史使命，因此，共产党人"没有任何同整个无产阶级的利益不同的利益"，"在无产阶级和资产阶级的斗争所经历的各个发展阶段上，共产党人始终代表整个运动的利益"。③ 中国共产党不但担负着人类解放的历史使命，而且担负着中华民族伟大复兴的历史使命，担负着富国强民的使命。习近平总书记多次强调，"人民对美好生活的向往就是我们的奋斗目标"，"增进民生福祉是我们坚持立党为公、执政为民的本质要求"。④ 进入新时代后，在朝着实现第二个百年奋斗目标的新征程上，必须坚持把党的领导落实到党和国家事业各领域、各环节，在党的领导下，加强和创新包括新时代文明实践志愿服务事业在内的社会治理。

从文明形态与社会制度的结合上看，也必须坚持中国共产党对新时代文明实践志愿服务的领导。从一般的意义上说，文明是人类创造的所有物质财富和精神财富的总和。从文明形态与社会制度的结合上看，不同的社会制度造就不同的文明形态。自双元革命（法国大革命和英国工业革命）以来，人类由传统社会进入现代社会，现代文明最先与资本主义制度结合，现代志愿服务由于可以缓解资本主义社会制度不可避免的社会矛盾带来的经济危机和大量失业问题而在西方发达国家最先产生。然而，资本主义文明因其以资本主义私有制为前提，完全遵循资本增值的发展逻辑，不可避

---

① 习近平：《在庆祝中国共产党成立 100 周年大会上的讲话》，人民出版社，2021，第 15 页。
② 《中共中央关于党的百年奋斗重大成就和历史经验的决议》，人民出版社，2021，第 65 页。
③ 《共产党宣言》，人民出版社，2018，第 54 页。
④ 《中共中央关于党的百年奋斗重大成就和历史经验的决议》，人民出版社，2021，第 47 页。

免地造成资本与劳动、国家与市民社会的二元分裂，在这样的背景下，西方现代志愿服务常常因缺乏权威的统一领导而陷入"市场失灵—政府失灵—志愿失灵"的怪圈当中，其组织性、持续性和实效性大打折扣。中国特色社会主义制度创造了人类新的文明形态。进入新时代以来，中国共产党以人民为中心，以实现人们的美好生活为奋斗目标，扎实推进"五位一体"文明建设格局。新时代文明实践志愿服务作为落实"五位一体"文明建设格局的重要载体，必然需要权威的党中央集中统一领导。

从法规政策层面来看，新时代以来，党和政府根据国家重大发展战略部署，从顶层设计的高度对新时代文明实践志愿服务给予了明确的思想指导、方向指引和一系列自上而下的政策支持。党的十九大报告强调，加强思想道德建设，"推进诚信建设和志愿服务制度化，强化社会责任意识、规则意识、奉献意识"①。党的十九届四中全会强调，"坚持以社会主义核心价值观引领文化建设制度"，"健全志愿服务体系"②。2018 年 7 月 6 日，习近平总书记主持召开中央全面深化改革委员会第三次会议，会议审议通过的《关于建设新时代文明实践中心试点工作的指导意见》强调，建设新时代文明实践中心，是深入宣传习近平新时代中国特色社会主义思想的一个重要载体，要着眼于凝聚群众、引导群众，以文化人、成风化俗，调动各方力量，整合各种资源，创新方式方法，用中国特色社会主义文化、社会主义思想道德牢牢占领农村思想文化阵地，动员和激励广大农村群众积极投身社会主义现代化建设。2018 年 8 月，中共中央办公厅印发《关于建设新时代文明实践中心试点工作的指导意见》，在 12 个省份的 50 个县（市、区）部署开展试点工作。2019 年 7 月，国务院办公厅发布的《关于新时代推进普通高中育人方式改革的指导意见》提出，综合素质评价将作为高校招生录取的重要参考，其中，建议以上海为试点，每位学生高中阶段志愿服务不少于 60 学时。2019 年 10 月，中央文明委印发《关于深化拓展新时代文明实践中心建设试点工作的实施方案》，将试点县（市、区）覆盖到全国 31

① 习近平：《决胜全面建成小康社会　夺取新时代中国特色社会主义伟大胜利——在中国共产党第十九次代表大会上的报告》，人民出版社，2017，第 49 页。
② 《中国共产党第十九届中央委员会第四次全体会议文件汇编》，人民出版社，2019，第 44 页。

个省（区、市）和新疆生产建设兵团，数量由 50 个扩大到 500 个，推动试点工作进入深化拓展、提质增效的新阶段。我们按照中央的顶层设计抓好部署落实，为推动习近平新时代中国特色社会主义思想深入人心、落地生根，为党的群众工作落地落实、打通"最后一公里"，为决胜全面小康、决战脱贫攻坚提供强大的思想保证、精神动力和文化条件。2020 年 7 月，北京市民政局会同北京市人大社会委工作机构、北京市人大常委会法制办、北京市司法局、首都文明办和北京团市委等相关部门起草的《北京市志愿服务促进条例（修订草案征求意见稿）》中提出，志愿服务有望纳入公职人员招录考察。2020 年 11 月 26 日，民政部颁布《志愿服务记录与证明出具办法（试行）》（自 2021 年 2 月 1 日起实施），旨在规范志愿服务记录，保障志愿者和志愿服务组织等志愿服务活动参与者的合法权益。2021 年 2 月 4日，中央文明办印发的《关于持续深化精神文明教育　大力倡导文明健康绿色环保生活方式的通知》强调，要把倡导文明健康绿色环保生活方式融入文明实践，发挥好新时代文明实践中心作用，要部署发动广大志愿者和志愿服务组织有针对性开展健康知识宣传、疫情排查巡查、关心关爱服务、心理疏导调适等志愿服务活动，营造互帮互助、向上向善的社会氛围。

从实践层面来看，在推进新时代文明实践志愿服务的过程中，"党组织的领导和动员能力至关重要，强有力的党组织才能有效发动群众和组织群众"；虽然"志愿服务的发展有许多来自社会和民间的探索经验，具有灵活特色和较强活力，但是相对于国家治理体系建设和志愿服务机制建设，就需要在党的领导下，不断规范和提升"。① 正是在中国共产党的坚强领导下，新时代文明实践志愿服务越来越走向规范化、法治化、制度化和常态化。比如，2020 年 2 月 23 日始，中宣部、中央文明办在武汉开展的"志愿服务关爱行动"，充分展现了党组织的领导和动员能力。新冠肺炎疫情发生后，湖北省武汉市医疗救治、公共卫生、社区管理、物流运输等社会系统的压力瞬时激增，仅仅依靠原有的工作人员，远不足以应对复杂而紧迫的工作需要。2 月 23 日，习近平总书记在统筹推进新冠肺炎疫情防控和经济社会发展工作部署会议上指出，武汉胜则湖北胜，湖北胜则全国胜，指示要求

---

① 谭建光：《中国共产党领导的志愿服务与社会治理》，《青年发展论坛》2021 年第 4 期。

"大幅度充实基层特别是社区力量"。为贯彻落实习近平总书记的重要指示特别是"2·23"重要讲话精神，2月23日，经中央领导同志批准，中宣部、中央文明办在武汉市启动实施疫情防控"志愿服务关爱行动"，针对武汉市城区小区24小时封闭管理后居民买菜难、买药难的问题，动员志愿服务力量为城区居家市民提供基本生活用品代购代送等服务，用志愿服务温暖人心，助力武汉人民打赢疫情防控阻击战。规范化的志愿服务实践发展以志愿者合法权益得以保障为前提。为深入贯彻落实习近平总书记"推进诚信建设和志愿服务制度化，强化社会责任意识、规则意识、奉献意识"[①]的讲话精神，实现保险服务国家战略发展的美好愿景，2019年1月20日，华夏人寿保险股份有限公司（以下简称"华夏人寿"）与共青团中央青年发展部签署战略合作协议，助力志愿服务发展和青年诚信体系建设。根据协议内容，华夏人寿向全国7000万名在志愿中国信息系统注册的志愿者赠送志愿者保险，设立300万元的保险理赔基金。保险范围覆盖意外身故、意外伤残、意外伤害医疗及交通意外等。保险期间，注册志愿者在从事志愿中国网站发布的志愿服务项目时，以及在该项目的培训、复训和演练及往返途中发生意外身故、伤残和意外伤害医疗等情况时，由华夏人寿承担约定保险责任。

二 主体要素：志愿者和志愿服务组织

新时代文明实践志愿服务的主体是广大志愿者和全国各地各级各种类型的志愿服务组织，志愿者和志愿组织是推进新时代文明实践志愿服务持续发展、蓬勃壮大的主体力量。

志愿者，是指以自己的时间、知识、技能、体力等从事志愿服务的自然人；志愿服务组织，是指依法成立，以开展志愿服务为宗旨的非营利性组织。志愿者依托志愿组织开展志愿服务。志愿者，从年龄上划分，包括从少年中小学生、青年大学生、中青年职业人士到老年退休者在内的各个

---

① 习近平：《决胜全面建成小康社会夺取新时代中国特色社会主义伟大胜利——在中国共产党第十九次全国代表大会上的报告》，http://www.gov.cn/zhuanti/2017-10/27/content_5234 876.htm。

年龄阶段的公民；从职业上划分，有学生、教师、医生、工人、农民、企业员工、社区居民、干部、下沉党员、退伍军人等各行各业人员。志愿组织从组织性质上划分，有临时性志愿组织（如疫情隔离区志愿者队伍）、常规性志愿组织（如社区志愿者队伍）和应急救援性志愿组织（如抗洪救险志愿者队伍）；从服务的地区范围上划分，有城市治理志愿组织和乡村治理志愿组织；从服务的内容和形式上划分，呈现更加多元化、多样化、多层次的志愿组织，我们会在下文具体展开论述。

进入新时代以来，以各地方新时代文明实践中心（所、站）为平台，志愿者和志愿组织作为主体力量，各具特色的新时代文明实践活动实现了创新。以往，青年大学生、党员同志构成我国志愿服务活动的传统主体力量，他们在国内外重大赛事（如奥运会、军运会等）上，在绿色环保领域，在城市治理和扶持西部大开发等国家战略项目中，不断发光发热，有力地展示了中国在国际上的大国形象，推动提升了城乡治理成效。近几年，在党和国家大力引导和统筹下，应急救援志愿者、城乡社区志愿者和老年志愿者正在成为参与和创新社会治理的新生主体力量。2019年11月，习近平总书记在中央政治局第十九次集体学习时强调，应急管理是国家治理体系和治理能力的重要组成部分，要采取多种措施，加强国家综合性救援力量建设，采取与地方专业队伍、志愿者队伍相结合和建立共训共练救援合作机制等方式，发挥好各方面力量的作用。志愿者已经成为应急救护中的一支重要力量。比如，闻名全国的蓝天救援队已经在全国31个省区市成立授权的救援队，全国登记在册的救援志愿者超过50000名，其中有超过10000名志愿者经过了专业的救援培训与认证，救援队按照分工设置各种救援组，如外联组、通信组、搜救组、医疗组、秘书组等，常年进行山野救援、城市救援、水域救援、自然灾害救援、安全事故救援、意外事故救援等，还与各地方政府及相关单位形成紧密及时的联动机制。2021年7月，河南郑州、焦作、新乡等城市遭遇连续极端强降雨天气，城乡居民面临交通受阻、洪水倒灌、房屋围墙倒塌以及通信、供电、供水困难甚至是生命安全危险。距离河南较近的北京、天津等地区的蓝天救援队迅速前往河南驰援救助，配合当地政府部门，成功解救广大人民群众。应急救援志愿者和志愿组织，因其综合性、专业性和联动性等特点，承担了一定的公共应急服务功能，成为政府救援力量的有益补充，发挥了越来越重要的作用。

我国人口众多，城乡社区居民又具有多样化需求，随着党和政府要求社会治理重心向基层下移，以及构建城乡社区治理新局面的部署，社区志愿者成为一股强大的亲民惠民志愿服务力量。自新冠肺炎疫情发生以来，社区作为社会治理的基本单位迅速成为联防联控的一线力量，成为有效阻断疫情扩散蔓延的主渠道，特别明显的是，武汉"封城"后，为了解决长达 76 天的居家隔离居民的每日生活所需和滞留武汉人员的基本生活保障，武汉市民积极响应党和政府的号召，纷纷加入社区、街道志愿组织，深入社区参与疫情防控。民政部在《志愿服务组织和志愿者防控指引》中充分肯定了志愿组织在疫情防控中发挥的重要作用。以此为契机，在党和政府的统一部署与引领推动下，大量形式各异、内容多样的社区志愿组织遍地开花，并逐渐进入常态化和规范化阶段。以武汉为例，如今，平均每 5 个武汉人中就有 1 人是志愿者，他们穿着代表志愿服务的"红马甲"，深入各基层社区擦洗社区宣传栏、摆放共享单车、清理绿化带、疏导学校周边交通，成为社区治理效能提升的"毛细血管"。比如，自新时代文明实践中心（所、站）建设工作开展以来，武汉经开区始终坚持志愿者的主体地位，着力打造志愿服务"一社区一品牌"，切实做优社区、做活治理、做细网络、做实服务，全区 56 个社区新时代文明实践站，因地制宜，共打造了一批如"彩虹服务站"等颇具特色的品牌项目 60 余个，志愿服务活动涵盖了医疗、法律咨询、理发、缝补、照相等各项群众所需所盼的服务项目，成为传播正能量的重要力量。

同时，越来越多的退休老人在党和政府的号召下，利用空余时间和专业知识，加入"银发志愿者"队伍。比如，武汉地铁志愿服务总队自成立以来，目前已经突破 5.5 万名志愿者，其中有很多是退休老人。袁兰香是一名退休的儿科医生，自 2013 年 12 月成为一名地铁文明志愿者后，已经累计志愿服务时长达 1092 个小时；还有武汉地铁"志愿服务第一人"文昌植，曾经集结了 38 名平均年龄接近 70 岁的志愿者到附近地铁口开展志愿引导、文明出行等活动，他们用行动涵养城市文明品质，描绘"最美夕阳红"。正如 2021 年 8 月习近平总书记在河北省承德市高新区滨河社区考察时所强调的，这些老年志愿者实现了"老有所为"同"老有所养"的结合。① 目前，党和政府正在继续研究完善政策措施，鼓励老年人继续发光发热，推动志愿者在社会治理中有更多作为。

三　对象要素：弱势群体和社会一般事业

志愿服务对象是指接受志愿者提供的志愿服务的个人和组织。新时代文明实践志愿服务的主要服务对象是弱势群体和社会一般事业。

新时代文明实践志愿服务要以群众需求为导向，其主要服务对象首先包括弱势群体。所谓弱势群体，一般包括老年人、未成年人、乡村妇女、残疾人、失业人员等有困难、需要帮助的社会群体和个人。这些弱势群体因其先天原因（诸如，先天疾病或者残疾）、出生环境（落后偏远地区）和后天原因（因病因学致贫）等，成为实现全国人民过上美好生活、实现共同富裕征程上的重点扶持对象。新时代文明实践志愿服务在精准脱贫、助医助学、关爱留守儿童、帮助孤寡老人等领域开展广泛的志愿活动，在解决收入不平衡、城乡不平衡、地区不平衡、机会不平衡等问题方面做出了重要贡献。

新时代文明实践志愿服务的对象还包括社会一般事业。所谓社会一般事业主要包括教育事业、社区活动、大型赛事活动、治安环保、文化旅游、各类科普活动、城乡基层事务等。这些社会事业在贯彻落实社会主义核心价值观，增强爱国主义、集体主义、社会主义信念，提升全国人民道德水平、全社会文明程度，尤其是在满足老百姓精神文明需要和提升环境质量，以及展示国家在国际上的形象等方面具有重要功能。

四　动力要素：物质动力、精神动力和信息动力

推动新时代文明实践志愿服务的动力主要有物质动力、精神动力和信息动力。

物质动力，不仅是物质刺激，更重要的是经济价值带来的正向反馈激

---

① 《习近平在河北承德考察》，新华网，http://www.news.cn/photo/2021 - 08/25/c_1127795142_2. htm，2021 - 8 - 25。

励机制。物质刺激也不是指志愿服务是营利性的，而是指志愿服务的发展需要依托一定的生产力发展水平和政府、社会以及其他组织给予的财力支持。新中国成立以来，在中国共产党的带领下，我国从站起来、富起来到强起来，坚持以社会主义公有制为主体、多种所有制共同发展的经济制度保证了社会经济保持长期稳定健康发展。2010年以后，我国国内生产总值位居世界第二，2020年人均国内生产总值超过1万美元，能够为志愿服务的长足发展提供资金支持。一般来看，志愿服务的资金来源大体上有两大块：一是政府财政支持；二是民间捐赠的资金支持。这些资金的获得都有赖于社会经济的蓬勃发展。同时，志愿服务的发展带来的巨大经济价值也可以转化为精神力量。比如，根据市场成本替代法推算，仅2019年深圳市志愿服务创造的经济价值就高达约10.68亿元。① 志愿服务创造的经济价值一方面正向激励了志愿者，使其有重大成就感、奉献感和价值感；另一方面又可以继续为志愿服务发展提供财力支持。

精神动力，既包括精神刺激、信仰信念，也包括文化传承带来的民族精神。"一个没有精神力量的民族难以自立自强，一项没有文化支撑的事业难以持续长久。"新时代文明实践志愿服务的精神动力主要来自三个方面："奉献、友爱、互助、进步"的志愿精神；社会主义核心价值观的引领；中华民族的优秀传统文化。

第一，在我国，新时代文明实践志愿服务以"奉献、友爱、互助、进步"的志愿精神为动力，体现了现代社会发展的时代要求。人的本质在其现实性上是一切社会关系的总和，生活在社会中的人需要相互奉献、相互关爱、相互帮助和共同进步。"奉献"是指志愿者在志愿服务过程中不计报酬、不图名利、大公无私的精神，这是志愿精神的精髓所在，也是推动文明社会进步的不竭动力。"友爱"是指志愿者在志愿服务中有爱无差、尊重他人、欣赏他人、与人为善的精神境界，既体现了志愿者个人的真情实感，也展现了志愿者高品格的精神涵养。"互助"是指志愿者在提供志愿服务满足受助者需求的同时，又使自身能力和精神境界得到升华的精神状态，是

---

① 陈永杰、王潇、徐桢：《深圳志愿服务发展报告（2020）》，社会科学文献出版社，2021，第91页。

志愿者参与志愿服务的重要心理动机。"进步"是指志愿者在志愿服务中使自己的能力得到提升，也促进了社会的进步，千千万万个志愿者参与志愿服务就会从总体上促进整个社会的文明进步，为志愿服务发展提供持续的精神动力。

第二，中国是社会主义国家，坚持社会主义制度和社会主义方向，新时代文明实践志愿服务必须以社会主义核心价值观为引领，在贯彻落实社会主义核心价值观的同时，志愿服务本身也获得持久深厚的精神力量。正如习近平总书记多次强调的，"对一个民族、一个国家来说，最持久、最深层的力量是全社会认可的核心价值观"。①

第三，新时代文明实践志愿服务的精神动力还来自中华民族的优秀传统文化。中华文明源远流长，在上下五千年的历史发展中，沉淀了深厚的"家国情怀""邻里互助""世界大同"等伦理精神和思想资源，这些伦理精神和思想资源与当下社会发展需求相结合，成为新时代文明实践志愿服务发展的又一重大动力。"家国情怀"是志愿服务发展的深厚历史动因。早在古代，中华民族就形成了"大一统"的政治治理格局，在此格局下，老百姓形成对家国的强大信念和情感认同；近代以来，中国民族遭受西方列强侵略、蹂躏，在无数仁人志士救国救民的艰辛探索下，尤其是在中国共产党的带领下，全国人民将传统的"家国情怀"转化为反帝反封建的强大信念，形成强大的精神力量，投入新民主主义革命当中，取得了民族独立和民族解放的胜利；新中国成立后，中国完成了向社会主义制度的转变，尤其是在进入新时代以后，在坚持中国特色社会主义制度的前提下，从富起来到强起来，当前，全国各族人民把这种强大的"家国情怀"转变为实现第二个百年奋斗目标和实现社会主义现代化强国的精神动力，以高涨的热情继续投入到新时代文明实践志愿服务当中。同时，因古代中国县级行政以下实行"邻"和"里"的基层行政管理制度，长久以往，民间逐渐形成"出入相友，守望相助，疾病相救，民是以和睦，而教化齐同，力役生产可得而平"的"邻里守望"精神，当前，"邻里守望"志愿服务成为一个

---

① 《习近平在北京大学师生座谈会上的讲话》，2021 - 05 - 05，人民网，http://edu. people. com. cn/n/2014/0505/c1053 - 24973276. html。

响彻中国的志愿服务品牌，"邻里守望"精神成为促进新时代文明实践志愿服务发展的重要精神动力。此外，汉朝以后，儒家占据意识形态主流地位，儒家思想中的"天下大同"，大公无私，"老吾老以及人之老，幼吾幼以及人之幼"的精神传承也成为新时代文明实践志愿服务的重要精神动力。

信息动力，是指在现代信息社会背景下，信息作为一种内容和手段也成为新时代文明实践志愿服务发展的重要动力支撑。控制论家维纳（Norbert Wiener）指出："信息是人们在适应外部世界，并使这种适应反作用于外部世界的过程中，同外部世界进行互相交换的内容和名称。"① 信息本身就带有一种关系的特征，具有一种潜在地建立关联的能量和指涉，对国家、企业和个人来讲，如果没有与外界的信息交流，就不能有前进的动力。因此，民政部、中央文明委、教育部、共青团中央等多个部门特别强调推进志愿服务信息系统的规范性应用，强调加大信息技术对志愿服务发展的支撑作用。早在 2015 年，中央文明办、民政部、共青团中央就联合下发了关于推广应用《志愿服务信息系统基本规范》的通知，指出信息服务系统是发展壮大会员服务队伍、合理配置志愿服务资源、提升志愿服务效能的重要载体；2017 年，民政部办公厅下发关于推广使用全国志愿服务信息系统的通知，要求民政领域、文明办、团委等部门带头加大志愿服务信息资源开发利用和跨部门、跨地区、跨层级、跨系统共享应用；在此基础上，2018年通过的《"互联网＋社会组织（社会工作、志愿服务）"行动方案（2018—2020 年）》将信息化作为动力系统推进全国志愿服务事业具体化、规范化和落地化。2020 年之后，覆盖全国的社会工作信息系统（含手机移动端）基本建成，新时代文明志愿服务获得了跨越式发展和重大积极效果。

五　内容和形式要素：围绕"五位一体"总体布局全方位展开

新时代文明实践志愿服务活动主要围绕我国"五位一体"的文明建设总体布局展开，内容涉及经济建设、政治建设、文化建设、社会建设和生态文明建设，形式上则根据不同的服务内容更具灵活性和多样性。

---

① Norbert Wiener, *Cybernetics or Control and Communication in the Animal and the Machine*, Boston, Mass: The MIT Press, 2019, p. 2.

第一，新时代文明实践志愿服务与经济建设是一种相互促进的关系，经济的发展能够为志愿服务提供充足的资金支持；反之，志愿服务能够促进经济建设更快更好发展。围绕经济建设的志愿服务，其内容和形式主要有三类：第一类是促进基本民生问题解决的志愿服务，诸如承接扶贫、济困、扶老、救孤、恤病、助残、助医、助学等领域的志愿服务，这类志愿服务关注社会弱势群体的权益，目标是保障人民的基本生存条件；第二类，是缩小收入差距、地区差距的志愿服务，诸如西部大开发、乡村振兴等项目，目的是先富带动后富、促进全国共同富裕，形式上多以提供知识、技术、销售平台和人力资源为主；第三类，是大型赛事和应急救灾志愿服务，如北京奥运会、上海世博会、广州亚运会、G20杭州峰会、全国各地区抗击新冠肺炎疫情的志愿队、抗洪救灾志愿队等，为国家节约了大量时间成本和人力资本，保护了众多老百姓的生命财产安全。

第二，新时代文明实践志愿服务在推进政治建设方面具有重大作用，围绕政治建设的志愿服务突出表现在两个方面——推进社会主义民主政治建设和国家法治建设。一方面，我国民主是全过程民主，是保障和维护最广大人民享有广泛民主权利的政治形式，志愿服务推动了中国特色社会主义事业，使人民在志愿服务中享有更合理的制度保障、更民主的参与方式、更丰硕的成果，比如，在全国各地督导文明城市建设工作过程中，民众通过志愿服务广泛参与到城市建设中，在火车站、地铁、社区等城市的各个角落都有志愿服务者的身影，他们作为国家的主人翁，为旅客、社区困难群众解决困难、送去温暖，成为公民参与社会治理的一分子。另一方面，志愿服务在推进普法、调整和规范地方法规等领域也做出了贡献，诸如深入社区、街道等公共场合的普法宣传志愿服务，监督、敦促某些领域立法工作和实施宪法的志愿服务等，以及针对困难群众的各类免费法律援助等志愿服务。

第三，新时代文明实践志愿服务在推进文化建设方面具有举足轻重的作用。围绕文化建设，志愿服务内容广泛、形式多样，大范围内可以划分为三类。第一类，推进公民道德建设工程、深化群众性精神文明建设活动类的志愿服务，如学雷锋活动、道德模范宣讲、家风道德课堂、推进移风易俗、制定乡村文明新约等志愿宣传和督促活动；第二类，传播中华优秀传统文化、提升中国文化影响力的志愿服务活动，如京剧、昆曲、河北梆子下乡志愿活动，"一带一路"国际文化传播志愿服务和民族艺术进社区等志愿活动；第三类，国家政策、会议精神、价值观导向宣讲类志愿服务，诸如关于党的代表大会、领导人讲话、政策文件的志愿宣讲活动，社会主义核心价值观传播活动等。

第四，新时代文明实践志愿服务在推进社会建设方面具有广泛推动、创新社会治理的作用，围绕社会建设，志愿服务的内容和形式主要分为两大类——城市治理和乡村治理。围绕城市治理的志愿服务主要有交通引导、整治非机动车乱停放、垃圾分类、大型活动或公共场所秩序维持等；围绕乡村治理的志愿服务有农业生产技术支持、农产品销售，农村环境整治、农民返乡再就业志愿服务或志愿培训组织等。

第五，新时代文明实践志愿服务在推进生态文明建设方面展现出越来越强大的力量，围绕生态文明建设，开展的志愿服务活动有环保理念宣讲、垃圾分类培训、资源循环利用站、流浪动物救助、社区清扫、护山护水护林等。

总之，新时代文明实践志愿服务围绕"五位一体"总体格局，在内容上越来越全面，在形式上越来越多样化，体现出"一元（党的领导）＋多样化（地方创新）"的特征。

第二章

新时代文明实践志愿服务的领域

党的十九大报告提出，我国社会主要矛盾已经转化为人民日益增长的美好生活需要和不平衡不充分的发展之间的矛盾。作为中国特色的志愿服务，新时代文明实践志愿服务始终同"两个一百年"奋斗目标、同建设社会主义现代化国家同步。新时代文明实践志愿服务不仅是培育和践行社会主义核心价值观、加强社会主义精神文明建设的重要载体，也是助力国家重大发展战略、推动共同富裕、创新社会治理的重要力量。

习近平总书记强调："志愿服务是现代社会文明进步的重要标志。"①新时代文明实践志愿服务，应立足中国特色社会主义新时代，做到守正创新，展现新面貌新气象、新担当新作为，建设具有强大生命力和创造力的社会主义精神文明，打通服务群众"最后一公里"、推动党的创新理论"飞入寻常百姓家"，以人民为中心、全心全意为人民服务。紧密围绕党和国家中心任务，服务国家发展大局，大力弘扬社会主义核心价值观，认真贯彻落实"凝聚群众、引导群众，以文化人、成风化俗"16字要求，准确把握新时代文明实践志愿服务的特定含义和时代要求，学习传播科学理论，加强基层思想政治工作，培养时代新人和弘扬时代新风，开展中国特色志愿服务。

---

① 《习近平时间 | 志愿服务是社会文明进步的重要标志》，2019 – 12 – 05，http://www. xinhuanet. com/video/2019 – 12/05/c_1210382220. htm。

第一节　新时代文明实践志愿服务的重点领域

一　理论宣讲志愿服务

推动习近平新时代中国特色社会主义思想深入人心、落地生根是新时代文明实践志愿服务的首要任务，也是新时代文明实践中心扎根群众、服务群众、传播党的声音、践行初心使命的首要目的。2020 年 8 月，中共中央政治局委员、中宣部部长黄坤明同志在推进学雷锋志愿服务工作电视电话会议上强调，新时代新使命，要大力开展理论宣传和形势政策宣传志愿服务，把宣传宣讲融入服务，把思想理论浸润到生产生活中，推动党的创新理论走进千家万户。

理论宣讲志愿服务的一个鲜明特征就是"宣讲＋服务"。在理论宣讲过程中，需要围绕科学理论的主题，讲清楚党的创新理论的核心要义、精神实质、丰富内涵、实践要求，全面展现党和国家事业取得的历史性成就、发生的历史性变革，进而讲好习近平总书记带领全党全国各族人民共同奋斗的感人故事。

要依托新时代文明实践中心建设，结合党的理论创新和实际工作，围绕人民群众新期待，在扎实推进文明实践志愿服务精准化、常态化、便利化、品牌化的同时，把党的声音和党的温暖传递给群众。让人民群众在接受志愿服务的同时，也感受到理论的温度和思想的魅力。

案例展示一：

"好记者讲好故事"志愿宣讲项目

天津市武清区融媒体中心"好记者讲好故事"宣讲团现有成员 50 余人。几年来，在区委宣传部的直接领导下，他们以汇聚力量、凝聚共识、激励信心为己任，通过扎实深入发挥喉舌作用、倾情讲述身边故事，以"三心"推进"三强化"，着力讲好武清故事、讲好天津故事、讲好中国故事。

武清区融媒体中心"好记者讲好故事"宣讲团成立于 2017 年 8

月，宣讲团的志愿宣讲员们始终秉持"精心组织，强化效果导向；匠心谋划，强化选题覆盖；细心打磨，强化品牌意识"的宗旨，积极活跃在全区大大小小的基层理论宣讲活动中。线下，他们不辞辛劳，克服工作压力大、任务重的实际困难，广泛利用广播、电视、新媒体等平台刊播推送优秀新闻故事。工作之余，他们精心组织、积极参与各类宣讲活动，走基层、进校园、入机关、办专场，将一个个感人至深的真实故事送到群众身边。线上，他们顺应新冠肺炎疫情防控形势，创新思维、创新载体、创新形式，主动跟进区委宣传部举办的云直播、云宣讲活动，同时依托政务网"村村通"即大喇叭"村村响"工程以及户外大屏等新技术、新手段，通过网络和电波将一段段催人泪下的真实情感故事送到百姓耳畔。

宣讲团成立3年多的时间里，成员由最初的几个人发展到50余人，累计参加全区各类基层理论宣讲活动40余场次，其中专场宣讲3场，熟练讲述生动感人的精品好故事50余个，依托广播、电视、新媒体等平台刊播推送优秀新闻故事200余篇，线上、线下直接受众突破100万人次，通过云宣讲、农村大喇叭、户外大屏等形式将宣讲内容覆盖全区1574平方千米的每一个角落，间接受众数千万人次。

为全力做好决胜全面小康、决战脱贫攻坚的宣传报道，在区委宣传部统一部署下，融媒体中心先后7次派出全媒体调研采访团，累计近100人次，赴河北围场、甘肃泾川静宁、西藏江达等对口帮扶地区进行蹲点调研采访。志愿宣讲员们恪守职责，积极向当地群众宣传党的扶贫政策，向扶贫干部捎去家乡人民的问候。①

案例展示二：

"鄞铃"文艺宣讲志愿服务项目

宁波市鄞州区新时代文明实践中心探索结合文艺的方式，让党课

---

① 《"好记者讲好故事"志愿宣讲项目》，中国文明网，2021 - 1 - 20，http://www. wenming. cn/specials/zyfw/2020sg100/zjzyfwxm/202101/t20210120_5922505. shtml。

宣讲更加具有吸引力，结合中央音乐学院新时代文明实践音乐中心和"微型"党课发源地优势，孵化培育创造"鄞铃"文艺宣讲志愿服务项目，以文艺宣讲为抓手，以群众喜闻乐见的形式，将党的创新理论融入演唱、小品、故事汇等文艺形式，以丰富有趣的内容和灵活多样的形式深入高校、基层等多阵地开展"分层化、对象化、场景化"的文艺宣讲与理论传播，为新时代宣讲插上艺术的翅膀，推进党的创新理论"飞入寻常百姓家"。以"361工作法"（讲好三堂课、用好六个招，搭好一台戏）为中心，志愿服务团队将党的创新理论凝练为爱国精神、时代精神、主流价值和传统美德等多维度、可操作的文艺素材。

讲好三堂课即以思想政治理论课、音乐党课、微党课视频等形式分众分层开设公开课、区级精品大师课和基层普及课，实现了文艺宣讲和理论传播的层次递进与全域覆盖，满足了社会大众对理论学习的多样化需求。

用好六个招分别为：

第一招，"名人效应"。充分挖掘和发挥俞峰院长、俞丽拿老师、叶辛文学大师等文艺大师资源和影响力，集聚人气、打响品牌，形成强大的社会影响力。通过建立文艺宣讲基地，用文艺点亮乡村，如俞丽拿在新张俞村建立小提琴艺术馆，马友友在咸祥镇建立"小友友"大提琴社团等。

第二招，"实战示范"。加强文艺宣讲区级讲师团建设，凝聚骨干力量，充分发挥"传帮带"的作用，培养基层宣讲员快速领会、转化主题、编撰课程的能力，提高基层理论宣讲水平。

第三招，"轻骑突进"。发挥文艺微宣讲"队员一专多能、节目短小精悍、装备轻便灵活"的特点，在时事热点发生时，快速创作朗朗上口的节目，深入基层宣讲。如今年3月习近平总书记考察浙江，宣讲员张红坤一个晚上就创作了快板《总书记到了咱浙江》，一周内到村社宣讲32场，有效传播了党的温暖、党的声音。

第四招，"榜样激励"。通过文艺形式讲述模范故事，以身边典型传播真善美、引领新风尚。如根据全国道德模范周秀芳感人事迹创作情景剧《支教奶奶》，生动阐释了习近平总书记提出的"扶贫先扶志、扶贫先扶智"的理念，在基层宣讲时多次引发听众共鸣，引发现场捐款捐物。

第五招，"现身说法"。让各领域、各阶层的奋斗者、亲历者讲述自身的故事，通过现身说法的生动形式激发听众投身决胜全面小康的伟大历程。如创作故事汇《稻花香里话小康》，让"90后"农民讲述自身创业故事，吸引了更多的青年人回乡创业。

第六招，"互动教学"。组织"一人一艺"培训，通过教唱一首红色歌曲、朗诵一段诗词等，以"沉浸式"教学形式，激发宣讲者和听众之间价值共振、需求共赢和情感共鸣，进一步达到普及文化艺术、传播党的好声音的目的。

搭好一台戏指的是"鄞铃"文艺宣讲的组织形式"可长可短，可分可合"，既可以拆分为6~10分钟的短课，"见缝插针"地在村社基层宣讲，如在村社换届工作中，用方言宣讲一段快板《打好村社换届漂亮仗》，能够有效起到"统一思想，凝聚人心"的效果。也可以把同一主题、不同风格的节目组合成一台60~90分钟的主题宣讲，用于传统节日、基层晚会、中心组学习、重大主题传播等场景。①

二　乡村振兴志愿服务

社会主义的本质要求，包括了消除贫困、改善民生、实现共同富裕等几个重大目标。2020年是脱贫攻坚收官之年，也是全面建成小康社会和"十三五"规划收官之年。脱贫攻坚是实现第一个百年奋斗目标的重要组成部分，也是实施乡村振兴战略的基础。因而解决当前社会经济发展中存在的"不平衡不充分"的现象，是实现乡村振兴的重要出路，是实现共同富裕的本质要求。

志愿服务是实现第三次分配、促进共同富裕的重要力量，新时代文明实践志愿服务更是中国特色志愿服务的中坚力量。在习近平总书记的重要指示精神激励下，广大志愿者、志愿服务组织、志愿服务工作者积极投身国家重大战略部署，在脱贫攻坚、全面建成小康社会的征途中，努力拼搏，

---

①　中国志愿服务研究中心浙江（宁波）分中心。

无私奉献，成为脱贫攻坚战场上的一道亮丽风景线，出色地完成了其历史使命；广大乡村振兴志愿者继往开来，通过各自的不懈努力，在各条战线、各个领域的工作中也扮演了重要角色。

脱贫攻坚的胜利实现，乡村振兴的启动也标志着新时代文明实践志愿服务助力国家重大发展战略的工作目标的转变。乡村振兴是新时代文明实践志愿服务参与、助推国家战略实现的实践领域，是新时代文明实践志愿服务同建设社会主义现代化国家同行的重要体现，也集中反映出新时代文明实践志愿服务发展的时代特质。新时代文明实践志愿服务，以县（区市）、街道（乡镇）、村新时代文明实践中心（所、站）为载体，将脱贫攻坚、乡村振兴与"扶智"、"扶志"紧密结合，并在健全组织领导机制、乡村治理的"善治"、共建帮扶提"质"等方面做足功课，取得了良好的实践效果。

案例展示一：

> 黑龙江省文明办通过五大举措，借助新时代文明实践志愿服务实现脱贫攻坚。
>
> （1）健全领导机制。发挥各级文明委统筹协调作用，健全齐抓共管工作机制，通过理论宣教、文化熏陶，深入推进精神扶贫工作，做到精神扶贫与经济扶贫共同部署，共同落实。
>
> （2）教育保障扶智。第一，帮助农户掌握科技脱贫技能。利用教育服务平台和科技与科普服务平台，建立政府主导、部门协作、院校参与的培训机制，组织科技骨干力量组成流动培训学校，把课堂搬到田间地头、村屋院落，让贫困群众在家门口就能学到农业知识技能，提高创业本领和致富能力。第二，引导干部群众树立产业脱贫思路，提高市场经济意识，拓宽致富思路，提高自主创业能力。第三，厚植教育脱贫根基。大力发展农村教育事业，健全完善农村职业教育、成人教育、社区（老年）教育网络，培育有文化、懂技术、会经营的新型农民。
>
> （3）文化引导扶志。通过理论宣讲平台、教育服务平台、文化服务平台等，在贫困地区打造一批活动乐园和精神家园。通过组织志愿服务，引导群众践行社会主义核心价值观，弘扬中华民族优秀传统美德，激发贫困群众脱贫致富的意愿和动力，让脱贫者得荣誉、受尊重，引导农村

群众根除"等靠要"思想，形成勤劳致富、脱贫光荣的良好氛围。

（4）乡村治理实现善治。第一，发挥村规民约、自治章程等平台作用，引导农村群众提高自我管理、自我服务能力。第二，加强法治宣传教育，引导农村群众增强法治观念，建设平安乡村，为脱贫攻坚营造稳定和谐环境。第三，把移风易俗作为贫困农村德治建设的着力点。

（5）共建帮扶实现提质。发挥新时代文明实践志愿服务的导向作用和精神引领作用，提升志愿服务帮扶质量，动员专项志愿服务组织与贫困地区精准对接，开展文化教育、医疗卫生、社会救助等志愿服务活动，助力脱贫攻坚工作。①

案例展示二：

中华人民共和国农业农村部全国放心农资下乡进村宣传周活动

种子、肥料、农药、兽药等农资是农业生产的基础要素，其质量好坏直接关系到农产品的产量和质量安全。全国放心农资下乡进村宣传周活动始于2005年，参与项目的注册志愿者人数达到20000人。活动始终把农民利益和百姓消费安全放在第一位，牢记使命、认真履责，针对基层群众对放心优质农资的迫切需求，为促进农资市场秩序稳中向好、充分保障农业生产和农产品质量安全、有效维护农民群众的合法权益做出了突出贡献。

一是上下齐心协力，确保宣传活动落地见效。每年春耕关键时节，由农业农村部农产品质量安全监管司牵头，在全国范围内启动放心农资下乡宣传周活动，举办启动仪式暨现场咨询活动；各地农业农村部门积极配合，在本省、市、县区域内同步开展宣传活动，组织基层人员力量面对面向农民群众普及农资法律法规和识假辨假常识，开展农资展销对接，提供农资使用技术服务。活动开15年来，每年宣传周期间，全国出动执法、科技人员和志愿者超过20余万人次，接待咨询群

---

① 《黑龙江省文明办：脱贫攻坚中精神文明建设的作用》，2018-06-01，中国文明网，http://www.wenming.cn/specials/zxdj/dadiaoyan/dybg/201806/t20180601_4708011.shtml。

众数百万人次，发放宣传材料3000余万份，展销放心农资逾亿元。

二是扎根基层服务，推进放心农资进村入户。各地农业农村部门组织当地工作人员、技术专家和农资企业，以志愿者服务队、志愿服务小组等方式，扎根基层一线，为广大农民群众送法律、送农资、送技术，让农民群众足不出户就能便捷地买到优质农资。针对贫困村、贫困户，每年均开展免费赠送农资活动，让农资企业和贫困村、贫困户结成"对子"，确保农资供给及时到位。特别是，疫情发生以来，面对农资供应难问题，各地积极推进农资保供，克服困难，畅通渠道，有力保障了春耕生产顺利进行。

三是强化教育培训，营造社会共治共享格局。为强化放心农资下乡进村活动效果，在宣传周期间各地各级农业农村部门组织志愿者以农民群众喜闻乐见的方式开展教育培训。组织农资专家和农业技术人员以志愿服务的形式在田间地头设立咨询服务台，现场开展农资知识讲解和用肥用药技术指导，手把手教会农民群众常识技巧。通过悬挂张贴横幅标语、布设农资知识展板、出动宣传车开展广播等手段，并依托微博微信短视频、村级大喇叭、"给农民的一封信"等方式，强化宣传效果。①

三　应急救灾志愿服务

我国是自然灾害发生频繁的国家，如暴雨洪涝、地质灾害等每年都会给国家造成巨大的人员、财产损失，因而应急救灾任务十分繁重。近年来，党和政府高度重视应急救灾工作，在建立健全体制、机制、法制和预案等方面取得显著成效。各级文明委、文明办在应对突发自然灾害，提供应急救灾志愿服务时，以各级新时代文明实践中心为平台，整合宣教、组织、动员、典型树立、后勤保障等方面的工作，总结出一整套成熟的工作方案。

第一，各级党委、政府发挥总揽全局、协调各方的领导核心作用，做好应急救灾志愿服务的宣传引导，统一各方思想认识。大力弘扬社会主义核心价值观和"奉献、友爱、互助、进步"的志愿精神，深入贯彻落实

---

① 《全国放心农资下乡进村宣传周活动》，中国文明网，http://www.wenming.cn/。

习近平总书记关于应急救灾工作的重要指示，将思想认识统一到践行新时代文明实践精神中，积极开展志愿服务工作。

第二，通过专业培训，大力增强志愿者、志愿服务队伍技术水平、本领。做好常态化培训、准备工作，组织专业志愿服务队开展义务宣传安全防范和应急知识培训等活动，侧重于开展防灾减灾知识宣传普及、自救互救技能培训，配合政府部门或专业机构排查公共设施、设备和居民住房等存在的灾害隐患，制定和落实相关预防措施。在应对紧急灾情时，救灾应急志愿服务侧重于协同开展受灾或受灾害威胁人员转移安置、救灾物资运送和发放、心理援助、公共秩序维护以及参与救灾捐赠活动等。在灾情结束、救灾工作完成后，应急救灾志愿服务侧重于协助开展过渡期生活救助、集中安置点服务和管理、帮助灾区群众重建家园等工作。

第三，广泛动员、组织到位，充分发挥志愿者组织的作用，壮大应急救灾志愿力量。号召各专业应急救灾志愿服务组织和广大志愿者积极投身一线，参与志愿服务。积极引导社区志愿者组织将应急救灾作为社区志愿服务的重要内容，支持社区志愿者组织加强应急救灾志愿者注册工作，建立应急救灾志愿者支队，开展应急救灾志愿服务，提升社区的应急救灾工作水平。鼓励和支持其他志愿者组织等公益慈善组织组建专门的应急救灾志愿者队伍或相应的分队，开展应急救灾志愿服务活动。多灾易灾地区的民政部门可根据当地应急救灾工作的实际需要，尝试自行组建应急救灾志愿者队伍，加强应急救灾志愿者的注册、培训、行动、管理和激励保障。由于应急救灾志愿服务具有专业性和特殊性，在招募应急救灾志愿者时，要严格把控志愿者的身体素质和基本技能要求，充分吸收社会工作者、民政灾害信息员等人员加入。

第四，大力宣传应急救灾过程中涌现的先进典型和志愿者的感人事迹，做到宣传引导到位。

第五，营造全社会支持志愿服务的氛围，落实志愿者权益保障，守护爱心力量。志愿者作为新时代文明实践的重要力量，用自己的爱心行动无私帮助他人，温暖社会。但志愿服务不可避免地存在一些风险，尤其是应急救灾志愿服务者更需要完善的保障措施。通过给志愿者购买人身意外保险、提供心理疏导、创新志愿者礼遇措施，让志愿者得到不同程度的鼓励，进一步激发其志愿服务热情，推动文明实践向前发展。

新冠肺炎疫情的发生，不仅带来了巨大的经济损失，也严重危害到人民群众的生命健康。因此，开展应急救灾志愿服务活动，具有突出的重要性和紧迫性。不仅有利于提高公众防灾减灾意识和灾害应急自救互救能力、降低灾害风险，也有利于满足不同受灾人员多样化的救助需求，有效补充政府救灾力量，提升灾害救助能力。更重要的是，应急救灾志愿服务的开展，有利于满足社会不同层次人们关爱他人、服务社会、展示自我的愿望，充分体现了"奉献、友爱、互助、进步"的志愿精神与"一方有难、八方支援"的优良传统的有机结合，凝聚起中华儿女团结奋斗的磅礴力量，是践行社会主义核心价值观的生动写照。

案例展示：

陇南市蓝天救援队自然灾害救援志愿服务项目

甘肃省陇南市蓝天救援队自然灾害救援志愿服务项目始于 2018 年，目前参与项目的注册志愿者有 96 人。项目自开展以来，以志愿服务为原则，积极协助政府应急体系展开防灾、减灾教育培训，参与各种自然灾害事故救援行动，减少灾害和事故造成的财产和生命损失。现有在册志愿者人员 96 人，预备队员 42 人，正式队员 23 人，累计参与实施自然灾害事故救援志愿服务 25 次，参与志愿救援服务 491 人次，累计服务时长 7465 小时。

尤其在 2021 年 8 月，陇南市由于受持续性强降雨影响，文县部分地区出现滑坡、泥石流等灾害，造成多处道路阻断，部分村庄房屋倒塌，农田被淹。陇南市蓝天救援队自然灾害救援志愿服务项目再次发力，并协调甘肃、山西、陕西地区 32 支蓝天救援品牌授权团队立即组织人员报备，全力支援甘肃文县。233 名队员携带冲锋舟 13 艘、挂机 7 组、绳索装备 12 套、水域救援专用绳索装备 4 套、30 米牵引绳 1 条、60 米静力绳 2 条、50 米水域浮力绳 1 条、发电机 3 组、照明设备 4 套、夜视仪 1 套、防疫消杀弥雾机 14 套、无人机 4 台、中继通信电台 1 套、GPS 手持机 2 套、海事卫星电话 4 台、帐篷 12 顶、车辆共计 30 辆，全装进入陇南灾区开展被困人员搜救转移、灾情信息采集反馈、淤泥清理、防疫消杀等工作。累计共搜索转运安置人员 88 人、排查评估登记受灾乡镇 16 个、清理道路 7600 余米、清理淤泥垃圾 5.4 万平方米、帮助 359 户居民清理消毒房屋商铺、搭设救灾帐篷 100 顶、垒助河堤 6 处、转移物资 1280 余件、为居民捐赠生活物资价值 2.4 万元、消杀面积达到 10.2 万平方米。

由于应急救援的迅速发展，陇南市蓝天救援队自然灾害救援志愿服务项目发挥了积极作用，也受到了市、区两级领导的肯定。救援队的事迹被陇南电视台、陇南发布、《陇南日报》、陇南都市网报道，救援事迹得到了陇南市委、市政府，武都区委、区政府的表彰和认可。[①]

四　扶老救孤志愿服务

积极应对人口老龄化、实现老有所养不仅是我国的发展战略，也是关乎每个人幸福感的民生大事。老年人作为曾经的中坚力量，为社会做出过贡献，也应享受老年人应有的尊严。除一般老年群体，特定的老年群体，如独居老人、空巢老人、农村留守老人等，由于缺少亲人陪伴、照护，是更为弱势的群体。

一直以来，扶老救孤志愿服务都是中央文明办、国家卫健委、国家发展改革委、民政部等党政部门的工作重点。各级文明办依托新时代文明实践中心，汇集志愿者和志愿服务组织力量，广泛动员群众参与，积极组织开展关爱老人主题活动，通过理论宣教、生活服务、困难帮扶、心理疏导、品牌打造等活动，切实践行新时代文明实践精神，在助老、为老工作中取得了良好的效果。

为此，早在 2010 年，中央文明办、民政部就主持开展了"百万空巢老人关爱志愿服务行动"。随着新时代文明实践中心的大力开展，全社会尊老、敬老、爱老的氛围更加浓厚。十余年时间，动员广大志愿者以志愿服务的方式关心和帮助空巢老人，为他们提供生活照料、心理抚慰、应急救

---

① 《陇南市蓝天救援队自然灾害救援志愿服务项目》，2021 - 01 - 21，中国文明网，"http：//www.wenming.cn/specials/zyfw/2020sg100/zjzyfwxm/202101/t20210121_5923376.shtml。

助、健康保健、法律援助等服务。通过精心组织和有效服务，既让老年人生活幸福，晚年安康，也使中华民族传统美德得到弘扬，使良好的社会氛围得以形成和人际关系得到改善，使社会主义核心价值体系落到实处。这也是对社会向善、人心向善的充分体现。

2016 年 6 月，中共中央宣传部、中央文明办、民政部等 8 部门联合印发了《关于支持和发展志愿服务组织的意见》（文明办〔2016〕10 号），明确了我国志愿服务组织发展的目标方向和主要任务，明确将"扶老"作为志愿服务组织的重点服务领域之一。其中，社会工作服务机构和广大志愿服务组织、志愿者是社区居家养老服务的重要提供主体。为老志愿服务组织发展壮大是促进为老志愿服务常态化、专业化、规范化发展的重要渠道。国务院《关于加快发展养老服务业的若干意见》（国发〔2013〕35 号）明确要求，"积极扶持发展各类为老服务志愿组织，开展志愿服务活动。倡导机关干部和企事业单位职工、大中小学学生参加养老服务志愿活动"。

案例展示一：

山西医科大学轻度认知障碍老人"小丑照护"精准志愿服务项目

该项目由山西医科大学"小丑医生"志愿服务队开展，以养老院轻度认知障碍老人为主要服务人群，通过幽默快乐的陪伴与照护，减少老人负性情绪，进一步改善其认知功能。

目前参与项目的注册志愿者人数已达 661 人。团队成员集医学高校教师、医院医务工作者、医学类专业研究生、机构志愿者、社会人士"五位一体"，其中神经内科、精神科专家志愿者提供服务方案指导，护理学研究生志愿者负责主要实施，保障服务专业化。

服务方案以健康赋权理论和幽默疗法为指导，临床与护理专家志愿者制定个性化服务方案，采取个体照护与团体服务相结合的方式实施活动，将小丑的幽默、色彩、夸张等元素融入记忆训练、速度训练、推理训练、策略训练，从生理、心理、社会适应、文化感染四个层面改善老人认知功能。评估、方案制定、效果评价都基于调查研究，力求科学精准。相关研究发表于多个学术期刊，方案可借鉴可推广。在新冠肺炎疫情防控过程中，志愿者燕媛媛将"小丑照护"带进抗疫病房，每次在工作前，都会在防护衣上画上小丑形象，带给整个充满压力的病房一丝温馨与欢乐。

项目于2015年启动，经过四年多的实践，已取得良好效果。专业量表测评显示老年人焦虑、抑郁等负性情绪均有所改善，生活质量提高；志愿者通过实践与反思，其专业价值观、知识技能沟通能力在潜移默化中提高，志愿服务实践育人功能得以彰显；项目组成员获得省十佳青年志愿者、最美志愿者、最佳服务组织等多项荣誉；养老院给予大力支持，工作人员在访谈中表示该项目减轻了他们的工作压力和倦怠；在全社会传播了医学的人文关爱。[①]

民政部以贯彻落实中央文明办〔2016〕10号文件为契机，为志愿服务组织营造良好发展环境，引导广大志愿服务组织和志愿者加强能力建设，根据老年人的需求开展有针对性的志愿服务。同时，在社区居家养老服务领域积极实现"三社联动"，通过研究建立以社区为平台、以养老服务组织为载体、以社会工作者为支撑的"三社联动"机制，推进建立机构延伸、社区照料、义工援助、邻里互助、亲情慰藉、协会维权"六位一体"关爱服务模式，引导社会工作者和志愿者协同开展为老服务，不断提高服务的专业化水平。探索"学生社区志愿服务计学分""时间银行"等做法，鼓励公益慈善组织、社区工作者、志愿服务者等支持养老服务。

党中央和国务院也对养老服务高度重视，不断从政策发布和制度构建方面加强独居、空巢、留守老年人关爱服务。《"十三五"国家老龄事业发展和养老体系建设规划》、《关于推进养老服务发展的意见》（国办发〔2019〕5号）等文件，明确要求建立健全定期巡访独居、空巢、留守老年人工作机制，积极防范和及时发现意外风险，完善老年人关爱服务体系。2017年，民政部会同全国老龄办等部门联合印发了《关于加强农村留守老年人关爱服务工作的意见》（民发〔2017〕193号），推动各地建立健全家庭尽责、基层主

---

① 《记忆有色　乐暖夕阳——轻度认知障碍老人"小丑照护"精准志愿服务项目》，2021-01-20，中国文明网，http://www.wenming.cn/specials/zyfw/2020sg100/zjzyfwxm/202101/t20210120_5922561.shtml。

导、社会协同、全民行动、政府支持和保障的农村留守老年人关爱服务机制。目前，全国所有省份都制定了加强建设农村留守老年人关爱服务体系的专项政策或实施细则。民政部还建立了农村留守老年人信息系统，并指导地方通过政府购买服务、发展志愿服务等方式，建立独居、空巢、留守老年人的探访机制。

案例展示二：

"青鸟探巢"志愿服务项目

宁波市奉化区"青鸟探巢"志愿服务项目由锋之社爱心服务协会组织实施，重点关注农村基层弱势群体，通过精准化对接需求、嵌入式入户帮扶等举措，帮助失独老人解决生活困境、提升健康水平、重筑精神支柱，提升了失独老人的获得感和幸福感。总体来看，项目实施和服务供给有三个显著的特色，即精准化、人性化和规范化。

精准化服务体现在服务内容和服务路径的个性化上，考虑到农村失独老人存在居住地分散、可及资源薄弱、个体需求异质性等现实问题，项目制定了"一户一档一方案"，为每个失独老人建立起健康与生活需求档案，明确记录、跟踪每位失独老人的健康与生活需求状况，根据健康水平与实际需求，围绕助医健康帮扶、心理精神慰藉、经济收入提升三大主要需求，采取"四陪四到、五心五助"的帮扶措施，确保项目实施紧扣需求，开展精准化帮扶服务。同时，在服务路径上，以三类专业志愿服务成员为主要力量，建立起"项目小组长＋医疗志愿者＋社会志愿者＋好邻居"组合式结对1户家庭的"4＋1"帮扶模式，保障了志愿者分工明确、专人专工，也确保了项目管理与实施、服务需求双方的无缝化对接，服务的精准性和有效性大大提升。

人性化服务体现在志愿者以人为本的关怀与服务策略上，志愿者扮演起知心人的角色，架起了连心桥、做好了暖心事，帮助服务对象从"绝缘"走向"发光"。通过上门探望谈心、生活帮助、心理疏导等浸入式帮扶的服务策略，为服务对象提供全方位的帮助和支持，帮助他们解决多重难题的同时重拾生活信心、重塑自我认同、重振生活发展动力，真正实现了助人自助。

　　规范化服务则体现在团队为项目的有序开展制定多项章程和规则，以规范项目运行和服务流程方面。如针对失独家庭入户难问题，充分聚集了区计生协、区志愿者学院和区心理指导协会三方力量编制出《五心入户指导手册》，探索出特色工作方法，为专业服务的开展提供指导和规范。又如制定《青鸟探巢项目礼遇十条》，明确志愿者激励的办法、内容与形式，规范了志愿者的激励机制。①

五　助残志愿服务

　　扶残助残是中华民族的传统美德。深入开展志愿助残活动，帮助残疾人解决实际问题，实现让残疾人更有价值、更有尊严地生活，反映了以人为本、尊重人的权利和尊严的社会形态，承载着社会道义与价值，凝聚着社会的爱心与良知。我国残疾人数量众多、需求多元，需要社会各界积极投身助残及新时代文明实践活动，助其脱离困境，并满足其日益增长的美好生活需求。这对于发扬中华民族助人为乐、扶弱济困的传统美德，弘扬人与人之间互助、关爱的人道主义精神，践行新时代文明实践精神，具有十分重要的意义。

　　2010年，中央文明办、中国残联等8部门联合发布《关于加强志愿助残工作的意见》，倡议广泛开展形式多样的"志愿助残阳光行动"。多年来，全国各地的助残志愿者积极努力实施"志愿助残阳光行动"，切实把关心、关爱残疾人落到了实处，倡导树立"阳光助残志愿服务"品牌，营造扶残助残社会文明氛围。通过志愿助残服务，无障碍环境建设得到进一步推进，助残志愿服务向专业化、制度化、常态化发展，残疾人也在多层次、多方位、多途径地共享发展成果，充分体现社会文明进步，全面彰显了融合共享理念。

表 2－1　志愿助残阳光行动

开展行动	主要内容
党政领导干部 志愿助残阳光行动	党政领导干部要与贫困残疾人结成"一助一""多助一"等多种形式的帮扶对子，并长期坚持，针对残疾人的不同困难提供个性化帮扶。扶助对子一般结为两年，之后根据实际情况继续帮扶或重新选择志愿帮扶对象

①　中国志愿服务研究中心浙江（宁波）分中心。

续表

开展行动	主要内容
社区志愿助残阳光行动	以社区为依托，以日常生活服务为重点，依靠低龄老年人、有专业技能的住区居民、社区工作人员等资源，广泛提供康复医疗、送医送药、就业指导、技能培训、维权咨询、居家料理、看护照料、心理辅导、房屋修缮、帮助外出等服务。 "社区志愿助残阳光行动"要与"妇女手拉手""红领巾助残""警民共建""文化科技卫生三下乡""送温暖献爱心"等活动紧密结合起来，发挥各部门优势，整合各种资源为残疾人提供实实在在的个性化服务。 此外，由于不少贫困地区的贫困残疾人面临康复服务不足、康复费用负担偏重、缺少生活必需的康复辅助器具等问题，民政部适时推出"福康工程"。"福康工程"项目聚焦贫困残疾人精准脱贫，切实解决"因残致贫"问题。借助彩票公益金，充分发挥民政部门在脱贫攻坚中的兜底保障作用
青年志愿助残阳光行动	要继续充实和完善青年志愿助残的形式和内容，同时切实加强"青年志愿助残阳光行动"的组织和领导，加强管理和培训，发挥广大团员青年的优势和特点，在日常生活、科技教育、就业创业、康复服务、法律援助、大型活动服务等方面广泛开展志愿助残活动，推动"青年志愿助残阳光行动"深入发展
巾帼和家庭志愿助残阳光行动	要在开展"巾帼志愿服务和家庭志愿助残阳光行动"过程中，重点结合扶残助残工作内容，充分发挥女性在促进社会稳定、家庭和谐等方面不可替代的重要作用，向广大残疾人及其家庭奉献爱心、传播文明、给予关怀，为残疾人的生活起居、康复医疗、就学就业、扶贫保障、权益维护等提供贴心的志愿服务，切实维护广大残疾人尤其是女性残疾人的合法权益
法律志愿助残阳光行动	司法行政机关、法律援助机构、律师事务所、法律服务所、法律院校等单位，应当积极开展法律助残志愿活动，鼓励广大律师、法律工作者、法律院校师生等法律专业人士，为有需求的残疾人提供咨询、代书、调解、代理、辩护等法律志愿服务，通过多种途径加强对涉残法律知识的普及、宣传，提高残疾人依法维护自身权益的能力，逐步营造全社会关心残疾人、保障残疾人权益的良好环境
解放军、武警官兵志愿助残阳光行动	进一步弘扬解放军优良传统，广泛开展"驻区助残"和"军民共建"助残活动，拓展服务项目，提高服务质量。发挥传承传统、爱心接力的优势，定点帮扶、长期帮扶、结对帮扶，推动"解放军武警官兵志愿助残阳光行动"持久开展
残疾人志愿服务阳光行动	各级残联要组织各专门协会和广大残疾人积极参加志愿服务活动。要定期组织残疾人志愿者与社区居民、企业职工、院校师生等群体开展互动活动，通过残疾人本身自强不息、艰苦奋斗的生动事例和乐观向上、感恩回报的生活态度，感召教育人们更加积极地投入工作和生活；要组织残疾人志愿者开展家电维修、手工制作、公共服务、心理疏导、无障碍维护等服务活动，用残疾人的爱心回馈，促进社会的和谐与进步

资料来源：《中央文明办、中国残联等8部门关于加强志愿助残工作的意见（2010年）》（残联发〔2010〕15号），2012–03–08，http://www.wenming.cn/ziliao/wenjian/jigou/zywmb/201709/t20170919_4428899.shtml。

此外，志愿助残服务也是全国文明城市、全国残疾人工作示范城市创建活动中的重要工作，多管齐下，使贫困和重度残疾人的基本生活得到稳定的制度性保障。助残志愿服务可帮助他们摆脱贫困，把好政策、好福利真正落实到残疾人身上，让残疾人获得更多的发展机会。另外，推动社会公益组织、政府机构、志愿者组织三方联合，以各类助残助教服务为切入点，对接群众需求，提高志愿服务质量，打造国家级公益助残志愿服务品牌。

案例展示一：

"幸福蜗居"——低保残疾人危旧房修缮志愿服务项目

项目由国网浙江省电力有限公司东阳市供电公司的红船志愿服务队牵头，联合东阳市残联、东阳市住建局、东阳市退役军人事务局等多个帮扶主体，以国网品牌感召力和电力爱心杠杆撬动社会各方资源，与东阳市蓝天救援队、狮子会浙江艺都服务队等爱心组织形成志愿大联盟，探索了精准助残"社会治理共同体"新模式，提升了困难残疾人的"幸福指数"。

项目自 2016 年实施以来，已为 31 个受益户实施危旧房改造，为 70 个受益户改造室内照明线路，累计获政府扶持资金 62 万元、浙江省残疾人福利基金会募集善款 144.1 万元以及价值 103 万元的爱心捐赠物资，完成危旧房改造面积达 5079 平方米，提供志愿服务逾 1505 人次，服务时长 5102 小时，受益群众达 2005 人次。

项目始终以改善低保残疾人利益为根本出发点，以政府部门、所在村镇干部及乡邻、爱心企业和个人，及红船志愿服务队志愿者的共同参与为主要动力，既是对低保残疾人的关爱和服务，又是对各方力量的凝聚和资源的整合，还是对老百姓的思想洗礼和精神教育。项目还秉承"生命健康优先，扶贫扶志结合"的帮扶理念，形成光伏帮扶、助学结对、暖心慰问等配套帮扶机制，激发残疾人自强内生动力，真正成为残疾人心灵的"加油站"、健康的"守护神"、发展的"孵化器"，提升其安全感、获得感、幸福感，真正为残疾人的健康幸福生活赋能。①

案例展示二：

"千户万灯"残疾人贫困户室内照明线路改造志愿服务项目

宁波慈溪市"千户万灯"残疾人贫困户室内照明线路改造志愿服务项目是响应党中央和国家关于开展精准扶贫工作号召，以国家电网公司职工钱海军为领军人，以国家电网公司党员志愿者和钱海军志愿服务中心志愿者为主要力量开展的精准扶贫志愿服务项目。"千户万灯"项目针对经济基础薄弱、无力改善照明用电环境的残疾人、贫困户家庭，充分发挥电力专业优势，推进老少边穷地区早日实现"两不愁、三保障"中的"住房安全"。2015 年 9 月，慈溪市钱海军志愿服务中心在国网浙江慈溪市供电有限公司的大力支持下，正式启动"千户万灯"项目，6 年来，共计完成 5200 多户残困家庭室内照明线路改造，并于 2019 年在浙江全省进行统一部署和推广。2018 年至 2019 年，"千户万灯"项目先后到西藏仁布、吉林敦化、贵州安龙等贫困地区开展专项帮扶，将浙江成熟的扶贫模式成功复制到这些贫困地区。

服务机制和组织架构方面，项目的运作体现了较好的整合性与联动性，成为项目的一大亮点。在服务的发起端，项目开展充分依托县市级志愿服务中心和电力党员力量，由慈溪市发端，逐步在宁波市、浙江省范围内推广辐射，并以宁波实践为样板，在浙江省内各市成立了项目服务分队，建立起覆盖全浙江省的"省－市－县"三级志愿服务组织架构。在服务的传送端，积极联动各地民政部门、慈善机构、社会组织、贫困地区属地供电公司等利益相关主体，建立起完善的服务机制和组织管理机制，明确实施办法与责任分工，推动了部门间、服务团队间的有效协同。服务的接受端，在对口扶贫地区成立属地志

---

① 《"幸福蜗居"——低保残疾人危旧房修缮志愿服务项目》，2021－01－15，中国文明网，http://www.wen-ming.cn/specials/zyfw/2020sg100/zjzyfwxm/202101/t20210115_5917005.shtml。

愿服务分队，为志愿服务的常态化、精准化开展提供了坚实的阵地保障。此外，项目的另一大亮点在于其对志愿服务内涵的实践，在对贫困家庭提供帮扶救助的基础上，服务还延伸到了电力专业技术培训、安全用电教育知识宣讲等领域，以"输血式"帮扶带动"造血式"帮扶，将精准扶贫与"扶智""扶志"有机结合，践行了助人自助的社会工作理念；项目促进企业志愿服务团队与社会各类志愿服务团队的交流合作、互助融合，为健全志愿服务体系做出贡献。[1]

六　巾帼志愿服务

妇女能顶半边天，充分发挥妇女在文明实践志愿服务中的作用，可以使文明实践工作事半功倍。为更好地保护妇女权益，发挥女性在志愿服务中的巨大作用，全国妇联、中央文明办共同推动了"巾帼志愿阳光行动"。

巾帼志愿者作为志愿服务的重要一部分，在帮扶弱势群体、促进村居建设、助推社会治理、维护社会稳定等方面发挥着积极的作用。"巾帼志愿阳光行动"依托新时代文明实践中心站点、妇女之家、儿童之家等阵地，着重面向贫困地区，组建巾帼志愿阳光服务队，以理论宣讲、普法宣传、创业培训、守护女童、关爱留守妇女、老年妇女等为主要内容，定期开展丰富多彩的巾帼志愿服务。

案例展示：

千名巾帼志愿者投身新时代文明实践

自 2018 年 11 月慈溪市妇联被列入全国首批新时代巾帼文明实践中心试点单位以来，各类宣讲培训、志愿服务等活动全面铺开，为慈溪市创建全国文明城市注入了源源不断的巾帼动力。每个村（社区）划分出妇联网格，根据网格大小，因地制宜设置一个或多个"姐妹驿站"，打造"零距离""全天候"的新时代巾帼文明实践点，目前慈溪市已建成 2000 余个"姐妹驿站"。为推动习近平新时代中国特色社会

---

[1]　中国志愿服务研究中心浙江（宁波）分中心。

主义思想更加深入人心，慈溪市上下各级妇女组织"百千万巾帼大宣讲"活动正在轰轰烈烈地开展，组建了一支支高质量的新时代巾帼理论宣讲队伍。不仅如此，巾帼志愿者中的创业代表还充分发挥自己的光和热，为新时代女性讲解创业知识，辅导创业技巧，积极参与家庭矛盾调解、妇女儿童维权、关爱孤寡老人等志愿服务。营造"人人都是文明实践参与者，人人都是文明实践受益者"的良好氛围。10 支"她"志愿者队伍开展活动 40 余次，受益人数超过 10000 人。①

七　儿童志愿服务

每个孩子都是国家未来的希望，应该得到关爱和温暖。困境儿童②、流动儿童、留守儿童、特殊儿童都有不同程度的陪伴、兴趣培养、安全及心理支持等方面的需求。

为扎实做好新时代文明实践工作，充分发挥志愿服务作用，针对单亲失依儿童、留守儿童、流动儿童、困境儿童、特殊儿童面临的实际困难，志愿者、志愿服务组织（志愿服务队）、公益慈善组织、社工服务机构和广大志愿者开展了关心关爱未成年人健康成长、助学助教、心理健康辅导等志愿服务活动，帮助有困难的儿童增长知识、拓宽视野，同时使他们感受到来自社会的关爱与温暖。

相关志愿服务包括定期与孩子谈心沟通，正面教导，利用假期为孩子组织丰富多彩的文化活动，让孩子们学会和社会交流，形成有效的人际沟通，避免他们出现因为无处发泄自己压抑的情绪而去采取不良的行为最终导致影响自己一生的后果。志愿服务活动可为儿童提供成长陪护、各种安全教育、青春期教育、心理辅导等服务，弥补校内教育和家庭教育及家庭

---

① 《慈溪：千名巾帼志愿者投身新时代文明实践》，2019 - 02 - 18，中国文明网，http://www.wenming.cn/dfcz/zj/201902/t20190220_5009019.shtml。

② 困境儿童包括因家庭贫困导致生活、就医、就学等困难的儿童，因自身残疾导致康复、照料、护理和社会融入等困难的儿童，以及因家庭监护缺失或监护不当遭受虐待、遗弃、意外伤害、不法侵害等导致人身安全受到威胁或侵害的儿童。参见《关于加强困境儿童保障工作的意见》（国发〔2016〕36 号）。

之爱的不足，帮助困境儿童正确认识自己，掌握自护自救本领，保护其身心健康成长。

案例展示一：

漯河市临颍县"放学娃之家"志愿服务项目

漯河市临颍县"放学娃之家"志愿服务项目开始于 2017 年，现由临颍县新时代文明实践中心牵头，联合县民政局、文化广电和旅游局、教育局、慈善总会等部门实施。项目针对农村留守儿童放学无人管、学业无人顾的问题，整合少年宫、儿童之家、农家书屋等公共资源，动员乡镇教师和村"两委"积极参与志愿服务活动。目前，全县 14 个乡镇已建立"放学娃之家"45 家，受益学生 2000 余人。项目得到社会各界的一致好评，河南电视台《闻达天下》、《河南日报》先后予以报道。

第一，各政府部门分工合作，整合多方力量。由县民政局完善"放学娃之家"阵地建设；县教育局倡导附近村教师参加作业辅导、开展游戏活动志愿服务，并进行爱国主义、文明礼仪、孝老爱亲教育；文化广电和旅游局提供儿童书籍；乡镇新时代文明实践所负责志愿者培训和管理；村"两委"干部志愿者负责阵地的日常卫生、管理与周边治安环境。通过"政府投一点、村里集一点、村内乡贤捐一点"的方式，使分散的资源得以盘活整合，公共服务资源的使用效益及社会效益明显增强。

第二，为提升"放学娃之家"的服务质量，县新时代文明实践中心专门下发了《临颍县新时代文明实践"放学娃之家"运行管理办法》，对志愿者招募、奖励、设施配备、活动流程进行了详细规定。每个"放学娃之家"项目每天至少有 2 名志愿者提供服务，原则上由本乡镇教师、村"两委"干部、社会爱心人士构成，并建立完善志愿者奖励制度。目前已招募教师及社会志愿者 300 余人，村"两委"干部 225 人。

第三，营建温馨家园。在"放学娃之家"设置游戏室（区）、学习室（区）、室外活动区三个功能区，配备饮水机（暖水瓶）、每人专用水杯，部分还配备了爱心人士捐赠的一些安全健康、儿童喜欢的小食品。通过安装远程摄像头，孩子父母通过手机就可以远程了解孩子的学习教育情况。教师志愿者带领孩子做益智游戏、唱革命歌曲，并辅导家庭作业，服务时间60分钟左右，结束后孩子由家长接回或由村文明实践站志愿者安全送到家。①

案例展示二：

学生防溺零计划——青少年防溺水进校园志愿服务项目

为了更好地向青少年传播"预防胜于救援"的理念，培养"见义智为"的意识，帮助青少年树立良好的安全意识尤其是防险避险意识，让他们学会"自护互救"的知识与技能，从而有效减少溺水事故发生的可能性，及溺水意外扩大化的可能性，宁波余姚市海燕公益服务中心开展学生防溺零计划——青少年防溺水进校园志愿服务项目。项目以水安夏令营的方式，为城区民工子弟学校的40名贫困学生提供在泳池接受水上安全教育的机会，向其传播"预防胜于救援"的理念，从"水域识别""浮具认知""救生衣知识""水域安全知识"，到"预防及自救知识""他救"等课程内容，让青少年在课堂上进行充分体验和练习，全方位掌握"自救互救"的知识与技能。

一是组建专业队伍。志愿者队伍成立以浙江省首届青少年水上安全教练员为核心的项目实施小组，并做好新老搭配，做到以老带新，共同成长。按计划排定课程，以每周一次到两次排课。

二是做好课程编设。防溺水课程教学实施团队已于2018年参加过浙江省首届青少年水上安全教练员培训班，通过引入加拿大红十字会先进的水上安全理念和教学思想，结合培训对象的实际情况，编设有特色，且以轻松活泼的教学方式进行的培训内容，并通过"情景式"和"体验式"的现场实践，以"五要""五不要""叫叫伸抛划"等朗

① 《漯河市临颍县"放学娃之家"志愿服务项目》，2021-01-20，中国文明网，http://www.wenming.cn/specials/zyfw/2020sg100/zjzyfwxm/202101/t20210120_5923100.shtml。

朗上口的防溺水口诀，让青少年在课堂上进行充分体验和练习，每次授课时间为 90 分钟。

三是落实培训实施学校。做好与市红十字会、市教育局的衔接与协调，确立项目实施地点，为余姚市 10 所目标小学进行普及培训。

四是进行分析与评估。每次课程结束，实施团队都要组织团队"沙龙"并对课程进行分析，对课堂效果进行评估，促进水安教练员团队能力建设，有机会及时参加各类培训，提升授课水平，以促进项目务实、优化发展，为下阶段扩大项目实施范围做好准备。①

案例展示三：

"幸福石榴籽"——文化润疆"五观"教育志愿服务项目

宁波"幸福石榴籽"——文化润疆"五观"教育志愿服务项目以现场宣教、案例分析、实践体验、榜样引领为主要模式，从"视、听、悟"三个层面着手，对少数民族青少年特别是新疆籍少数民族青少年开展"五观"教育志愿服务，形成"融·帮·带"三位一体的志愿服务圈。

第一个服务圈是针对在甬求学新疆籍少数民族青年，弘扬优秀传统文化，坚定民族自信，累计开展民族团结进步宣讲志愿服务、座谈会联谊活动、志愿者培训等 523 场，受益人数达 2 万人次并形成了一套有效促进"五观"教育成效、可复制、可推广的工作机制，让文化润疆"五观"教育有章可依。

第二个服务圈是针对在甬务工的少数民族青年，根据他们的适应性、发展性需求，提供以语言教育为基础的国家通用语言文字教学服务、国家通识教育、传统文化体验等志愿服务 197 场，受益人数达 8640 人次。在实现公共资源权利共享的同时，将务工少数民族青年的技能工作手册翻译成维汉双语版本，让文化润疆"五观"教育有技可学。

第三个服务圈针对新疆本地少数民族青年以"追梦"宣讲志愿服

---

① 中国志愿服务研究中心浙江（宁波）分中心。

队为载体，吸收462名第一、第二服务圈中优秀的少数民族青年志愿者回到新疆，在喀什、和田、伊犁等5个自治州7个地区的49个县，开展"三史"教育51场。讲述在第二故乡宁波亲身经历的民族团结好故事924场次。让文化润疆"五观"教育有例可循。[1]

第二节　新时代文明实践志愿服务的基本领域

一　社区志愿服务

改革开放以来，我国社会结构发生了较大变迁，国家治理方式、资源配置、人口结构等都发生了较大的变化。市场经济的发展、城镇化的推进使人口流动加速，社区中人口异质化增强，需求多元化，也存在着一定的利益冲突。社区作为人们主要的生活场所，是加强基层思想政治工作、彰显新时代新使命新担当的主要舞台。根据中央文明委《关于推进志愿服务制度化的意见》的指示精神，要充分发挥社区在志愿服务中的主导作用，依托社区综合服务设施，建立志愿服务站点，搭建志愿者、服务对象和服务项目对接平台。因此，新时代文明实践志愿服务扎根于社区，立足于新时代文明实践中心（所、站）的平台建设，因地制宜发挥中心作用，坚持"群众在哪里，文明实践就延伸到哪里"，切实履行好组织群众、宣传群众、教育群众、服务群众的职责，使强信心、聚民心、暖人心、筑同心取得积极成效。

习近平总书记指出："党的工作最坚实的力量支撑在基层，经济社会发展和民生最突出的矛盾和问题也在基层，必须把抓基层打基础作为长远之计和固本之策，丝毫不能放松。"[2] "社会治理的重心必须落到城乡社区，社区服务和管理能力强了，社会治理的基础就实了。"[3] "固本强基"是对我国

---

① 中国志愿服务研究中心浙江（宁波）分中心。

② 《习近平在贵州调研时强调看清形势适应趋势发挥优势善于运用辩证思维谋划发展》，2015 - 06 - 18，人民网，http://politics. people. com. cn/n/2015/0618/c1024 - 27178355. html。

③ 《习近平参加十二届全国人大二次会议上海代表团审议并发表重要讲话》，2014 - 3 - 5，ht-tp://www. qsth-eory. cn/2019 - 03/07/c_1124205864. htm。

社区建设的定位，加强和创新基层社会治理，关乎党长期执政、国家长治久安和广大人民群众的切身利益，意义十分重大。2017年，党的十九大报告指出，要"加强社区治理体系建设，推动社会治理重心向基层下移、发挥社会组织作用，实现政府治理和社会调节、居民自治良性互动"。[①] 推动社会治理中心向基层下移、发挥社会组织作用，强调党政部门、群团组织要将重心下移到社区，培育社会组织成为服务的供给主体。

第一，社区志愿服务推动社区治理创新。社区志愿服务是创新社区治理的有效途径，在加强和完善城乡社区治理中有着重要作用。社区志愿服务是在基层党组织领导、基层政府主导下，基层群众性自治组织和社会力量发挥作用的渠道，在着力补齐城乡社区治理短板中发挥自身功能。2014年，中央精神文明建设指导委员会印发的《关于推进志愿服务制度化的意见》提出，开展志愿服务是创新社会治理的有效途径，并具体指出各级党委和政府要把志愿服务融入城乡社区治理，作为加强精神文明建设的重要任务，摆上重要议事日程，切实抓紧抓好。2020年，中央文明办记者问答时，强调志愿服务是人民群众自我组织、自我管理、自我服务的实践形式，也是群众参与基层社会治理的重要方式，能够有效弥补政府服务和市场服务的不足与缺位，为政府分忧、为百姓解难。

结合加强和完善城乡社区治理的要求，社区志愿服务在社区治理中可不断提升城乡社区治理水平，改善社区人居环境、优化社区资源配置、改进社区物业服务管理、加强社区参与等。各地志愿服务组织和志愿队服务于社区环境的整治，推动社区人居环境的改善，如进行生态环境教育、清除外来物种、清理卫生死角、巡查社区环境等。除了回应和解决社区问题等，志愿服务还是社区居民参与社区治理公共事务的渠道，是社区中居民自治的基本形式之一。社区志愿者作为个体，或者作为志愿服务队、志愿服务组织成员，参与到志愿服务中来，在这个过程中服务自己、他人和社区，也逐渐形成新的社区社会组织。

---

① 习近平：《决胜全面建成小康社会 夺取新时代中国特色社会主义伟大胜利——在中国共产党第十九次全国代表大会上的报告》，http://www.gov.cn/zhuanti/2017-10/27/content_5234876.htm。

第二，社区志愿服务加强社区服务供给。志愿服务是社区服务的供给方式，与政府提供的基本公共服务、市场化的服务等有所区分，能有效弥补政府和企业在社会服务供给上的不足。我国的社区服务体系在回应单位制改革的过程中逐步完善，满足"社会人"的多样需求。社区服务体系是从20世纪80年代逐步发展起来的，包括社区公共服务设施、各类便民服务、物业管理服务、专业的社会服务机构等，志愿服务是这些不同类别服务中的组成部分。

2005年，民政部等9部门联合下发的《关于进一步做好新形势下社区志愿服务工作的意见》指出，随着社会经济成分、组织形式、利益关系和分配方式日益多样化，人们的需求也越来越多样化；越来越多的"单位人"成为"社会人"，大量退休人员、下岗人员和流动人口进入社区；人口老龄化、家庭小型化，以及为数不少的贫困人群都对社会服务提出了新要求。因此，应进一步做好新形势下社区志愿服务工作，依靠社会力量解决社会问题，满足居民群众日益增长的物质文化和生活需要；增进人与人之间的感情，维护社会稳定，促进社会和谐；增强各种社会组织的社会责任，提高其参与社会建设和管理的能力；密切党群关系，巩固党在城市基层的执政基础。2006年，国务院印发的《关于加强和改进社区服务工作的意见》强调，积极组织开展社区志愿服务活动，将志愿服务与社区服务结合起来，强调从培育社区志愿服务意识、优化志愿人员结构、组织志愿组织和志愿人员入手，开展社会救助、优抚、助残、老年服务、再就业服务、维护社区安全、科普和精神文明建设活动，不断创新社区服务形式，提高社区服务水平。2014年，中央精神文明建设指导委员会印发的《关于推进志愿服务制度化的意见》提出，充分发挥社区在志愿服务中的主导作用，依托社区综合服务设施，建立志愿服务站点，搭建志愿者、服务对象和服务项目对接平台，把空巢老人、留守儿童、残疾人作为服务重点，围绕家政服务、文体活动、心理疏导、医疗保健、法律服务等内容，设计接地气的项目，有针对性地开展顺民意的活动，力争覆盖群众所需的各种服务。2016年，民政部等16部门联合印发的《城乡社区服务体系建设规划（2016—2020年）》，将社区志愿服务作为城乡服务的重要组成部分，明确了社区志愿服务的主要内容和重点服务对象，并从建立服务站点、建立社会工作者与志愿者协同服务机制等方面对推进城乡社区志愿服务提出了明确要求。

第三，社区志愿服务丰富社区文化。增强社区文化引领能力是提高城乡社区治理能力的一个方面，社区志愿服务对于弘扬奉献精神、营造良好社区文化有着极大的推动作用。习近平总书记强调志愿服务是现代社会文明进步的重要标志，是加强和促进精神文明建设的重要载体，是培育践行社会主义核心价值观的生动实践，是新时代文明实践的主要方式。① 社区志愿服务对于将"传播新思想、弘扬新风尚、拓展新服务、创造新生活"的要求落到实处有着推进作用。一方面，志愿服务本身就是社区文化的组成部分，参与志愿服务是社区文化氛围形成的推手；另一方面，文化志愿者可以通过各种方式推动社区文化，如在社区开展中琴棋书画、歌舞艺术、武术太极、健步快走等活动，"以文化人"。

第四，社区志愿服务推动公益提升。社区是公益服务开展的重要空间，社区志愿服务则是社区公益的重要形式。可通过社区志愿服务使全民做公益成为一种社区的时尚，推动公益氛围的形成和发展。社区志愿服务推动公益提升体现在以下几个方面：首先，街道、居委会等开展志愿服务，为社区居民提供公益服务，如在文明劝导、义务献血等方面发挥引领作用；其次，社区志愿服务组织通过各种方式进行义捐义卖等，为公益服务募集资金，进一步服务有需要人群；最后，社区志愿者通过个人的专长等，在社区中提供公益服务。

案例展示：

吉林省延吉市公园街道园辉社区志愿服务

延吉市公园街道园辉社区位于布尔哈通河北岸，延吉河西岸，公园路以南，牛市街以东。辖区面积 0.85 平方千米，居民 4466 户，总人口 7747 人，党员 362 人。社区注册志愿者 1500 人，注册志愿者人数占社区常住人口的比例达到 30%。依托"社区＋社工＋志愿者"的工作

---

① 《习近平时间｜志愿服务是社会文明进步的重要标志》，2019－12－05，http://www.xinhuanet.com/video/2019－12/05/c_1210382220.htm。

模式，以社会工作者带志愿者的活动方式，广泛开展形式多样的志愿服务活动。社区每年开展活动 50 余次，服务社区居民 8000 余人次。

园辉社区坚持把开展志愿服务与创新社区治理结合起来，依托新时代文明实践站完善志愿者招募、培训、服务等制度，积极整合辖区志愿服务力量，每年开展各类志愿服务活动 50 余次，覆盖社区各族群众。

以社区党委为核心，充分发挥社区、社会组织、社工、志愿者联动作用。推进在职党员志愿服务活动，形成阵地共建、资源共享的专业化志愿服务格局。随着在职党员到社区报到开展志愿服务活动的深化，大力弘扬志愿精神，社区志愿服务氛围浓厚，共有 200 多名党员到社区报到，进一步拉近了在职党员和社区群众之间的距离，充分发挥了在职党员参与社区建设、服务社区居民的先锋模范作用。同时，让在职党员能够真正"走出单位，深入社区"，切实凝聚起推动城市基层党建工作发展进步的强大合力。

发挥社工专业优势，引领志愿服务专业化，优势互补让志愿服务事业健康发展。发挥社工专业优势，提升志愿服务水平。社工引领志愿服务制度健全发展，在规范志愿者招募注册、建立志愿服务记录制度、健全志愿服务激励机制、完善政策和法律保障等方面发挥社工引领作用，注重建章立制，推动志愿服务活动制度化、专业化、规范化，实现优势互补，让志愿服务事业健康发展。①

二 文化志愿服务

志愿服务是美好的道德行为和重要的道德实践，也是利国为民的社会实践。志愿精神根植于深厚的中华优秀传统文化，又结合时代的发展，是吸纳文明进步的成果，与社会主义核心价值观高度契合。新时代文明实践志愿服务聚焦培养时代新人、弘扬时代新风，通过营造仪式感、激发使命

---

① 《2020 四个 100｜最美志愿服务社区｜延吉市公园街道园辉社区》，2021-01-15，中国文明网，http://www.wenming.cn/specials/zyfw/2020sg100/zjzyfwsq/202101/t20210115_5917217.shtml。

感、增强归属感，促进社会主义核心价值观落细落小落实。

根据中央精神文明建设指导委员会印发的《关于推进志愿服务制度化的意见》的精神，大力弘扬志愿服务文化的任务，就是要大力弘扬"奉献、友爱、互助、进步"的志愿精神，广泛普及服务他人、奉献社会的志愿服务理念，培育全社会志愿服务文化自觉，使讲道德、尊道德、守道德成为人们基本生活方式。同时，发挥新闻媒体传播社会主流价值的主渠道作用，用精神文化产品育人化人、成风化俗，营造有利于志愿服务的舆论环境。

第一，强化价值引领，推动移风易俗。文化志愿服务文化产品的育人功能，体现在立足于新时代文明实践中心的理论宣教、传播思想、立德育人平台作用。设立文明实践点或基地，把各类场地资源关联起来，赋予其文明实践的内涵任务，借助平台力量，组织开展群众喜闻乐见的活动项目，做到品牌化吸引、常态化服务。动员文化服务志愿者，综合运用各类媒体资源，宣传党的理论，弘扬新时代文明实践精神，将社会主义核心价值观内化于心，外化于行。加强文明培育，开展节约型机关、美丽庭院等创建活动以及文明出行、文明旅游、文明就餐等主题活动，推进制止餐饮浪费、礼让斑马线、使用公筷公勺、垃圾分类等专项行动，引导群众自觉遵守文明规范。

第二，坚持以文化人。文化志愿服务文化产品的育人功能，体现在广泛开展群众文化活动，完善群众文艺扶持机制，传承和发扬民间文化，传承红色基因，培育优良家风，丰富文化生活等方面。根据中共中央、国务院《乡村振兴战略规划（2018—2022 年）》精神，推动农村地区自办文化、广泛动员乡土文化本土人才、乡村文化能人等来组建基层文化队伍。通过开展群众性节日民俗活动、农民群众性体育活动等，深入农村开展丰富多彩的文化志愿服务活动。活跃繁荣农村文化市场，把更多反映新思想、讴歌新时代、歌唱新生活的电影、戏曲、图书、文艺演出推向基层，推动农村文化市场转型升级，进而服务乡村振兴战略。

第三，文化志愿服务文化产品的育人功能，充分体现在发挥文化艺术特长、依靠自身某一文艺门类技能为他人带来美的享受和启迪，满足人民日益增长的美好生活的需要方面。文化志愿服务着重强调公益性，依托公共文化设施，如图书馆、文化馆、博物馆等来开展文化展演、展示、展览和讲座论坛等活动，给人民群众带来充足的精神食粮。文化志愿服务的首要任务是聚焦主流价值的引领，突出鲜明的价值导向，坚持以培育社会主义核心价值观为根本，传承中华文化厚德仁爱、助人为乐、扶危济困等价值观念。

案例展示：

文化志愿服务的"三大工程"

2018 年至 2019 年，中央文明办、文化和旅游部共同发起了多项文化志愿服务活动。如"春雨工程"全国文化志愿者边疆行活动、"阳光工程"中西部农村文化志愿服务行动计划、"圆梦工程"农村未成年人文化志愿服务计划"三大工程"，组织志愿服务团队和志愿者，围绕老年人、未成年人、农民工和残疾人等重点群体，结合节日纪念日，积极开展形式多样的志愿服务活动，努力在全社会营造向上向善、互帮互助的良好风尚，让困难群众得到及时关爱，感受到社会的温暖，也大力弘扬了中华优秀传统文化。另外，还组织公共图书馆、文化馆（站）、博物馆、美术馆、企业等开展文化志愿服务活动，促进文化和旅游志愿服务制度化、规范化、常态化，在促进文化传播、践行社会主义核心价值观方面起到了积极的作用。[①]

三 法律志愿服务

全面依法治国是新时代中国特色社会主义的重要成就。党的十八大以来，以习近平同志为核心的党中央从坚持和发展中国特色社会主义、保持党和国家长治久安的战略高度，定位法治、布局法治、厉行法治，对加强和完善社会主义法治的理论认识和实践探索达到了新的历史高度。

作为专业领域的志愿服务，法律志愿服务是基层法治建设、公共法律服务供给的必要补充。依托新时代文明实践中心，由法律部门业务骨干组成的专家队伍提供形式多样的法律志愿服务，积极开展普法宣传、法律服务等系列志愿服务活动，不仅有效地推动了普法和依法治理工作，也部分

---

① 根据相关报道和文件整理。

满足了广大群众的法律需求。

案例展示：

法律志愿服务的地区实践

黄山市徽州区成立的新时代文明实践中心法律宣传志愿服务队，其主要成员来自公、检、法、教育等单位，并从中择优选拔政治素质可靠、专业基础扎实、经验丰富且热心法律宣传志愿服务的人员。法律志愿服务主要包括法律宣传、法律援助、法律咨询、普法讲座、法治文艺等宣传教育和帮扶活动，引导群众牢固树立社会主义法治意识，提高社区居民的法律素质。

上海市奉贤区则于 2015 年率先试点村（居）法律顾问制度，通过持续强化基层公共法律服务供给，在全镇范围内实现一村（居）一法律顾问设置，完善村（居）法律顾问工作制度，充分发挥村（居）法律顾问在基层法治建设中的专业法律指导作用，将法律顾问工作与村（居）普法教育、提供法律服务等工作有机结合，全力推进基层法治建设。[①]

四　科技志愿服务

党的十九大报告中提出了"两个阶段"的发展任务，要把我国建成富强、民主、文明、和谐、美丽的社会主义现代化强国。而"两个阶段"任务的完成，离不开创新型国家建设和科技发展的支撑。因而科技志愿服务就承担了普及科学知识、传承新时代科学精神的历史重任。

科技志愿服务，一方面，可以通过新时代文明实践中心这一平台，给民众提供科技科普服务；另一方面，可以通过各级文明办与科技工作相关部门合作，广泛动员科技力量和志愿服务力量，共同完成科普工作。

案例展示"智惠行动"是由中国科协与中央文明办共同发起、执行的，主要内容是在全国范围内广泛开展科技惠民、科学普及等科技志愿服务。科普工作的广泛性使科技志愿者的足迹遍布祖国大地，因而科技志愿活动

---

① 根据相关报道和文件整理。

得以在全国蓬勃开展，进而使科技志愿服务融入经济社会发展的各个方面。各级科技志愿服务队伍充分发挥专业优势和人才优势，聚焦人民群众生产生活密切相关的科技领域，主动联系入驻基层党群服务中心、新时代文明实践中心、社区、学校、农村、企业等，开展形式多样的科技志愿服务，包括科普宣传、咨询服务、技术指导、成果对接、心理咨询、应急避险、健康义诊、线上互动等。

案例展示：

"智惠行动"助力科技志愿服务蓬勃发展

"智惠行动"项目旨在探索中国科技志愿服务工作的发展方向、实现路径，总结典型经验，推广有效模式，推动科技志愿服务广泛开展，助推科协系统改革向基层延伸，助力提升基层科协组织能力以及基层科普及服务能力。按照中国科协和中央文明办工作重点，该项目分为整合资源创新推进科技志愿服务、助力新时代文明实践中心建设、学会科技志愿服务基层行等子项目及培训专项。

整合资源创新推进科技志愿服务子项目，全面整合和逐级下沉已有项目资源、活动资源和人才智力资源，组织动员广大科技工作者、科协工作人员、科普场馆辅导员、青少年科技辅导员、农业技术人才等注册成为科技志愿者，他们发挥其专业优势，参加科技志愿服务。

助力新时代文明实践中心建设子项目，主动对接新时代文明实践中心，在县级志愿服务总队下成立科技志愿服务队伍，组织动员科技工作者特别是以基层科协"三长"为代表的广大基层科技工作者注册成为科技志愿者，开展卫生健康、青少年科普、生物安全、应急安全技能培训、实用技术推广、科学辟谣、反伪科学反封建迷信宣传等科技志愿服务活动。

在学会科技志愿服务基层行子项目中，各全国学会和省级学会突出专业化、多领域、多学科融合组织的特色，招募符合条件的学会会员组建科技志愿服务队伍，重点为边远贫困地区、边疆民族地区和革命老区提供科技培训、科普讲座、技术指导等多层次、多模式、重实效的科技志愿服务。

　　例如，北京市海淀区大力开展"科技＋"理论宣讲，发挥科技企业、科技人才、高校资源聚集优势，组织青年党员志愿者，利用云平台、VR（虚拟现实）、XR（扩展现实）等技术制作"微党课"、打造"直播间"，推动党的创新理论"云传播"。①

五　恤病助医志愿服务

　　恤病助医是新时代文明实践志愿服务的工作方向之一，涵盖了"恤病"和"助医"两个层面。广泛开展医疗志愿服务，对改善患者的就医体验、提升患者医疗服务满意度具有积极意义。从组成部分来看，医疗志愿服务主要包括恤病助医、个案救治、应急救援、公共服务、阳光助残、对口支援、精准扶贫、健康宣教等多个方面，通过设立和提供就诊热线、就医指南、导医服务、心理疏导、专业咨询、康复指导、轮椅借用等通用及专业服务，帮助患者正确认识疾病，科学有效就诊，切实解决服务对象的就医问题。

　　此外，恤病助医志愿服务也重点针对儿童、孕产妇、重大慢性病住院患者，建立健全医患沟通机制，提供专业的社工服务和志愿服务，并进行心理疏导和人文关怀。不仅是病患，医护群体同样也需要心理疏导和人文关怀。由于工作性质的关系，医生群体也承受了巨大的压力，甚至生命安全也会受到威胁。

　　案例展示一：

"黄金六分钟"急救志愿服务项目

　　近年来，我国每年约有 50 万人死于心脏骤停，但骤停的救治率还不到 5%，其主要原因是公众对急救知识掌握的不足。要想提高救治率，唯一的途径就是让老百姓都学会自救和互救。2014 年，保定市第二医院依托专业优势，借势推出"黄金六分钟"急救志愿服务项目，同年，正式成立"黄金六分钟"爱心宣讲团队，该项目以讲座为主，以实际演练为

---

　　① 《中国科协　中央文明办关于组织实施科技志愿服务"智惠、行动"的通知》，https://www.cast.org.cn/art/2020/5/28/art_459_122511.html。

辅,采取专家讲座、观看"黄金六分钟"微电影、技能讲解、实际操作等环节,通过讲练结合的模式让受训方更快掌握急救技能。

医院领导高度重视项目发展,主管院长牵头负总责,成立项目办公室,负责年度计划制订、志愿者招募、数据统计分析、阶段性总结等事务,牵头组织协调项目的具体实施。医院定期组织服务技能比赛,选拔优秀青年志愿者,推荐补充到"黄金六分钟"爱心宣讲团队,所有志愿者统一注册、统一管理,由内聘专家团队负责志愿者的具体培训,志愿者考核通过后方可上岗。目前参与项目的注册志愿者人数已达150人。

该项目团队的志愿者利用业余时间定期到工厂、社区、机关、学校、公园、车站进行急诊急救知识培训,拍摄的"黄金六分钟"微电影在保定军校广场、保定火车站广场大屏幕循环播放,使保定市民及南来北往的外地旅客在休闲散步或候车之余,通过观看微电影,提高对急救知识的认识。截至目前,共开展讲座700余场。微电影点击率突破100万次,受益人群200余万人,观看人群超1000万人。越来越多的保定市民掌握了心肺苏复这项救命技能,心肺复苏的知晓率和心脏骤停的救治率得到有效提升。①

案例展示二:

宁波市健康家园公益服务中心

宁波市健康家园公益服务中心(宁波市鄞州区健康服务指导中心)成立于2015年,是一家致力于"推动全民健康事业发展"的5A级社会组织。中心通过向公众和医疗健康机构提供专业性公共服务,有效发挥社会组织在社会治理中的积极作用,是全省大健康领域社会组织范化发展的典型。目前中心有专职工作人员7名,专业合作机构19个,志愿者全部由宁波市各级医院、健康服务机构、医学类专业高校健康类社会组织组成,专业化程度达到100%。

---

① 《"黄金六分钟"急救志愿服务项目》,2021-02-10,中国文明网,http://www.wenming.cn/specials/zyfw/2020sg100/zjzyfwxm/202102/t20210210_5947598.shtml。

多年来，团队明确服务需求，围绕全生命周期，逐渐开发形成了 9 个核心项目，包括："妈咪宝贝"母婴健康面对面项目，"护苗 1 + 1"青少年自护教育项目，"艾护生命"防艾禁毒主题教育项目，"守护花孕的 Ta"青少年防性侵教育推广项目，"舌尖上的安全"食品安全科普教育项目，"益起来"交互式健康沙龙项目，"健康家园"济动生命科普馆项目，"暮年阳光"AD 症认知及护理项目，"被岸天使"临终文化促进项目。

通过多年的服务积累，团队在宁波市已经形成了 109 个常态化健康服务基地，覆盖 160 村（社区）和 31 个乡镇（街道），年均开展服务 230 场，直接受益者达 73000 人次，参与志愿者达 2000 人次。通过人才培养、资源整合、项目推动，使宁波的健康领域志愿服务工作逐渐形成了"自下而上抱团，由点到面设计，从里到外融合"的联动模式，为全民健康事业的发展起到了积极的推动作用。①

---

① 中国志愿服务研究中心浙江（宁波）分中心。

第三章

新时代文明实践志愿服务的项目设计与管理

新时代文明实践中心以志愿者为主体力量，以志愿服务为主要形式。它的核心要义是以真情暖人心，以服务聚民意，帮助群众解决实际问题，解决生活困难和精神困惑，在服务群众中教育引导群众，在解决问题中做好思想政治工作。在志愿服务的核心元素中，除了志愿者、志愿服务组织，还有志愿服务项目。志愿服务项目是指志愿服务组织、志愿服务团体或其他组织面向特定的服务对象或领域，在一定周期内开展的具有明确目标、内容、计划和保障的系列志愿服务活动。它是推动志愿服务走向规范化、常态化、专业化、品牌化的抓手。一个个实实在在的志愿服务项目构成了志愿服务组织的拳头产品。在新时代文明实践中心建设中，志愿服务项目是资源链接的载体，是文明实践阵地保持活力的手段。本章的主要内容是志愿服务项目的评判标准、设计步骤、管理方法。

第一节　新时代文明实践志愿服务项目的评判标准

评判一个志愿服务项目的标准通常有以下四个方面：服务对象明确、服务内容精准、实施方法科学合理、服务效果显著。

一　服务对象明确

首先，要求服务人群具有针对性。项目针对明确的受益群体，有精准的定位，而不是模糊处理。例如，最美丽少年——聋人子女支持服务项目，它的服务对象就不是聋人，而是生活在聋人家庭里可以听见声音的子女，项目帮助他们克服无声的世界带来的困扰。服务对象明确，有助于集中力量为同类群体提供专业化服务，帮助他们解决问题，有助于志愿服务项目把有限的资源用于最需要的人群，也有助于在周期性的工作中积累经验，从而把工作做得更专业、更深入。

其次，要求服务人群具有普遍性。志愿服务项目覆盖的对象具有广泛性，在项目实施地域可能有一定比例的人群遇到相同的社会问题。比如，第六次全国人口普查数据显示，中国视力残疾人士达1263万人。为了满足广大视力残疾人士的文化生活，北京"心目影院"志愿服务项目15年来为视障者播放了700多场电影。三年来，浙江师范大学"耳蜗——盲人无障碍电影公益平台"项目的487名志愿者参与制作了76部无障碍电影，服务时长达3万余小时。志愿服务项目覆盖广泛有助于项目做大做强，形成流程化、规模化的服务模式。这一标准不排除特殊情况下针对特定对象的志愿服务项目。

最后，要求服务需求具有迫切性。对于某些政府难以提供、市场不愿提供、居民需求迫切、社会影响力大的内容，志愿服务组织要根据自己的能力和专长设计项目。在设计项目之前，志愿服务组织需要深入调研、集体讨论，研究哪类服务居民急需而社会提供不足。例如，上海金山区的造血干细胞捐献志愿者宣传服务项目，针对白血病患者对造血干细胞的急切需求，1460名志愿者不分寒冬酷暑坚持在街头、学校、企业为市民宣传造血干细胞知识，重点发动村居、企业、学校青年开展造血干细胞集体入库活动，取得了显著成绩。

二　服务内容精准

首先，服务内容能满足服务对象的真实需求，解决服务对象的某一问题。只有满足居民真实需要的项目，才能受到居民的欢迎，才能吸引志愿者的长期参与，才能具有持久的生命力。

其次，服务内容蕴含的价值大，能为参与者带来快乐和收益。提高项目内生的回馈价值，即人们在参与志愿服务时，不是自己的单向付出，而是能够从服务中学习新技能，或者获得快乐，或者获得友谊，或者获得社会认可。志愿者在服务中获得的社会认同感、生活价值感、团体幸福感，有助于增加项目的吸引力，有助于扩大志愿者的招募规模，有助于提高志愿者的留存率。

再次，服务要求明确具体，工作职责清楚。志愿服务组织要根据工作内容设置不同的岗位，拟定岗位工作职责，根据岗位的职责要求招募具有相应服务能力的志愿者，或者针对岗位职责的要求培训志愿者。在上岗之前，让志愿者对自己的服务对象和工作职责了然于胸。这样有助于志愿者尽快进入工作状态，提高他们服务的效果，增加志愿者服务过程中的成就感，保留更多的志愿者。

最后，工作内容具有重复性，保证项目的持续和推广。这是因为，工作重复做就会越来越熟练。同时，志愿服务项目要具有延续性和规律性。通过规律性地重复开展项目不断完善工作流程，细化工作要求，提高管理质量，提升服务效果，扩大受益人群。

三　实施方法科学合理

首先，要探索满足服务对象需求的最佳方法，提高服务的效果。不同的项目有不同的服务方法，在设计志愿服务项目时，要先研究用什么方法才能做好服务。请专业老师培训志愿服务组织的管理者和员工，管理者和员工再培训志愿者。如上海多阅公益文化发展中心的儿童绘本阅读项目，聘请儿童教育专家指导项目的设计和执行。

其次，优先招募有岗位服务技能的志愿者。对于专业志愿服务项目，可以从具有相应专业知识的人士中招募志愿者。项目要有明晰的工作流程和工作方法，方便志愿者尽快掌握服务要求。分配岗位时，尽量考虑志愿者的知识结构、个人兴趣和经验技能。

最后，项目落地性要强。项目执行机构与社区、单位有良好的沟通，在现实空间具备可落地性项目的实施方式能够获得社区管理者的肯定和居民的接纳。

四　服务效果显著

志愿服务项目的服务效果可以归纳为三个方面，一是解决或缓解了某一个社会问题，二是影响了社会政策，三是改变了人们的行为习惯。只要具备这三个结果中的一个，服务效果就是显著的。

首先，志愿服务项目解决或缓解了某一个社会问题。有的问题可以通过志愿服务得到解决，有的问题无法根本解决，只能缓解，比如自闭症，目前还没有可以彻底解决的办法，但是可以通过志愿者的帮助得到缓解。有的项目在解决社会问题的同时，还会产生衍生效益，如湖南城步苗族自治县的苗绣传承志愿服务项目，除了帮助当地妇女解决贫困问题，还解决了留守儿童问题和苗绣这一世界非物质文化遗产传承问题，实现了经济价值、社会价值和文化价值的统一。

其次，志愿服务项目影响了社会政策，带动了某一社会问题的全面解决。除了能直接改变服务对象的生存状态，有的志愿服务项目还尝试影响政府完善现有的政策或实施新的政策，在更大范围解决更多人的此类问题。比如，免费午餐项目影响了国务院启动实施农村义务教育学生营养改善计划。

最后，志愿服务项目改变了服务对象的思想理念、行为习惯，甚至改变了志愿者的理念和习惯，促进了社会文明程度的提高。如参加交通文明志愿服务的志愿者，在劝阻行人遵守交通规则的同时，自己也养成了遵守交通规则的好习惯。

第二节　新时代文明实践志愿服务项目的设计方法

通过前期大量志愿服务项目案例的分析提炼，本章提出志愿服务项目设计的"五步法"：第一步，开展需求调查；第二步，确定服务对象；第三步，确定项目目标；第四步，盘点资源，做好预算；第五步，提出实施计划，确定实施方法。

一　开展需求调查

摸清居民的实际需求是志愿服务项目设计的首要工作。发现居民的需求不是一项容易的工作，尤其是那些可以用志愿服务项目去长期解决的社会问题更不易确定。群众的需求有显性需求和隐性需求之分，显性需求比较常见，容易感知，容易满足；隐性需求针对的是群众没有感知但对他们未来的生活和发展具有重要影响的问题，这些问题隐藏着风险且不易被发现，一旦发生将对群众产生较大影响。隐性需求需要专业志愿服务组织主动发现、主动作为，从需求回应到需求预测，精准回应群众的隐性需求。

可以从三个方向把握群众的志愿服务需求。一是问题导向。要看到问题，更要找到问题的原因，针对原因采取措施。既要解决现有问题，又要预防问题的发生。志愿服务可以解决的问题涵盖个人问题、社区问题和社会问题，只要是属于公益性服务范畴的问题，都可以通过志愿服务的方式来解决。二是发展导向，即帮助服务对象坚定政治信仰，提升能力和素养。新时代文明实践志愿服务项目要具有理论宣讲的自觉性，在服务群众中自觉地宣传党的创新理论和中国传统文化，增强四个自信，"引导群众在潜移默化中学以养德、学以增智、学以致用"。[①] 引领群众提升健康水平、教育水平、道德水平和文明素养，引领社区（村庄）提质转型。三是兴趣导向。开办音乐、绘画、书法、剪纸、篆刻、体育等兴趣班，培养群众的业余爱好、丰富业余生活、帮助群众建立业缘关系，增加群众的社会资本。以兴趣为导向容易凝聚群众，形成兴趣团队，兴趣团队经过引导会发展成志愿服务团队。开展文化志愿服务活动，把优秀文化送到群众身边，也有助于提升群众的思想境界和文明素养。

发现群众需求的常用方法有问卷调查法、访谈法、观察法、体验法、召开座谈会、头脑风暴法等，项目发起人可以根据自己的特长和调研地区的实际情况，采用适宜的方法去发现需求。

项目设计时可以参考借鉴现有的优秀项目，我们可以从两个角度获得项目设计的思路。一是大量浏览全国宣传推选学雷锋志愿服务"四个100"

---

① 参见中共中央办公厅《关于拓展新时代文明实践中心建设的意见》（厅字〔2021〕43号）。

先进典型活动评出的最佳志愿服务项目和全国志愿服务项目大赛参赛项目，从中找到设计灵感。团中央青年志愿者行动指导中心在中国青年志愿者网上建立了志愿服务云展馆，里面有各种各样的志愿服务项目供项目设计者参考。二是阅读研究论文，从研究成果中寻找影响人口和社区发展的深层次问题，依此设计项目。比如，《社会学研究》2019 年第 1 期的《早期健康与阶层再生产》一文认为，早期的健康投入是影响阶层再生产和流动的一个重要渠道，对贫困和底层家庭的健康干预有利于子代的教育获得和向上流动。据此结论，可以针对儿童设计健康营养支持志愿服务项目，项目的服务对象不限于贫困家庭，也包含经济条件较好但不懂得搭配营养膳食的家庭。

二　确定服务对象

凡是项目做得好的、有成效的，一定在项目开发设计时对服务对象做了明确、清晰的界定。服务对象不能太宽泛。比如，慈溪的"千户万灯"——残疾人贫困户室内照明线路改造志愿服务项目受益对象有三个标准：三级肢体残疾，每月仅靠低保生活，电器开关年久失修、电线老化严重。只有满足这三个条件的家庭，才能列入服务对象。只有明确服务对象，才能集中资源把项目做好。

选择服务对象时要考虑实施区域、共同问题、保障状况、服务元素、资源禀赋等多种因素。

1. 实施区域

实施区域划定了项目覆盖对象的地理范围，实施区域小到一个社区或村庄，大到整个国家乃至全球。实施区域的范围主要依据组织的管理能力来确定。在志愿服务组织力量有限的情况下，可以先在一个小的区域开展项目，积累经验，管理能力提升后再逐步扩大范围，也可以根据组织的使命专门为一个固定区域的群众服务。

2. 共同问题

共同问题是志愿服务项目开展的基础。解决问题是志愿服务存在的理由。在设计项目的过程中，志愿服务项目发起人要在进行需求调查的同时，了解面临此类问题的人群数量、分布区域、生活状况，从中细分服务人群，选择服务对象。在确定服务对象时，不能无限扩大自己的服务范围，要围绕核心业务，做深做好。比如，青鸟助飞项目针对一些事实孤儿存在的困难，在慈溪市范围内开展事实孤儿自我发展帮扶志愿服务。

3. 保障状况

保障状况是群众面对自己无法解决的困难有无其他保障措施，对于公共服务不及、市场服务不足、群众急需的服务，志愿服务组织可以优先考虑，选择那些最缺乏保障的人群作为服务对象。

4. 服务元素

志愿服务和慈善捐赠不同，它是以服务的形式开展公益活动，是以志愿者的时间、知识、技能、体力等从事的助人行为。在确定服务内容和服务人群时，首先要看群众的困难能否用服务的方式解决，选择那些必须用人的服务来解决问题的领域开展志愿服务活动，而且这种服务是志愿者能够做到的。比如，义务修理家电、义务理发、辅导功课、义诊等常见的志愿服务活动都是要靠人亲自参加的。

5. 资源禀赋

志愿服务组织（团队）依据资源优势和能力优势设计自己擅长的志愿服务项目。志愿服务组织（团队）负责人首先要摸清自己有哪些资源，包括具有专业特长的稳定的志愿者队伍、稳定的资金来源、特有的专业技术、卓越的管理团队、良好的社区关系等，用自己的所长开展服务，突出专业优势、资源，建立自己的品牌和核心竞争力。

三　确定项目目标

凡事预则立，不预则废。志愿服务项目在设计时就要明确目标和制订实施计划。志愿服务项目的目标就是项目的预期成果，即项目能为服务对象带来哪些积极的改变。在项目设计之时就确定目标，一方面可以引导组织的行为不偏向，另一方面在项目周期完成后可以作为绩效评估的依据。

确定目标有三个步骤。先确定总目标。要把总目标分解为若干个具体目标，再把每个具体目标分解为若干个可以落实的具体行动。每个行动完成了，具体目标就完成了；每个具体目标都完成了，总目标也就完成了。总目标、具体目标和具体行动构成了项目的有机体，总目标指明方向，具体行动保证落实。总目标要依据组织的使命、群众的需要、客观条件综合确定，以解决服务对象的问题为出发点。总目标比较抽象，要转化为具体目标和行动计划来执行。

每个行动计划要对应一个具体目标，行动计划包括负责人、活动时间、活动地点、活动内容、参与人数、所需资源等。有了行动计划，就可以按计划推进项目的执行，保证项目的进度并按时完成。

四　盘点资源，做好预算

设计项目时要对自己拥有的资源了然于胸，明确了解哪些资源是自己的，哪些资源是可以借用的，哪些资源是可以共用的，把外在的资源引进本组织。外在的资源有来自政府的、企业的、媒体的、公众的、研究机构的、行业协会的。志愿服务组织（团队）要学会激活外在资源，既充分发挥自身的优势，又善于用合作伙伴的优势来弥补自己的弱势。

要根据活动开展的次数和服务对象的人数做好预算，算清需要招募的志愿者人数。预算表要清晰合理、切合实际，这是获得资助人支持的基本要求。

五　提出实施计划，确定实施方法

在制订实施计划时，一般须明确以下问题：为解决服务对象的问题应开展哪些活动，多长时间开展一次活动，服务的地点在哪里，服务的人数有多少，招募的志愿者有什么要求，需要招募多少志愿者，需要准备哪些保障措施等，然后填写项目计划表或活动策划书。

在设计项目时，要针对服务对象面临的问题，结合服务对象的特点提出适宜的解决办法。为了保障服务质量，建议把方法流程化、标准化。同时，应招募专业志愿者，或对普通志愿者进行技能培训后再上岗。在组织志愿者服务过程中，要不断总结工作方法的有效性，优化工作流程和方法。

第三节　新时代文明实践志愿服务项目的发起模式

依据志愿服务项目案例分析和经验感知，新时代文明实践志愿服务项目发起的模式可分为五种，分别是触景生情式、推己及人式、经验启发式、重心转移式和资助撬动式。

一　触景生情式

项目发起人心中有颗善的种子，一旦遇到适当的情景就会激发志愿服务的热情。比如，湖南师范大学"知了知了"留守儿童心愿平台志愿服务项目，发起人在暑假遇到一名留守儿童借用手机给亲人打电话，触景生情，想到大量的留守儿童需要关心，遂发起了满足留守儿童微心愿的志愿服务项目。截至2018年12月，该项目已经帮助留守儿童完成了5461个微心愿。

二　推己及人式

项目发起人自己遇到人生的困难，在自立自强解决问题的同时，想到社会上其他面临相同问题的人，发扬"老吾老以及人之老，幼吾幼以及人之幼"之精神，发起志愿服务项目。多个关爱自闭症的项目就是这样产生的。

三　经验启发式

在参观学习或座谈交流时受到启发，结合身边的现象，发起志愿服务项目。"口罩天使中途宿舍"就是一个这样的项目。项目发起人于2015年到香港麦当劳叔叔之家参观，看到工作人员给白血病儿童提供免费住宿的环境，联想到在合肥，自己服务的病童家庭为了节省给孩子治病的费用，有的挤在医院过道，有的租住在"城中村"脏乱的出租房中，于是萌生了在合肥也要建一个这样可以提供免费住宿的地方，为异地就医的癌症儿童家庭提供免费住宿。因此，为了激发骨干志愿者的灵感，我们要经常组织他们参访交流。

四　重心转移式

志愿服务项目的发起人在项目运转一段时间后，发现把资源和精力投入另一领域将产生更大的价值，或更符合机构的宗旨，于是改变服务对象，转向新的领域。湖北省爱心助学志愿者协会就是这样一家机构。项目发起人早期开展了救助大病患者、助残等志愿服务，后来发现贫困失学儿童也急需帮助，而且更加适合自己，于是把项目转移到助学领域，在给予学生经济资助的同时，给以心理关怀。项目实施十三年来，已经资助了5000多名学生。

五　资助撬动式

志愿服务中心或跨国公司征集志愿服务项目，对入选者给予经费支持和专业能力支持，帮助项目发展。例如，法国赛诺菲制药公司在全球征集公益项目，上海市静安区肢残人协会设计的项目"爱让生活更美好"中标。二者合作开展了经常性的志愿服务活动，赛诺菲制药公司的志愿者走进残疾人家庭，与他们交友，和他们交流。助人者和受助者都在服务中感受到了"爱"的温暖。该项目还曾获得赛诺菲制药公司全球企业社会责任项目优胜奖。

第四节　新时代文明实践志愿服务项目的实施

设计好的志愿服务项目要付诸实施，一般须经历以下几个步骤：一是组建项目管理团队；二是与实施地域主管部门沟通；三是招募与培训志愿者；四是做好志愿者上岗服务；五是召开志愿者交流分享会；六是帮助志愿者记录服务时长；七是及时进行宣传报道；八是对项目进行总结评估。把每个环节的工作质量都抓实了，志愿服务的质量也就有了保证。

一　组建项目管理团队

项目是志愿服务组织的核心产品，需要组建管理团队来保证项目的落实。首先要选定团队负责人。负责人是团队的领头雁，需具备一定的管理能力，熟悉业务领域，具有良好的沟通能力、无私奉献的精神。团队成员则要找那些认同机构使命和价值观、执行力强的伙伴。项目团队的主要成员要拥有与项目相关的专业技能。要建立学习型团队，不断学习新的互联网技术，研读服务领域的新研究成果，保持团队成员工作能力与时俱进。

项目团队核心成员一般不少于3人，搭配合理，分工有序。团队成员间的工作职责清晰，既各自负责，又相互协作。团队内部要建立科学高效的决策机制，保证项目沿着正确方向发展。可以建立上下两条线的信息收集和决策机制。利用阅读报刊网络文章、进行需求调查和志愿者分享会等渠道，收集项目设计和执行中的信息，召开团队会议集体研究项目的方向和问题的解决办法。对国家新政策、志愿者的反馈信息和志愿服务对象的意见及时做出回应。制订工作计划，按进度推进工作，保证项目顺利完成。

二　与实施地域主管部门沟通

项目无论在社区开展，还是在单位内部开展，抑或在户外开展，都要进入一定的区域，需要与该区域的主管部门进行沟通，获得其支持。比如，到村庄开展义诊，首先要与村党支部书记等村庄负责人联系好，至少要让他们知情，这样才能安心地做好项目。获得主管部门的协助是做好项目的有利条件，团队管理人员最好在招募志愿者之前先到项目实施地域进行深入沟通，分析志愿服务能够给对方带来的价值，把实施志愿服务项目变成共同的事业，获取对方发自内心的协助。

三　招募与培训志愿者

志愿服务项目完成的主体力量是广大志愿者。志愿者招募与培训是完成工作的关键步骤。在一些志愿服务发展处于起步阶段的地区，招募志愿者是一件具有挑战性的工作，特别是招募到有服务能力、有服务热情的志愿者更不是一件容易的事，需要广泛宣传，培育志愿服务意识和风尚。

在志愿服务工作起步地区，要循序渐进地把群众发展为志愿者。江阴香山书屋的服务理念对发展志愿者具有较好的启示，他们的理念是"第一次来，我们为您服务；第二次来，你为自己服务；第三次来，请为他人服务"。在社区或村庄招募志愿者时，也不急于让他们做志愿者，而是先让他们接受其他人的帮助，在群众感受到被帮助的温暖、激发回报他人的意愿后，再鼓励他们加入志愿者队伍，服务他人。

如何提高群众的志愿服务参与率，而且让第一次来参加志愿服务的群众以后还来，甚至带着身边的亲戚朋友来呢？答案在于优化志愿服务全流程管理。

志愿服务活动开始前，要让群众知晓志愿服务信息，招募既适合岗位要求又有空闲时间的志愿者。如何让群众知晓志愿服务信息呢？以在农村开展志愿服务为例。首先，在项目的设计阶段就请村干部、乡贤、能人参与，对他们委以重任。他们具有号召力，能够凝聚一定数量的村民参与志愿服务项目。其次，在项目开展之前，要主动听取群众意见，完善项目，适应当地的风俗文化和迫切需要。最后，在村镇人流密集的地方开展广告宣传，也可以在村庄微信群里发布志愿者招募信息。

志愿服务过程中，要让志愿者有良好的体验感。良好的体验感包括归属感、价值感、尊重感、获得感、便利度。让志愿者在参与服务的过程中增加对团队的归属感，这种个体融入集体的过程，满足了志愿者的社会交往需要，增加了志愿者的社会资本。价值感则体现在志愿者认为从事的服务能够解决社会问题、具有社会意义，自己具有成就感。在志愿服务的过程中，志愿者如果能够获得来自服务对象的尊重、志愿服务组织的尊重和全社会的尊重，就会极大地激励更多的人参与志愿服务。如果志愿者在服务中不是单向付出，还能获得服务技能提升、自身素质提高等回报，则将会有更多的志愿者持续参与志愿服务。要发挥志愿服务组织的作用，就要降低志愿者的成本，增加志愿者的便利性，对于参加活动的志愿者，在征得其同意的情况下，志愿服务组织帮助他们在信息系统里注册，在志愿者需要的时候给他们出具志愿服务证明。

志愿服务工作结束后，要有激励机制，鼓励志愿者再次参加志愿服务，鼓励潜在志愿者参与志愿服务。这就要求志愿服务管理部门建立志愿服务激励和保障办法。

四　做好志愿者上岗服务

志愿者上岗服务是志愿服务项目实施的关键环节。在这个环节，要做好志愿者的交通、误餐补助等保障工作。项目管理团队的成员要全程和志愿者在一起，加强管理，提高责任心。在上岗期间用志愿者管理志愿者的做法取得了非常好的效果。上海科技馆，只有一个专职人员，每年管理26000多名志愿者。上海市老科协科普志愿者总队每天派2位志愿者来管理，部分志愿者退休前在管理岗位工作，有丰富的管理经验。整个科技馆设 13 个工作区，每个工作区有 1 个召集人。召集人负责排班、考核志愿者。

在服务过程中，新老志愿者搭配，将有助于志愿服务质量的提高；同时，规范工作流程，形成可借鉴、可推广的做法也有助于志愿服务的规范化。

五　召开志愿者交流分享会

每次志愿服务活动结束后，最好留出半小时时间，请志愿者围坐在一起开个交流分享会，交流志愿服务过程中发现的问题、遇到的困惑、好的经验。志愿服务项目团队工作人员及时记下志愿者反映的问题，解答志愿者的困惑，完善工作方法和工作制度，把大家普遍反映比较好的做法吸收到工作制度中。通过志愿者的反馈，不断提高项目的实施效果。同时，志愿者参加交流分享会，会产生团队归属感和尊重感，增加志愿者的留存率。

六　帮助志愿者记录服务时长

1. 为什么要为志愿者记录服务时长？

对于志愿者个体而言，有的人可能不需要时长，他们只讲奉献、不求回报。但是为了倡导全社会形成乐善好施的氛围，作为志愿服务工作管理者的政府应该建立时长记录和管理机制，志愿服务组织应该积极帮助志愿者记录时长。对于长期坚持做志愿服务的人给予嘉许，这既是对志愿者的社会回报，也为社会树立了榜样。这种做法体现了中国社会传统倡导的"施不图报，受必感恩"的慈善理念。

2. 如何记录志愿者服务时长？

志愿者服务时长由志愿服务信息系统自动记录。对于信息系统出故障的特殊情形，由志愿服务组织来记录。这里要明确志愿服务时长记录的责任主体是志愿服务组织。我们要大力推进志愿服务管理的信息化、自动化管理能力，利用手机定位技术，分析志愿者服务的起止时间，自动记录时长，实现无感考核和记录，减轻志愿服务组织的工作量，消除签到、签退给志愿者带来的不适感，减少志愿者的额外工作量。

七　及时进行宣传报道

活动结束后要及时在志愿服务组织微信公众号或其他媒体上发布新闻

报道，宣传志愿服务活动，让爱心商家看到活动，增加他们提供支持的可能性；让群众看到活动，增加他们成为志愿者的可能性；让参加活动的志愿者看到，增强志愿者的自豪感。对于重大活动，志愿服务团队要主动联系媒体，请他们做宣传报道。宣传报道也会产生积极的社会效应，能够营造良好的志愿服务文化氛围。

八 对项目进行总结评估

项目结束要总结评估。评估的目的是考察当初设定的目标是否达成。项目评估的内容主要有以下几个方面：在接受志愿服务之后，服务对象的生活状态是否有所改变，改变的程度有多大，通过抽查了解服务对象的满意率；项目实施的方法是否合理有效；项目的实施有无对他人造成影响，如果有影响，这些影响是积极的，还是消极的；项目是否有推广的意义；项目团队的管理能力和敬业精神；志愿者管理制度的有效性；和公益伙伴关系的融洽程度；项目的进度是否与计划保持一致。

项目评估有外部评估和内部评估。对于志愿服务项目的管理而言，建议开展内部的自我评估。通过评估，总结成绩，找到问题，提高项目的实施质量。

德鲁克指出："每一家组织都必须定义自己的客户，了解他们的需求，制定出有意义的衡量标准，并且诚实坦白地判断是否实现了目标。"[1] 志愿服务组织（团队）在设计项目时，同样需要有一个参考标准，以此避免项目设计的盲目性，提高项目的科学性。本章对志愿服务项目的评判标准、设计方法、项目发起模式、项目实施与管理方法做出了系统提炼，希望提出的四个评判标准、项目设计的五个方式、项目实施与管理的八个步骤能够对广大志愿服务组织（团队）有所裨益，促进新时代文明实践中心建设高质量发展。

---

[1] 彼得·德鲁克、吉姆·柯林斯等，《组织生存力》，刘祥亚译，重庆出版社，2009，第99页。

第四章

新时代文明实践志愿服务的团队管理

第一节　新时代文明实践志愿服务团队概述

一　新时代文明实践志愿服务团队的概念、特征和定位

1. 志愿服务组织与志愿服务团队

非营利组织（Non-Profit Organizations，NPO）起源于二战后，战争造成的空前破败与萧条，使人们开始对当时的两大组织（政府部门、市场部门）进行反思，向调和社会矛盾与满足公共需求的主体层次提出质疑。为此，大量的学者与社会人士开始致力于发展非营利组织，以非市场化的目的为标志，支持或处理个人关心或者公众关注的议题或事件。这类组织的出现和发展极大限度地促进了世界的进步与社会的和谐，组织力量也越来越强，影响越来越大。

《中华人民共和国民法典》对非营利组织进行了法律上的界定："为公益目的或者其他非营利目的成立，不向出资人、设立人或者会员分配所取得利润的法人，为非营利法人。"民政部在《社会组织登记管理条例（草案征求意见稿）》中明确，我国非营利性社会组织包括社会团体、基金会以及社会服务机构。国内学者康晓光认为，只要是依法注册的正式组织，从事

非营利性活动，满足志愿性和公益性要求，具有不同程度的独立性和自治性，即可被称为非营利组织。[①]美国学者 Levitt 则认为，非营利组织所从事的是政府组织和私营企业"不愿做、做不好或不常做"的事。[②]虽然各个国家非营利组织的含义稍有差别，但总的来讲，所谓非营利组织，是指在政府部门（第一部门）和以营利为目的的市场部门（第二部门）之外的，非营利的、从事公益事业的一切志愿团体、社会组织或民间协会，因此其又被称为"第三部门"，被认为是构成现代社会的第三大支柱。目前，三大部门在不断探索过程中，逐渐形成一种分工合作的存在形式：第一部门，通过纳税和财政支出处理社会公共事务，维护社会公平与秩序；第二部门，创造先进的生产力与社会财富，是社会基础；第三部门，通过征集社会志愿和经营处理特别公共事务，救助弱势群体，增进社会和谐与文明。

志愿服务组织致力于发展公益事业与志愿劳动，从属于非营利组织。根据国务院于 2017 年 8 月 22 日发布的《志愿服务条例》，志愿服务组织是指依法成立，以开展志愿服务为宗旨的非营利性组织。即使志愿者组织已经具备明确的定义，但在实际应用中依旧存在与非政府组织、慈善组织、公益组织等相似概念混用、滥用的情况。接下来，我们将对相关概念进行阐释，探讨其与志愿服务组织的区别与联系，以进一步明确志愿服务组织的内涵与边界。

第一，非政府组织（Non-Governmental Organizations，NGO）是一类不由政府建立的组织，也被称为"非国家行为体"等。"非政府组织"一词起源于 1945 年联合国宪章第 71 条款第 10 章，当时主要指那些在国际事务中发挥中立作用的非官方机构，如国际红十字会、救助儿童会等，后来成为一个官方用语被广泛使用，泛指那些独立于政府体系之外具有一定公共职能的社会组织。非政府组织的特征主要有两个。一是"非政府性"，非政府组织具有民间性的特征，其资金、人员来自民间，决策机制不依赖政府部门。民间性是非政府组织和政府部门的主要区别。二是"非营利性"，非政府组织开展活

---

① 康晓光：《NGO 扶贫行为研究》，中国经济出版社，2001。
② Levitt, *The Third Sector: New Tactics for a Responsive Society*, New York: AMACOM, 1973, pp. 9–10.

动不以营利为目的，对于依法取得的收入和利润必须用于公益事业，不得在发起人、成员中分配。"非营利性"是非政府组织和以营利为目的的企业的最主要区别。

在性质上，非政府组织与志愿服务组织一样，也是一种非营利组织，属于第三部门。但从工作范围与内容上看，非政府组织与联合国体系相互吸引合作，侧重于开展国际事务，包括对政府和政府间国际组织的行为进行监督、影响政府间国际组织的决策过程、在不同的利益冲突角色之间促成协调和妥协等。而志愿服务组织的工作大多是国家内、地区性的，工作环境较为单一，工作视角更为微观。

第二，慈善组织是以慈善为目的、对他人进行帮助的非营利组织。通过社会募捐，慈善组织把一定的资金或财物集中起来，按照特定的需要，由组织再次进行筹备与分配。慈善组织以社会成员的慈善心理为道德基础，以社会成员之间的收入差距和资源捐献为经济基础，以社会性的民间公益团体或公益组织为组织基础，完全以捐助者的意愿为实施基础。

从服务对象来看，慈善组织主要关注经济上的弱势者，这对于经济困难家庭具有重大意义，而志愿服务组织的服务视角则更为多元，不仅关注经济问题，也对环境问题、国际赛事、社会重大事件等有所贡献。从服务方式来看，慈善组织以财富再分配为主的服务方式，有别于志愿服务组织中以落实服务为主的工作侧重方式。从服务主体来看，慈善组织以募捐为主的单一参与方式影响了许多社会人士的参与热情，限制了服务主体的构成与规模，对服务主体而言也仅仅是经济上的付出，参与感较低。而许多志愿服务组织不仅是"有钱出钱，有力出力"的弹性参与形式，还十分注重志愿者的组织与培训，不仅能够提升参与感，更促进了志愿者自身的能力发展。

第三，公益组织是非政府的、不把利润最大化当作首要目标，致力于社会公益事业和解决各种社会性问题的民间志愿性的社会中介组织。早先的许多公益组织起源于慈善组织，主要从事人道主义救援和贫民救济活动。目前，公益组织的服务范围已经逐渐拓展至青少年问题、女性问题、老年人问题与残疾人问题等。正如其概念所言，公益组织仅作为一个中介机构，主要发挥资源链接的作用，组织自身并不储备大量的服务资源。而志愿服务组织作为资源的所有者与提供者，应与公益组织保持密切联系，以发挥自身组织价值。

志愿者虽是志愿服务组织的资源与动力，但庞大的志愿者队伍如果不能进行合理分配、有效管理，志愿服务组织的效用依旧难以体现。加之志愿服务组织提供的服务庞杂而繁复，以组织为单位的志愿者培训与调用工作存在诸多不便。为此，志愿服务团队应运而生，成为志愿服务组织与志愿者之间的中介形式。如果将志愿服务组织看作一根树干、将志愿者看作无数片树叶，那么志愿服务团队就是连接树干与树叶的树枝。将具有相似特质与意愿的志愿者划入一个志愿服务团队，不仅可以形成特色鲜明、术业有专攻的高质量志愿服务团队，也可以在培训、服务的过程中发展出团队默契，还可以使对项目的分配与团队的调用更为恰当高效。

2. 新时代文明实践志愿服务团队

20 世纪 80 年代是中国志愿服务发展历史上一个重要阶段，具有里程碑式的意义。发端于此时期的中国青年志愿服务与社区志愿服务经过北京奥运会与汶川大地震的洗礼，迅速发展壮大，饱受社会关注。但也正是在这种以政府为主导的发展环境下，中国志愿服务组织蒙上了浓厚的行政化色彩，造成了志愿服务的运动化、模式化，自我组织的能力显得不足，甚至志愿服务的志愿性也受到质疑。尤其是全国层面的立法缺失，使政府在推动志愿服务事业进程中存在定位不准确、职责不清晰的问题，对志愿服务组织的长效发展、志愿服务团队的目标达成造成影响。

为顺利完成定位，志愿服务团队要清楚明确自身的特点。（1）志愿性，即志愿者通常不存在外在的强制关系，更多是基于自愿、自主的奉献精神和不求索取回报的博爱精神，以服务他人和社会为己务，以推广志愿服务为己任，以弘扬志愿精神为己责。（2）公益性，即在投入产出上更多地依赖社会和服务社会，以社会整体公共利益为方向，弥补政府失灵与市场失灵，为社会提供以志愿服务为形式的公共产品。（3）正规性，即志愿服务团队要有合法的身份证明，或是在相关部门注册取得"官方身份证"，或是挂靠共青团等组织取得"半官方半民间的身份"。（4）一定的独立性，即一方面依托现行体制而建立，在思想和决策方面受其指导，另一方面在具体操作层面上按照实际情况自行处理。（5）思想性，即在新时代文明实践中心建设的背景下，志愿服务团队要切实增强政治意识，在服务群众过程中，坚持思想引领，把思想宣传与满足人民群众需求统一起来，与政策宣讲、惠民服务、文化生活、移风易俗等结合起来。同时，发挥党建引领优势，持续提升团队的动员、整合、引导、服务、创新和保障能力。

只有在此基础上，志愿服务团队才能通过对自己进行系统完整的思考，从而找到准确定位。从外部来看，近年来，在党中央、国务院的积极倡导下，在各地、各有关部门的大力推动和社会各界的积极支持与热情参与下，尤其是新时代文明实践开展后，中国特色志愿服务开创了崭新局面，我国志愿服务团队如雨后春笋，广泛分布在城乡社区建设、敬老扶幼助残、抢险救灾、社会公益慈善等众多服务领域，全民踊跃参与、众志同心的凝聚力不断增强，增进民生福祉、服务大局的能力更加坚实，担当急难重任、发挥特殊作用的战斗力更加强劲，涵育主流价值、培育文明新风的引领力不断提升。新时代文明实践紧紧围绕深入学习贯彻习近平新时代中国特色社会主义思想，开展学习实践科学理论、宣传宣讲党的政策、培育践行主流价值、丰富活跃文化生活、持续推进移风易俗活动，大力弘扬共筑美好生活梦想的时代新风。中国特色志愿服务是新时代文明实践活动的重要体现，是群众参与文明实践和精神文明创建的有效途径。因此，新时代文明实践志愿服务团队既是一个以道德实践活动为奋斗目标的团队，也是以服务群众、服务社会、服务他人，关乎人民群众对美好生活向往的社会实践活动的团队。

二　新时代文明实践志愿服务团队的目标、使命和愿景

志愿服务是现代社会文明进步的重要标志，是加强精神文明建设、培育和践行社会主义核心价值观的重要内容。志愿服务组织是以开展志愿服务为宗旨的非营利性社会组织，是汇聚社会资源、传递社会关爱、弘扬社会正气的重要载体，是形成向上向善、诚信互助社会风尚的重要力量。

1. 新时代文明实践志愿服务团队的发展目标

2013 年，民政部为加强我国社会服务志愿者队伍建设，推进志愿服务规范化、制度化、常态化发展，印发了《中国社会服务志愿者队伍建设指导纲要（2013—2020 年)》，提出在这一时期内社会服务志愿者队伍建设的

总体目标是：建立健全社会服务志愿者法规、政策、制度体系，畅通志愿者参与社会服务的渠道，夯实志愿者参与社会服务的基础，营造人人愿为、人人能为、时时可为的社会服务志愿者发展环境，使社会服务志愿者队伍的数量、质量与结构适应构建社会主义和谐社会的需要，满足社会成员尤其是困难群体日益增长的社会服务需求。总体目标从构建社会主义和谐社会、促进社会文明进步的战略高度对今后一段时间志愿服务事业的发展提出了要求，总体目标又可细分为五项具体目标。

（1）队伍规模不断扩大。到 2020 年，注册社会服务志愿者占居民总数的比例达到 10%。

（2）能力素质不断提升。具有专业特长的社会服务志愿者不断增多，能开展专业社会服务的志愿服务组织不断涌现，志愿者的服务理念不断强化，服务知识不断丰富，服务技能不断增强，服务方法不断完善。

（3）队伍结构不断优化。社会服务志愿者群体覆盖社会各类人群，社会服务志愿者队伍的区域结构、城乡结构、领域结构、专业结构和年龄结构不断优化。

（4）发展环境不断改善。社会服务志愿者招募、注册、培训、管理、考核、评价、激励、保障等方面政策制度不断健全，志愿服务记录制度全面建立，志愿服务网络进一步拓展，志愿服务组织布局更加合理、治理更加科学、作用更加突出。

（5）服务效益不断增强。志愿服务时间逐步增加，志愿服务领域不断拓宽，志愿服务更加规范、科学，志愿者和服务对象满意度不断提高，志愿服务在改善社会福利、开展社会救助、完善社会保障、创新社会治理、促进社会文明方面的成效更加明显。

2016 年，中共中央宣传部、中央文明办、民政部、教育部、财政部、全国总工会、共青团中央、全国妇联印发的《关于支持和发展志愿服务组织的意见》指出，我国志愿服务团队的主要目标为到 2020 年，基本建成与经济社会发展相适应，布局合理、管理规范、服务完善、充满活力的志愿服务组织体系；志愿服务组织发展环境得到优化，初步形成登记管理、资金支持、人才培育等配套政策；志愿服务组织服务范围不断扩大，基本覆盖社会治理各领域、群众生活各方面，涌现一批公信度高、带动力强的志愿服务组织；志愿服务组织功能有效发挥，成为推进人们相互关爱、传递文明的重要渠道，成为提升社会服务水平、改善民生福祉的有力助手，成为增进社会信任、维护社会稳定、促进社会和谐的有生力量。

可见，制度化、规范化、常态化发展是新时代文明实践志愿服务团队的发展方向。新时代文明实践志愿服务团队要以群众需求为本，重点关注扶贫、济困、扶老、救孤、恤病、助残、救灾、助医、助学等领域，重点关心社会弱势群体的服务需求。要实现这个目标，必须明确方向，找准着力点。一是要坚持以党的建设为正确引领，坚持以培育和践行社会主义核心价值观、满足人民群众日益增长的社会服务需求为出发点；二是要坚持以能力建设为基础，不断提升组织能力，为社会提供优质服务，实现可持续发展；三是要提升组织自身造血功能，打造品牌，充分挖掘内部资源，主动争取外部资源，形成组织发展的持续动力。

2. 新时代文明实践志愿服务团队的使命与愿景

一个团队是为了某项特定的使命与愿景，或起到某项特定的社会作用而存在的。作为社会文明进步重要标志的志愿服务，其团队发展与社会进程息息相关。如今，中国特色社会主义进入新时代，经济社会发展进入新阶段，对志愿服务也提出了新的要求、赋予了新的使命。推进志愿服务工作，必须坚持围绕中心、服务大局，找准目标方位，明确职责任务，在党和国家事业发展中发挥更大作用。主要有以下五个方面。

第一，推动习近平新时代中国特色社会主义思想深入人心。这是开展志愿服务工作的首要政治任务。人民有信仰，国家有力量，民族有希望。习近平新时代中国特色社会主义思想是党和国家的根本指导思想，是全党全国人民的思想旗帜、精神旗帜。这一思想是从群众中来、从实践中来的科学理论，也要到群众中去武装群众、到实践中去引领实践。推进马克思主义大众化，使党的理论创新成果更好地为人民群众所理解、所掌握，不仅要靠理论工作者、领导干部宣传、阐释、解读，也要靠人民群众的自我教育和相互带动，依靠大众的力量推进理论大众化。要把志愿服务作为理论宣传、形势政策宣传、科学理论普及宣传的重要途径，把宣传宣讲融入到服务中，把思想理论浸润到生产生活中，组织和吸引各行各业中政治素质高、理论功底好、表达能力强的干部群众，积极参与、真心投入，结合身边的人和事，宣传新思想、阐释新理论，让百姓听得懂、听得进、真点赞，推动党的创新理论"飞入寻常百姓家"。

第二，生动践行为人民服务的理念追求。志愿服务的实质就是为人民服务。现在，不少地方围绕改善民生、造福百姓，积极打造高品质志愿服务项目，如"七彩摇篮"公益学堂、"银铃互助"老年食堂、"青鸟助飞"关爱农村事实孤儿、"现在救行动"医疗救助等，都已经成为知名度、美誉度很高的品牌项目，在帮助群众解决实际困难方面发挥了重要作用。教育、医疗、扶老、育幼、助残，是社会民生福祉的重点，是百姓关心关注的"痛点"，也是志愿服务的发力点。要牢固树立群众观点，要坚持群众主体地位，践行为人民服务宗旨，突出精准、注重实效、形成常态，想群众之所想、急群众之所急、解群众之所困，围绕群众最现实、最迫切、最关心的问题开展志愿服务，多做雪中送炭的好事，多办扶危济困的实事，在办实事解难题中暖人心、聚人心。

第三，广泛弘扬主流价值、主流文化。每一名志愿者、每一次志愿服务活动，都是展现主流价值的"名片"、展示主流文化的"窗口"。志愿服务要以弘扬主流价值、主流文化为己任，用社会主义核心价值观培育人，既塑形又塑魂，见事见人见精神，彰显中国价值、中国精神、中国力量。一方面，在志愿服务的主题策划、项目设计、活动开展中，要充分体现社会主义核心价值观的要求和社会主义先进文化的要义，打造一批导向鲜明、内涵丰富的志愿服务品牌，提高人们对核心价值观的认同感、践行力。另一方面，广大志愿者要发挥示范作用，自觉做文明的播种者、传道者，在善行义举中彰显志愿精神，激励人们见贤思齐、崇德向善。经党中央批准，《新时代公民道德建设实施纲要》《新时代爱国主义教育实施纲要》已经颁布实施，这些是在新时代推进社会主义核心价值观建设的重要指导性文件。开展志愿服务，要认真贯彻上述两个文件的安排部署，更好体现公民道德建设和爱国主义教育的原则要求，引导人们通过参与各类志愿服务，传承厚德仁爱、扶危济困的中华传统美德，弘扬社会公德、职业道德、家庭美德、个人品德。

第四，积极服务国家重大发展战略。自觉服务党和国家工作大局，是志愿服务的优良传统。近年来，围绕打赢脱贫攻坚战、共建"一带一路"、推动乡村振兴、建设"美丽中国"等国家发展战略，广泛开展形式多样的志愿服务，取得了良好效果。特别是，庆祝中华人民共和国成立70周年系列活动极大振奋了民族精神，极大凝聚了党心民心。全国各地广大志愿者满怀热情参与庆祝活动，仅北京就有16万多名志愿者在庆典服务、外围保障、文化活动、游园活动、城市服务和首都交通文明等方面提供服务，累计上岗超过100万人次，服务时长总计260万余小时。另外，在"一带一路"高峰论坛、北京世界园艺博览会、亚洲文明对话大会等重大活动中，志愿服务也发挥了重要作用。下一步，还将以巩固脱贫攻坚成果、污染防治、乡村振兴和新时代文明实践中心建设等为重点，广泛开展扶贫、环保、教育、医疗、养老、理论宣讲等志愿服务。配合共建"一带一路"等，推动志愿服务"走出去"，讲好中国故事，展示好中国形象。

第五，积极助力社会治理现代化。党的十九届四中全会，对坚持和完善共建共治共享的社会治理格局做出重要部署，提出要健全志愿服务体系。志愿服务作为社会成员自我组织、自我管理、自我服务的实践形式，对于加强和创新社会治理具有重要意义。当前，我国经济社会深刻变革，社会结构、利益关系更加复杂，各类深层次矛盾日益凸显，迫切需要在加强和创新社会治理方面下更大功夫。从一些国家和地区的成功经验来看，志愿服务是创新社会治理的重要方式，能够调动人民群众自主自治的积极性，使其自主管理自身事务、协同参与公共事务、共同提供社会服务，推动构建人人有责、人人尽责、人人享有的社会治理共同体。要健全党组织领导的自治、法治、德治相结合的城乡基层治理体系。志愿服务能够集聚正能量，弘扬社会正气、促进人际和谐，以爱心善意消融人际隔阂，以互帮互助增进理解包容，这就是自治和德治的生动体现。

三　新时代文明实践志愿服务团队的价值体系

团队价值体系是一种以团队为主体的价值取向与推崇信奉的基本行为准则，体现了团队成员对共同价值观和某些原则的认同程度，以及团队对其内外环境的总体评价和总体看法。在团队追求卓越的过程中，团队价值体系使得团队更具凝聚力与向心力，是团队前进的罗盘与团队抉择的尺度。

在我国，志愿服务是党和国家事业的重要组成部分，是社会主义现代化建设的重要力量，是新时代文明实践的重要体现形式，必须准确把握性质定位，明确前进方向，坚定不移走中国特色的志愿服务之路。这也要求在新时代文明实践下的中国志愿服务团队融入社会发展，彰显中国特色。

根据中共中央宣传部、中央文明办、民政部、教育部、财政部、全国总工会、共青团中央、全国妇联于2016年印发的《关于支持和发展志愿服务组织的意见》，志愿服务组织应全面贯彻落实党的十八大和十八届三中、四中、五中全会精神，以邓小平理论、"三个代表"重要思想、科学发展观为指导思想，深入贯彻习近平总书记系列重要讲话精神，紧紧围绕"五位一体"总体布局和"四个全面"战略布局，围绕树立和落实创新、协调、绿色、开放、共享的新发展理念，坚持以党的建设为正确引领，坚持以培育和践行社会主义核心价值观、满足人民群众日益增长的社会服务需求为出发点，以能力建设为基础，以建立健全政策制度、完善体制机制、增强法律保障为重点，积极扶持发展志愿服务组织，为加强和创新社会治理，为实现"两个一百年"奋斗目标、实现中华民族伟大复兴的中国梦凝聚力量。

志愿服务团队价值体系的"中国特色"体现在以下三个方面。

首先，中国特色体现在它是社会主义国家的志愿服务，必须始终坚持社会主义原则。我们的国家是人民当家做主的人民共和国，走的是社会主义道路。新中国成立70多年来，在社会主义道路上进行了生动实践、艰辛探索，我们得到一条重要经验，就是不但要建设社会主义的物质文明，还要建设社会主义的精神文明，增进广大人民群众对爱国主义、集体主义、社会主义的信念和情感。我国的志愿服务，是党的宗旨的生动体现，是古老大国文化传统的创造性转化，以无私奉献、团结互助为精神内核，以促进人的自由全面发展为根本依归，与社会主义、集体主义的原则是内在一致的，体现的是人民之间的兄弟情谊和社会主义大家庭的温暖。特别是，我们讲的志愿服务是学雷锋志愿服务，倡导的是毫不利己、专门利人，是做社会主义事业的"螺丝钉"。这与西方宗教提倡的"救赎"和"荣耀上帝"等是有本质区别的。对此，我们必须始终头脑清醒、立场坚定，牢牢把握社会主义的发展方向。

其次，中国特色体现在它是党领导下的志愿服务，必须贯彻党的理论和路线、方针、政策。党的领导是中国特色社会主义最本质的特征，志愿服务事业是中国特色社会主义事业的组成部分。在志愿服务工作中坚持党的领导，就是要以党的旗帜为指引、以党的号召为方向，把党的立场主张贯彻志愿服务的全过程。党性和人民性是内在统一的，在党的领导下推进志愿服务，就是要贯彻全心全意为人民服务的根本宗旨，践行"一切为了人民、一切依靠人民"的理念，履行组织群众、宣传群众、凝聚群众、服务群众的重要职责，通过党员的先锋模范作用，最广泛动员人民群众帮助他人、造福社会，以党的强大引领力、组织力推动志愿服务事业积极健康发展。

最后，中国特色体现在它是主流价值引领的志愿服务，必须把"着力用习近平新时代中国特色社会主义思想教育人，用社会主义核心价值观培育人"这一宗旨贯穿始终。社会主义核心价值观是中国精神的集中体现和时代表达，是志愿服务的"根"和"魂"。广大志愿者在服务中熔铸和释放的理想信念、爱心善意、责任担当等，生动诠释了社会主义核心价值观的真谛要义，传承了中华优秀传统文化厚德仁爱、助人为乐、扶危济困、利济苍生等高尚的价值观念。开展志愿服务，要突出鲜明的价值导向，以培育社会主义核心价值观为根本，践行中华优秀传统美德，弘扬先进思想道德，引导人们在自觉行动中感悟认同社会的主流思想价值，追求实现崇高的人生目标。

第二节　新时代文明实践志愿服务团队的组建

一　新时代文明实践志愿服务团队的登记管理

伴随着社会的发展与政策的推动，我国志愿服务组织在近几年呈现井喷式的发展态势。为规范志愿服务管理、扩展组织资金来源、形成良好的人才培养与组织规模发展模式，我国民政部门要求志愿服务组织主动进行登记备案。但就目前而言，庞大的基数中不乏有许多未经过官方登记注册的志愿服务组织。它们缺乏合理的法律身份，不能享受相关优惠政策，难以建立起社会公信力，在资金筹集与志愿者招募上的限制较大，组织发展面临着多方面的障碍与隐患。为提升我国志愿服务组织的规范注册率，本部分将详细介绍志愿服务组织的注册流程与注意事项。

根据国务院发布的《志愿服务条例》，志愿服务组织可以采取社会团体、社会服务机构、基金会等组织形式。除此之外，《志愿服务条例》还明确指出志愿服务组织以外的其他组织可以开展力所能及的志愿服务活动。城乡社区单位内部基层群众性自治组织或者本单位同意成立的团体，可以在本区、本单位内部开展志愿服务活动。因此，志愿服务组织的登记注册既包括了直接的法律登记方式，也包括了备案制方式。

目前，由于我国社会团体和基金会注册难度较大，数量相对较少，志愿服务组织多以社会服务机构的类型为主。根据《民办非企业单位登记管理暂行条例》（2016 年修订版）的规定，公益慈善类的社会服务机构可以不经前置审批直接向登记机关进行登记。为此，志愿服务组织在登记前应先甄别自身申请的组织类别是否属于可直接登记类别，若否，则需要业务主管单位进行前置审批，在登记机关登记前获得业务主管单位的审批同意。

县级以上地方各级人民政府民政部门为社会服务机构的登记管理机关。如果志愿服务组织采取的是基金会或社会团体的注册类型，则可参考《基金会登记管理条例》和《社会团体登记管理条例》；如果志愿服务组织采取的是备案的方式，则可参考《志愿服务条例》的相关规定。特别需要说明的是，全国的部分区域有本地区的相关规定，也要参照本地区的相应制度。

1. 志愿服务组织登记管理流程

志愿服务组织可以基金会、社会团体或社会服务机构等形式存在，目前我国的志愿服务组织是以社会服务机构为主要形式存在的，为此，本部分关于志愿服务组织登记的流程内容继续以社会服务机构的登记流程为参考进行说明。各地区有关志愿服务组织登记的操作流程根据各地的不同制度或条例会存在一定区别，但总体流程可分为两个阶段。

第一阶段：名称核准与材料准备阶段。

A. 申请登记涉及的政府部门及机构。

申请登记的政府部门为民政部门，其他涉及的政府部门及机构为公安部门、税务部门、银行、人力资源和社会保障部门等。

B. 申请流程。

向民政部门申请核名，获得名称核准后需要办理和递交申请材料，后获得批复及登记证书。组织名称核准申请表可咨询当地民政部门，民政部门如有指定表格则按照指定表格填写即可，如民政部门无指定表格则根据民政部门的要求提交自拟申请。指定表格可在各地民政部门网站进行下载。

在提交组织名称核准申请表时需要注意如下事项。

a. 申请名称。申请名称应由四部分组成：行政区划名称＋字号＋业务范围＋组织形式。同时，组织名称的设定必须符合相关规定。①名称中所标明的组织形式必须明确，一般称学校、学院、园、医院、中心、院、所、馆、站、社、公寓、俱乐部等，组织形式不得冠以"总"字。②在地方民政部门登记的组织，其名称不得冠以"中国""全国""中华"等字样，其名称应当冠以所在地省（自治区、直辖市）、市（地、州）、县（县级市、市辖区）的行政区划名称；冠以市辖区名称的，应当同时冠以市的名称。③组织名称不得有损国家、社会公共利益，不得违背社会道德风尚或带有封建迷信色彩；不得含可能对公众造成欺骗或者误解的文字或内容；不得使用政党名称、党政军机关名称、人民团体名称、社会团体名称、事业单位名称、企业名称及宗教相关的寺、观、教堂（佛教、道教的寺、观，伊斯兰教的清真寺，天主教、基督教的教堂）名称；不得使用已被撤销的组织单位的名称；不得使用其他法律、行政法规禁止的名称。

在最初设定组织名称时，建议选取"一正两备用"，如果正式名称核准不通过可以及时使用备选名称，如此可尽快完成申请。

b. 地址。志愿服务组织的经营场所应设于申请登记地区内，同时需要有场所使用权证明（自有物业应当提供产权证明，租赁物业应当提供经房管部门备案的租赁期限1年以上的租赁合同及场所使用权证明，单位或个人无偿提供的场所提交无偿使用协议）。

c. 申请单位或个人。申请单位或个人指的是举办人，即出资人，可以是一人或多人。举办人在办理申请过程中需要签名、盖章或者办理流程，因此需要考虑清楚谁作为举办人。

d. 业务主管单位。如果不属于前置审批，则不需要填写业务主管单位；

如果组织有业务主管单位，则在进行登记前需取得业务主管单位同意。

e. 业务范围。需先拟定本组织的业务范围，拟定后可请民政部门进行审核，组织方根据民政部门反馈进行调整；同时，业务范围需要与章程及业务主管单位核定的业务范围一致。

获得民政部门"组织名称预先登记核准通知书"后，举办者应在 3~6 个月的有效期内向民政部门递交申请登记的相关材料，否则 3~6 个月后该预先登记的名称将失效。相关材料的主体应是核准通知书中确定的名称。具体资料要求与提交格式可咨询各地民政部门，可在各地民政部门的网站上进行相关表格下载，具体材料如下。

a. 业务主管部门同意成立文件。适用于需要前置审批类型的组织，如无业务主管部门的则不需要提交。

b. 办学许可证（仅教育类单位提供）。

c. 申请书。在获得"组织名称预先登记核准通知书"后，应根据实际情况撰写申请书。

d. 申请人、理事、监事、拟任负责人基本情况及身份证明。除申请人外，应尽快确定组织的第一届理事、监事以及拟定组织负责人名单，同时提交与名单匹配的个人基本情况及身份证明。

理事成员为 3~25 人，并设有监事会（由不少于 3 名监事组成），人少的组织可以不设监事会，但需要 1~2 名监事。

e. 场地使用权限证明。场地使用权限证明可包括场地使用（租赁、借用）合同或证明。

经营场所应设于申请注册所在地区内，在租赁经营场所时应询问租赁方是否具备这些条件，其中，个人住宅不能作为经营场所。一般情况下，是可以进行工商登记的场所，如商铺、写字楼均能满足要求。场所使用权证明及场地产权证明包括：自有物业应当提供产权证明，租赁物业应当提供经房管部门备案的租赁期限 1 年以上的租赁合同，出租人有权利出租物业的证明（如出租人也是租赁别人的物业则需要提供其加盖公章的租赁合同复印件），单位或个人无偿提供的提交无偿使用协议。

f. 章程草案。章程建议按照范本制定，除了基础信息外，内容尽量不做大的调整。各地民政部门均有组织章程范本，可在当地民政部门网站下载。

g. 捐赠财产承诺书、验资证明。

①捐赠财产承诺书。举办人承诺自愿捐赠财产用于开办该组织和从事组织章程规定的公益性或非营利性事业。

②验资证明。在"组织名称预先登记核准通知书"、章程、场地使用权限证明、理事会会议记录备齐后，与某一家具有资质的会计师事务所合作，获取办理验资证明的所需资料清单及表格，包括询证函等。然后到任意一家银行办理开验资户的手续。验资户开设后，按照出资者和出资比例的不同进行资金进账，可以是转账或现金入账。入账后大概需要3天的时间，银行将返回证明资料。资料准备齐全后直接交给会计师事务所出具验资证明，一般2天内能够完成。

至此，主要申请资料已经准备完成，按照清单整理好，向民政部门递交，民政部门的经办人员可能会到办公场所视察，审批通过后即登记完成。

第二阶段：登记阶段。

申请流程：获得批复及登记证书→刻制法人公章→刊登成立公告→开设银行基本户→向民政部门递交资料备案，完成注册全过程。

A. 获得批复及登记证书。

在第一阶段递交了所有申请资料后，批复的时间有长有短，只能等待。获得批复后，会有核准成立的批复文件、备案核准后的章程、登记证书正副本。

自2015年开始，国家推行"五证合一"（营业执照、组织机构代码证、税务登记证、社会保险登记证和统计登记证），减少办理环节和流程，通过"一口受理、并联审批、信息共享、结果互认"，实现由一个部门核发加载统一社会信用代码的登记证书。

B. 刻制法人公章。

拿到登记证书等文件后，建议先到公安局了解刻章所需的资料、合法刻章机构的联系方式及办理时间。

刻章申请资料一般包括以下内容。申请书，登记证书正、副本复印件，核准机构承认的民政局出具的批复函复印件，法定代表人身份证复印件，委托人身份证复印件各一套，以上资料在递交时须提交原件核对。在提交上述资料时，需要先选定有资质的刻章单位，然后公安部门会出具一份证明，拿着证明再到刻章单位进行刻章。一般需要刻公章和财务章，材质不同价格不同。拿到公章后，要获取公安部门对刻章许可证及启用印模的批复，刻章机构可以代劳，批复后拿回许可证书才算完成。

C. 刊登成立公告。

刊登成立公告须在获得登记证书一个月内完成。

D. 开设银行基本户。

在上述证件都齐备后，直接把所有证件的原件和复印件、公章带到银行办理开户，一定要带上登记证书的正本复印件。

开户资料一般需要 3 套，主要如下："五证合一"的登记证书正副本、法定代表人身份证、经办人身份证等。基本户开户银行和验资户银行一般是同一家，同时银行业务人员会帮忙梳理整个流程。当资料齐备并预留印鉴后需要等待审批，时间在一周左右，审批通过后，银行基本户开户完成，会得到开户许可证。

E. 向民政部门递交资料备案。

公章、成立公告、登记证书、银行开户均完成后，填写银行账号名表和印章备案表，并携带上述证件、表格的复印件和原件到民政部门办理备案手续，完成后，整个申请注册程序才算是基本完成。这个步骤必须在获得登记证书一个月内完成。

2. 志愿服务组织备案

由于志愿服务组织发展程度不均衡，发展较好、规模较大、较为成熟的志愿服务组织可向民政部门申请登记，其他规模较小、尚未达到登记条件的志愿服务组织可向备案管理单位申请备案管理。

A. 志愿服务组织备案管理单位。

志愿服务组织所在的街道办事处、乡镇人民政府民政部门以及组织所在地区的枢纽型平台组织为志愿服务组织的备案管理机关。枢纽型平台组织目前所指的是各地的志愿服务组织联合会、义工联合会、社会组织联合会、社区社会组织联合会、志愿服务组织联合会等平台。

B. 志愿服务组织备案所需条件。

a. 组织名称。申请备案的志愿服务组织需要有固定的组织名称，通过组织名称界定该志愿服务组织的所属地、类型以及服务领域等内容，志愿服务组织的命名需遵从组织命名要求，由"行政区划名称（区）＋街道名称＋社区名称＋字号＋服务领域＋组织形式"组成。现实中也存在大量的志愿服务组织名称不规范的现象，造成不同地区同名组织较多，建议名称一定要规范，否则会为组织后期的发展留有隐患。

b. 一定的成员数量。申请备案的志愿服务组织需要拥有一定的成员数量，以满足团队开展志愿服务时所需的志愿者。

c. 固定的团队负责人和联系人。申请备案的志愿服务组织需要有固定的负责人与联系人，由负责人和联系人协调组织开展服务以及完成内部对接工作。

d. 明确的服务内容。申请备案的志愿服务组织需要有明确的志愿服务内容，如扶贫、助困、助残、扶老、环保等。

e. 明确的服务区域。申请备案的志愿服务组织需要有明确的服务区域以限定组织的服务范围和备案级别，如服务本社区（村）、服务本街（乡）、服务本区（县）等。

3. 志愿服务组织备案所需材料及流程

志愿服务组织申请备案所需材料较为简单，如在枢纽型平台进行备案，志愿服务组织只需在枢纽型平台的网站中详细填写组织信息并完成组织注册即可；如在所属地区民政部门备案，志愿服务组织只需填写备案登记表即可；如所在地区民政部门有指定的备案登记表，志愿服务组织只需直接填写即可，如无指定，则需自拟志愿服务信息文件。登记信息包括组织名称、成员数量、服务区域、服务内容、负责人与联系人信息等内容。

二　新时代文明实践志愿服务团队的组织架构

组织架构在组织工作中的作用随着组织规模的扩大和业务关系的复杂而日益显著。在小规模的组织里，分工简单，尚未形成较完整的和严密的组织结构，管理活动主要凭主管者的个人经验。到 21 世纪初，组织结构才作为一个重要的管理问题受到人们的重视，关于组织结构的设计自然就成为人们研究的焦点。

组织结构的类型虽多，但任何一个组织结构都存在着三个相互联系的问题：管理层次的划分、部门的划分、职权的划分。接下来，所谓组织结构的设计，就是把为实现组织目标而需完成的工作，不断划分为若干性质不同的业务工作，再把这些工作"组合"成若干部门，并确定各部门的职责与职权。总之，组织结构的设计就是对组织内的层次、部门和职权进行合理的划分。我们将对这三个方面的具体内涵进行介绍，并从这三个方面来对新时代文明实践志愿服务团队的组织架构进行说明。

1. 管理层次的划分

（1）管理宽度与管理层次的产生

生产力的发展使得劳动方式逐渐由个体向群体发展，一项工作往往需要几个人一起做，团队的出现使得管理者与被管理者初现雏形。伴随团队规模的扩张，管理者与被管理者的关系不断复杂化，而管理者的时间与精力难以长时间支撑这些错综复杂的关系。因而管理者开始思考，应直接管理多大规模的下属最为高效，即管理宽度问题。

管理宽度又称"管理跨度"或"管理幅度"，指的是一名管理者有效地监督、管理其直接下属的人数是有限的。当超过这个限度时，管理的效率就会随之下降。换句话说，在超过了管理宽度时，就必须增加一个管理层次。这样，可以通过委派工作给下一级管理者而减轻上层管理者的负担。如此下去，便形成了有层次的结构。但是，上级管理者减轻这部分负担的同时，也带来了监督下一级管理者怎样执行的工作负担，而监督也需要时间和精力。所以，增加管理层次节约出来的时间，一定要比用于监督的时间多，这是衡量增加一个管理层次合理的重要标准。

管理层次与管理宽度呈反比关系。较大的宽度意味着较少的层次，较小的宽度意味着较多的层次。这样，按照管理宽度的大小及管理层次的多少，就可形成两种结构——扁平结构和直式结构。所谓扁平结构，就是管理层次少而管理宽度大的结构；而直式结构的情况则相反。

扁平结构与直式结构各有利弊。扁平结构有利于缩短上下级距离，密切上下级关系，信息纵向流通快，管理费用低，而且由于管理幅度较大，被管理者有较大的自主性、积极性、满足感，还有利于更好地选择和培训下层人员；但由于不能严密地监督下级，上下级协调较差，管理宽度的加大，也增加了同级间相互沟通联络的困难。

直式结构具有管理严密、分工明确、上下级易于协调的特点。但层次越多，带来的问题也越多。这是因为层次越多，需要从事管理的人员迅速增加，其彼此之间的协调工作也急剧增加，互相扯皮的事可能会层出不穷。管理层次增加之后，在管理层次上所需的设备和开支、所需的精力和时间也自然增加。管理层次的增加，会使上下级的意见沟通和交流受阻，最高层管理者要求实现的目标、确定的政策和计划，不是下级不完全了解，就是层层传达到基层之后变了样。管理层次增加后，上级管理者对下级的控制变得困难，易造成一个单位整体性的破裂；同时，由于管理严密，下级人员的主动性和创造性也会受影响。因此，一般来说，为了达到有效管理，应尽可能地减少管理层次。

（2）志愿服务团队中影响管理宽度的因素

①管理者与被管理者双方的素质和能力。

凡具备较强能力与素质的管理者，在相同效率下，能够比他人负担更大的管理宽度。凡受过良好训练的被管理者，不但所需的监督比较少，而且不必时时事事都向上级请示汇报。有这样的被管理者在团队中，虽然管理宽度增加了，但实际的管理难度并没有增加。在志愿服务团队中，志愿者的培训是团队管理的重要部分，在培训期间注重培养志愿者的独立性，不仅能促进志愿者的自身发展、减少管理难度，还能有效拓展志愿服务团队的管理宽度、减少团队内部的层级结构。

②面对问题的种类。

这需要根据志愿服务团队的性质、规模，以及管理者具体负责的事务来决定。若管理者经常面临复杂、困难的问题或涉及方向性、战略性的问题，则直接管辖的人数不宜过多。反之，若管理者面临的是大量日常事务，且已有规定的程序和解决方法，则管辖的人数可以较多一些。

③授权。

志愿服务团队不仅应关注提供服务的质量，也应关注志愿者自身的进步。因而，管理者适当授权于被管理者是非常重要的。这不但可以减少管理者与被管理者之间接触的次数和密度，扩展管理宽度，还可以锻炼下属的工作能力并提高其积极性。

④计划的完善程度。

志愿服务团队如具备规范的工作、管理制度，对各项服务项目能做到分工明确，则可以适当增加管理宽度。此外，服务对象的复杂性、被管理者的空间分布以及组织的稳定程度等因素也影响着管理宽度。

（3）志愿服务团队中管理层次的分工以及相互关系。

在团队的纵向结构中，通过管理层次的划分，团队目标也随之呈梯形状的分化。因此，客观上要求每一管理层次都有明确的分工。管理层次的多少，应具体地根据组织规模的大小、活动的特点以及管理宽度而定。一般来说，志愿服务团队的管理层次往往可以分为三层，即上层、中层、基层。

对于上层来讲，其主要任务是从团队的共同利益出发，对整个团队实行统一指挥和综合管理，并根据团队性质确定团队目标以及实现目标的一些大政方针。

中层的主要任务是负责分目标地拟定和选择计划的实施方案、步骤和程序，按部门分配资源，协调下级的活动，以及评价团队服务的成果和确定纠正偏离目标的措施等。

基层的主要任务就是按照规定的计划和程序，具体执行志愿服务的各项工作。

2. 部门的划分

要提高工作效率，必须对整个组织的工作进行充分细致的分析，并进行明确的分类。在此基础上进行科学的综合，就形成通常所指的部门。部门是指团队中管理者为完成规定的任务有权管辖的一个特定领域。部门划分的目的，在于确定团队中各项任务的分配与责任的归属，以求分工合理、职责分明，有效地达到组织的目标。志愿服务团队中部门划分的主要方法及特点有以下几种。

（1）按人数划分

单纯地按人数多少来划分部门可以说是一种最原始、最简单的划分方法。在一个志愿服务团队中，可将志愿者按照一定的数量标准任意划分为几个部门，在管理者的领导下执行任务。一般来说，这种划分方法的特点是仅仅考虑人力，因此在服务专业化的团队中有逐渐被淘汰的趋势。但在少数基层的部门划分中仍然适用。

（2）按职能划分

按职能划分部门是许多组织广泛采用的一种方法。根据志愿服务团队的需求或工作性质，率先确定团队的部门，再依据志愿者的特长与专业化方向进行划分。这种方法是根据生产专业化的原则，以工作或任务的性质为基础来划分部门的。按职能划分部门的优点在于，它遵循分工和专业化原则，因而有利于充分发挥志愿者的专业技能，可为目标的达成创造有利环境。但是这种划分，容易使各职能部门的专业人员产生"隧道视野"，即除了自身领域外，其他什么也看不见，从而给各部门之间的横向协调带来一定的困难。

（3）按地区划分

对于跨地域分布的大规模志愿服务团队而言，按地区划分的方式不仅利用了地域这一天然的团队分割线，而且能够很好地解决地域之间的差异问题，促使志愿服务工作与服务地区的社会环境相融合，避免服务的同质性与单一性，也可对地区积极性的调动与地方管理者的能力提升发挥正面作用。其目的是调动各个地区的积极性，从而取得地方化经营的优势效益。但是，这种方法的缺点是，需要更多具有全面管理能力的人员，增加了最高主管部门的控制难度，而且地区之间往往不易协调，集中的志愿服务工作也不容易进行，等等。

（4）按服务对象划分

志愿服务工作是面向服务对象开展的，因而根据服务对象的特征或需求进行部门划分是一种行之有效的方法。这一方法不仅能够增加志愿者对服务对象和服务方法的认知度与熟悉度，提升服务品质，还能够提高志愿者的培训效率，减少培训成本。但长期固定的志愿服务容易使志愿者产生厌倦、疲惫感，如何保持志愿者在志愿服务中的新鲜感成为这一部门划分方式的最大挑战。

三　新时代文明实践志愿服务团队的年审管理

完善志愿服务组织监督管理是社会组织规范化发展的必要条件，也是志愿服务组织持续有效运行的动力之一。加强志愿服务组织的年审管理，需要鼓励多元主体参与，探索多方有机评估的志愿服务组织综合评价体系，逐步引入第三方评估机制，推进志愿服务组织诚信建设，将志愿服务组织守信情况纳入社会组织诚信指标体系。对业务活动与志愿服务宗旨、性质严重不符的志愿服务组织建立退出机制；志愿服务组织行为违反法律法规的，依法追究相关法律责任，避免"僵尸组织""违规组织"占用管理资源。

志愿服务组织可以基金会、社会团体、社会服务机构等形式存在，而根据《社会团体登记管理条例》、《民办非企业单位登记管理暂行条例》、《民办非企业单位年度检查办法》以及地方制度的规定，凡经过当地民政部门依法登记的组织均应接受年度审查。另外，备案的志愿服务组织也应接受备案管理机关的年度审查。而且，志愿服务组织通过接受年度审查可以发现组织运行和工作开展过程中有关组织管理、人员管理、财务管理、项目管理、制度管理等方面的问题，可以有效帮助志愿服务组织发现问题、解决问题，从而使组织发展得更规范。为协助志愿服务组织全面了解、主动参与年审工作，本部分将对志愿服务组织的年审管理进行介绍。

1. 志愿服务组织年审的材料准备

各地区民政部门对组织年审所需的材料要求有一定差异，但均会有明确的要求，志愿服务组织可根据民政部门的要求准备好相关材料，在网站提交反馈即可。

（1）年审报告书声明材料

在民政部门指定网站下载的年审报告书模板中第一项内容即为声明材料，保证报告书中提供的材料、信息、数据等内容均真实有效，志愿服务组织对相关内容负责。

（2）组织基本信息表

志愿服务组织需要向年审机关提供较为详细的基本信息表，包括组织名称、地址、行业分类、开办资金、业务范围、登记证号、法人信息、理事会信息、组织负责人信息等内容，各信息如实填写即可。

（3）组织内部建设信息表

志愿服务组织在年审报告书中需向年审机关呈现本组织在本年度发生的登记事项变更情况、年度会议及换届情况、内部制度建设情况以及信息公示情况等内容。

（4）组织接受监督管理信息表

志愿服务组织需如实汇报本组织在本年度是否进行组织评级、评级结果如何以及是否接受过行政处罚等信息。

（5）组织财务会计报告

组织财务会计报告中包含体现组织财务状况的资产负债表、业务活动表和现金流量表，可请组织内负责财务的同事协助提供财务会计报告数据。除了此三大业务表格，志愿服务组织还需向年审机关提供本组织本年度完整的财务审计报告，财务审计报告需由具有财务审计资质的会计师事务所等根据志愿服务组织年度财务状况出具并盖有财务审计单位的公章才能生效。

（6）组织内设机构变动信息表

组织内设机构变动信息表记录志愿服务组织在本年度内设机构的增减情况，此内容只要求内设机构有增减且已经在登记管理机关备案的组织提供，如组织内设机构无变动情况则无须提供。

（7）组织本年度业务总体情况及下一年度工作开展计划

组织本年度业务总体情况及下一年度工作开展计划记录本组织在本年度整体的组织工作开展情况、组织发展情况、服务开展情况以及下一年度如何开展工作等信息。

（8）组织人力资源信息表

志愿服务组织需向年审管理机关汇报本组织在本年度内的从业人员数量及构成情况、从业人员工资薪酬情况、社会保障费缴纳情况、志愿者使用情况以及人事档案管理情况等内容。具体信息的详细程度根据各地区年审机关的要求而定，志愿服务组织据实汇报即可。

（9）组织党建工作信息表

根据相关法规要求，凡志愿服务组织中具有3名以上党员的，均需要成立独立党组织，党员数量不足3名也需要与同领域内的其他组织成立联合党组织，以便加强党对志愿服务组织的管理与指导。为此，志愿服务组织在进行年度审查时需要汇报本组织的党建工作情况。

（10）组织获奖与宣传信息表

志愿服务组织需展示本年度内组织获得的奖励表彰情况、媒体宣传报道情况以及服务品牌建设情况等内容。

2. 志愿服务组织年审流程

目前，国内大部分地区的组织年审工作已由现场办理改为线上办理，组织年审办理人员只需在接到年审通知后登录当地民政部门指定网站下载相关表格资料，填写表格并根据要求准备资料制作年审报告书，完成后将年审报告书通过网站进行提交即可。审查结束后，志愿服务组织年审办理人员需携带组织登记证书副本前往民政部门加盖年审结果印章。至此，年审工作结束。

第三节　新时代文明实践志愿服务团队的管理

一　新时代文明实践志愿服务团队管理概述

1. 团队管理

团队管理（Team Management）指在一个组织中，依成员工作性质、能力组成各种小组，参与组织各项决定和解决问题等事务，以提高组织生产力和达成组织目标。团队管理鼓励成员参与和相互合作，是一种参与式管理，它既关心行动和成果，也关心人、人的价值、人的成长与发展。志愿服务作为一种自愿、无私的公益性和利他性的互助行为，与团队管理有天然亲和性。

团队管理理论注重责任、参与、真诚、友好、协作等良好人际关系，它对组织目标的实现具有较高的效能。这点我们也可以从合作竞争理论、建设性冲突理论与员工卷入理论三个理论角度来理解。首先，合作竞争理论认为，人们如果各自为战，认为双方目标没有关系，就会漠视他人福利或困难，对之袖手旁观，组织也会是一盘散沙，士气低落；如果人们处于竞争关系，相互之间就会封锁信息和资源，甚至相互攻击和破坏。因此，一个组织应当形成共同目标和合作气氛，在共同目标下合作，人们会相互尊重，共享信息和资源，互相交流，取长补短。其次，建设性冲突理论认为，团队虽然应该着力使成员形成合作关系，但这并不意味着团队中不允许存在不同意见。不同意见是形成高质量决策的前提。只要团队真正形成了合作关系，人们就会坦诚地交换意见，吸取对方意见中有价值的成分，在充分交流的基础上达成共识。所以，通过对建设性冲突的处理，团队的成员会更加认同团队的目标，团队的合作关系也会更加巩固。最后，员工卷入理论认为，让员工对那些关系到他们切身利益的决策发表意见，能提高员工的自主化程度和对工作的控制程度。员工卷入的具体措施是实行员工参与决策和管理。人在组织中有决策权，就会更加认同组织的目标，并积极主动地去执行决策。

由此，我们不难看出团队管理是以人的情感、归属、社交、尊重、自我实现等心理需要为前提的。一支高效的团队应具有以下六个基本特征：一是明确的目标，团队成员清楚地了解所要达到的目标，以及目标所包含的重大现实意义；二是基本的技能，团队成员具备实现目标所需要的基本技能，并能够良好合作；三是相关的技能，每个人对团队内其他人的品行和能力都确信不疑；四是良好的沟通，团队成员间拥有畅通的信息沟通；五是谈判的技能，高效的团队内部成员间角色是经常发生变化的，这要求团队成员具有充分的谈判技能；六是合适的领导，高效团队的领导往往扮演的是教练角色或起后盾的作用，他们对团队提供指导和支持，而不是试图去控制下属。

2. 志愿服务团队管理

志愿服务组织作为基层最活跃的社会力量，其组成往往具有两种形式：一类是项目团队，志愿者以完成某项特定的短期服务项目为目标而加入志愿服务团队，项目结束后则团队解散；另一类是工作团队，即志愿者从事的工作为长期志愿服务或日常事务管理，团队是长期存在的。两种志愿服务团队皆具有实现高效团队管理的潜质，接下来我们将根据高效团队的六大基本特征，分别对两种团队管理中的注意事项进行探讨。

对于项目团队而言，目标即团队形成的理由，是十分鲜明的，但考虑到志愿服务团队的项目目标往往具有公益性、无偿性等特质，则需要着重关注每位成员对目标的理解与认同；短期项目的完成十分讲求效率，因而在团队管理时对团队志愿者进行切实有效的培训就显得尤为重要，基本培训要保证志愿者能熟练掌握并应用技能；项目团队虽然是短期存在的，但团队管理依旧需要保证团队成员之间的熟识与信任，在项目运行中使每位志愿者感受到自身与他人对团队的重要性；项目团队的规模通常较小，团队沟通的环节较少、成本较低，在团队管理中应努力形成多向度的沟通模式，避免出现垄断者的角色；伴随团队发展演化的成员角色是团队发展的一大变数，项目团体的时限较短，发展的速度也较快，在团队管理过程中，应注重团队角色的平衡与协调，防止仅关注团队目标而忽视团队成员的关系；由于项目团队的短期性，团队领导往往在选定后很少发生变动，选择领导时不仅要遵循民主的原则，更要注重领导的能力与其对项目目标的认识和规划，可以对领导开展必要的培训与指导，完善领导监督机制。

对于工作团队而言，团队的目标是服务于整个志愿服务组织的，在向志愿者进行说明时，既要明确所在志愿团队的具体目标与阶段目标，更要交代所服务组织的整体目标，主动与志愿者探讨目标的内涵，及时对目标的疑问给予反馈。对志愿者的培训是每个志愿服务团队都会开展的工作，在工作团队中，对志愿者培训的内容主要有两类：一类是基本能力的培训，主要为了树立志愿者的服务意识与服务精神；另一类是定向培训，帮助志愿者掌握特定技能，以开展具体服务。在此基础上，部分工作团体还会开展周期性培训，帮助志愿者查缺补漏、更新技能。如果志愿者在工作团队中的岗位较为固定，那么在团队管理时可以适当组织团建，让志愿者之间交流岗位心得，甚至尝试短期交换岗位，增加志愿者对其他岗位的理解以及对其他志愿者的肯定。有效沟通是工作团队长期发展的重要基础，在团队管理中应注重建立恰当的沟通机制，并保持畅通，明确沟通的方向与层级，防止信息全都聚集到少数管理人员手中。在长期的工作团队中，团队成员具有较多的相处时间，互动的层面增加使延伸出的角色也更加丰富，团队管理时应重点关注团队内角色，同时兼顾团队外角色，协助双方或多方志愿者进行谈判与沟通。工作团队大多具有一定的领导选拔、监督、换届机制，团队管理时要注意对机制的遵守与完善，并考虑到志愿服务团队的特征，避免领导对志愿者的专制与控制。

二　新时代文明实践志愿服务团队的人力资源管理

人力资源，又称劳动力资源，是一定时间和空间范围内，某一人口群体所具有的现实和潜在的体力、智力、知识与技能的总和。人力资源管理就是指运用现代化的科学方法，对与一定物力相结合的人力进行合理的培训、组织和调配，使人力、物力经常保持最佳比例，同时对人的思想、心理和行为进行恰当的诱导、控制和协调，充分发挥人的主观能动性，使人尽其才，事得其人，人事相宜，以实现组织目标。志愿服务团队的人力资源管理是指为了实现志愿服务团队的目标，利用人力资源管理理论，不断优化团队内人力资源，有效加以开发利用，并使之可持续发展的过程。志愿服务团队在发展的早期阶段，其人力资源的构成大部分是志愿者；在发展比较成熟后，才开始有一些全职员工。在具体操作中，志愿服务团队的人力资源管理模块与企业人力资源管理类似，但是又因为志愿服务的特殊性，志愿服务团队的人力资源管理实践具有自身特点，即志愿服务组织人力资源管理既要激励大家的工作热情，又要赋予工作以特殊的意义。志愿服务团队人力资源管理的主要特点如下。

第一，志愿者来源的广泛性。由于志愿服务组织的特殊性，只要是符合条件、认同组织宗旨和拥有志愿精神的志愿者，其一般都是"来者不拒"，因而志愿者背景、身份、专业、知识储备等方面都是极其多样化的。同时，志愿者多样化的背景也给组织的管理和培训等工作增加了难度。

第二，行动的非营利性。志愿服务不以获得物质报酬为目的，志愿者利用自己的时间、知识、技能等资源，自愿、无偿帮助他人、服务社会。因为志愿服务组织的这种特殊的性质，一方面，志愿服务组织在对管理者和志愿者的管理过程中需要更注重志愿服务理念、志愿精神以及社会主义核心价值观的培育，因为组织无法借助利益驱动机制促使专职员工和志愿者行动，只能较多依靠非物质性的激励；另一方面，志愿服务组织的"非营利性"迫使其不得不走上"劳动密集型"的道路。亦因如此，"做公益就得勒紧裤腰带"成为诸多志愿服务组织的现实与共识。

第三，组织内部各部门规模较小。志愿者多把志愿服务作为自己的"第二职业"，随着志愿服务组织的扩大以及志愿者的增加，组织无法单纯依靠志愿者进行管理，因而雇用了一些专职管理人员。但受到组织规模和资金的限制，专职管理人员人数通常不多，一人负责多项工作，没有明确的职责划分，内部管理较为宽松，呈现"弱扁平化"的内部管理模式，但仍存在层级关系。

第四，专职管理者角色的兼容性。志愿服务组织的管理者在工作的过程中实现了服务者（管理者）与志愿者的兼容，承担着两种角色责任，他们的工作过程也是志愿服务的过程。

第五，志愿服务组织的志愿性和非营利性意味着其不能采取企业化的管理模式，也不同于科层化的政府组织，志愿服务组织的管理机制较为人性化和扁平化，更多以网络枢纽的组织形式出现。企业强调管理者对员工的管理，而志愿服务组织强调志愿者、管理者的参与性，具有更多的平权主义特征和合作主义精神，而非单方面的"管理－被管理"模式，管理者更多以协调者和中间人的角色出现，通过合作更好地实现志愿资源在助人者和被服务者之间最大限度共享，如赵广军生命热线一位负责人在描述志愿者组织管理方式时，倾向于用"玩"，而非"管理"进行描述，这样能充分调动志愿者的主动性和积极性，也能体现志愿者的参与价值。

第六，关注员工个人能力和素质的发展。志愿服务组织人力资源管理过程中，更关注员工的能力发展，挖掘每个人的最大潜力，为员工提供持续学习和成长的环境，使员工能够实现自己的人生价值。在对员工的培训中，更侧重于使命感、责任感和道德素质的同步推进。管理者的行为更要符合组织宗旨使命，否则会使志愿者产生失望感。

第七，以定性为主的绩效评价标准。志愿服务没有企业中商品销售量化指标，不能简单根据服务市场或服务次数来衡量工作绩效。因此，志愿服务产品的非量化特征要求组织注重定性绩效方法，将价值观和服务质量融入考核标准。

1. 志愿者招募的营销

志愿服务团队在志愿者招募过程中，通常从团队需求与服务任务的角度来考虑，而忽视了平衡团队和志愿者的需求，如果团队将志愿者当作消费者而且使用营销的原理去吸引和维持他们，则可以得到双方互惠的结果。首先，确定团队所在范围内的现有志愿者与潜在志愿者。其次，根据现有及潜在志愿者的志愿动机进行分类，即"市场区分"，依据志愿者的志愿动机有针对性地制定招募策略，进行个体化招募，以提升志愿招募的吸引力与成功率。最后，可以通过"滚雪球"的方式进一步扩展招募范围，通过已招募的志愿者动员其亲朋好友，不仅降低了招募难度，也提升了志愿者对志愿服务团队的黏性。

2. 团队战略规划与志愿者个人目标的结合

对团队来说，战略规划可以明确现状，制定蓝图，了解团队的运营环境、未来的挑战和机会，也可以为确定团队目标和尽可能有效利用资源提供框架。团队对于抱着"尝鲜"的心态来参加志愿服务的新志愿者，可以向他们描绘团队愿景，使其对志愿服务的责任产生深刻的认识，从而与团队形成共同的愿景。同时，团队需要倾听或调查志愿者的想法与目标，而不是一味让其工作，强行指派任务。通过交流有所了解后，团队可以对志愿者所需开展的工作进行适当的分配。这样可以增加志愿者对团队以及成员之间的认同感，而不再使志愿者成为团队的"匆匆过客"。愿景描绘可以激发志愿者思考，让其找到团队战略与个人目标的契合点。团队甚至可以邀请志愿者参与团队规划的制定，既可以集思广益，也可以激发志愿者对于团队的向心力与归属感。规划过程本身常常就有鼓舞团队精神，志愿者的决心、士气和增强整体动力的作用。

3. 人性化的管理策略

根据谭建光的调查，虽然志愿者大多抱着服务社会的利他精神来参与，但受到诸如增长阅历与能力、扩大交往等利己因素的影响，也有被迫参加、消磨时间等消极因素的存在，加之志愿者之间能力的差异，所以应该根据志愿者服务意愿与工作能力的差异，有针对性地为其制定人力资源策略。[①]

对于工作意愿与工作能力都较强的志愿者，应当采取发展策略。团队可以引导志愿者先认识自我，确立自己的发展方向与目标，拟订行动计划并发展自己。团队还可以协助志愿者订立前程计划，并促使个人目标和团队目标一致；在每一阶段配合培训、评估，以建立一个系统性的人力培育制度。

对于工作能力较强，但工作意愿不强的志愿者，同样可以使用发展策略。但需要对他们进行工作的再设计，在保持其工作上的挑战性的基础上，增加其工作的重要性、自主性和丰富性以提高其参与积极性。

对于工作意愿较强，但工作能力较差的志愿者，必须对其加强技能培训。为激励志愿者的努力及维持一定水平的成果，需要同时进行客观公正的绩效评估，使其了解自己先前阶段的工作表现和贡献，并明确自己存在的不足和尚未发掘的潜力。

对于工作意愿与工作能力不强的志愿者，除了要愿景描述与教育培训

---

① 谭建光：《中国广东志愿服务发展报告》，广东人民出版社，2005。

并重，还要对其申明团队制度与纪律，依靠奖赏和惩罚来纠正、塑造其行为。

4. 灵活的奖惩手段

团队成员的需求分为外在动机和内在动机，志愿者愿意奉献时间、精力，主要是内在动机的驱使。因此，对表现优秀的志愿者进行奖励，在于满足其内在需求，从而鼓励其继续工作，并提高服务质量。团队必须建立一套弹性的做法，不仅能使志愿者的内在需求得到满足，也能引导他们的动机朝积极的方向发展。可以采用如允许志愿者参与决策、分配适合志愿者个人需求和兴趣的工作与角色、为志愿者提供促进其个人发展和有意愿提供服务的工作、为志愿者提供在职训练的经验等方式。当然，运用一定的外在激励，对志愿者参与活动提供必要的保障，也是必须考虑到的。如果志愿者的行为过于偏离团队的政策或影响志愿者的正常活动，则必须有一定的纪律和制度，以修正其不当行为。对于志愿者的不当行为应先进行沟通，找出问题和说明未能达成目标的理由，向其申明纪律和制度，然后制订改进的计划。若再犯，则应该执行这些纪律和制度，对志愿者加以处理，以免无法约束其他志愿者，或影响服务质量。

三　新时代文明实践志愿服务团队的财务管理

财务管理（Financial Management）是在一定的整体目标下，关于资产的购置（投资）、资本的融通（筹资）和经营中现金流量（营运资金），以及利润分配的管理，具有产值最大化、利润最大化、股东财富最大化、企业价值最大化的管理目标。财务管理共包含四大内容：投资管理，广义上包括实体商业投资、加盟连锁、创新项目投资管理等，从投资者利益出发并达致投资目标；筹资管理，指企业为满足生产经营资金的需要，向企业外部单位或个人以及从其企业内部筹措资金的一种财务活动；营运资金管理，从会计的角度看是指流动资产与流动负债的净额，为可用来偿还支付义务的流动资产，减去支付义务的流动负债的差额；利润分配管理，指组织按照国家规定的政策和比例，对已实现的净利润在企业和投资者之间进行分配。

志愿服务团队财务管理是指志愿服务团队的财务活动，是处理与政府、资源提供者、债权人等各方面财务关系的一项管理工作，主要具有经费来源的无偿性、经费使用方式上的限制性、经费使用的政策性、以预算管理为中心、涉及范围的广泛性、组织种类与业务活动类型多样化的六个特征。

志愿服务团队财务管理是组织管理的一个重要组成部分，它是根据财务制度及财经法规，按照财务管理的原则，对志愿服务团队有关资金的筹集、分配及使用引起的财务活动进行计划、组织、协调、控制，也是处理财务关系的一项综合性经济管理工作。

目前，志愿服务团队的财务管理主要存在三个方面的问题。第一，财权不独立，这是制约许多民间志愿服务团队健康发展的瓶颈。许多志愿服务团队从成立到开展活动所需的资金，几乎完全由政府部门管理，协会的会费等相关费用也由政府部门统一收取和管理，协会本身并没有掌握实际的财权，因而难以完成其成立后的职能和使命。第二，会员利益无保障。协会要发展必须首先维护会员的切身利益，会员的利益往往又通过协会以各种形式的资金或实物作报酬，而这种为会员服务、让会员受益的意思往往体现得不明显，会员单位的利益没有保障。第三，财务合署办公。现在，大部分志愿服务团队的财务管理均由行政机关财务管理人员即国家公务人员兼职，这种以双重身份从事志愿服务团队财务管理的方式，实际就是典型的财务合署办公问题，这既不利于明晰志愿服务团队的资金实力，又易滋生公私资金不分和贪污挪用现象。

志愿服务团队的财务管理工作应严格遵守相关法律法规、建立正规的管理体系并配置专业的专职财务管理人员，具体工作内容包括以下几点。

第一，志愿服务团队的预算管理。预算是志愿服务团队财务管理的计划环节，可通过预算为团队绘制发展蓝图。然而，不少志愿服务团队没有对财务预算给予足够的重视，这对财务稳定十分不利。主要的预算管理方法包括：递增预算法，在上年度实际支出的基础上，考虑员工加薪、通货膨胀等因素的影响，结合新计划所需的资金，计算出下年度的预算；项目预算法，将现有资源按比例分配于不同的项目，并将预算过程与评估过程紧密结合在一起，进而考核项目运作是否有效，并检查团队是否实现了其宗旨和目标；零基预算法，每期的预算必须先归零，从零开始考虑预算的增减；弹性预算法，把未来的收支预算值看成一个分布，准备若干个预算方案。预算必须考虑项目的直接成本和间接成本，若有多个项目，则间接成本可按照比例分摊下去。同时，也要考虑外部经济环境的变化。

第二，志愿服务团队的支出管理。志愿服务团队支出包括业务成本、管理费用、筹资费用、其他支出四类。支出应坚持专款专用，确保资金的有效利用，保证支出的真实性、防止舞弊。同时，志愿服务团队应根据《民间非营利组织会计制度》制定相应的成本费用核算办法，建立和健全项目成本（费用）核算制度。

第三，志愿服务团队的票据管理。在票据管理的过程中需要注意四点事项：首先，现金支票只限于领用备用金及发放工资、奖金、劳务酬金、助困资金等，其他事项一律不得领用现金支票；其次，团队内部如需领用转账支票，需事先填写支票领用相关单据，写明用途单位，经批准后可向财务部门领用，一般限于3天内将支票存根联向财务部门注销；再次，如发现支票退票需作废，必须将第一联加盖印鉴的作废支票归还给财务部门，然后进行调换；最后，财务部门购置公益性单位接受捐赠统一收据、发票，必须做好连号登记，收据存根按会计档案规定保管，不得随意销毁。

第四，志愿服务团队的货币资金管理。货币资金管理是财务管理的核心内容，目标是确保资金安全完整、量入为出，以实现机构的可持续发展。做好志愿服务团队的货币资金管理要把好"一关"、管住"六点"。"一关"是指货币资金支出关。"六点"是指管住货币资金流入点、管住银行开户点、管住现金盘存点、管住与银行及客户对账点、管住票据与印章保管点、管住督促与检查点。

第五，志愿服务团队的资产管理。志愿服务团队的资产可以分为固定资产和流动资产。财产和物资管理，需要建立验收、发放、保管和检查制度，指定专人保管并建立账目和档案，做到账账相符，账物相符。

第六，志愿服务团队的财务分析与财务监督。财务分析与财务监督是认识和掌握财务活动规律、提高财务管理水平和资金使用效益、维护财经纪律、促进事业健康发展的重要手段。财务分析的主要内容包括预算执行情况，资金运行情况，成本（费用）情况，财产物资的使用、管理情况等。财务管理部门应结合项目管理和服务的特点，建立科学、合理的财务分析指标。通过财务分析指标，反映业务活动和经济活动的效果，并将分析结果及时反映给秘书处和理事会，为其进行决策提供科学、可靠的依据。

第七，志愿服务团队的会计档案管理。会计档案是记录和反映机构经济业务事项情况的重要历史资料和证据。志愿服务团队会计档案按照《会计档案管理办法》执行，实行专人管理制度。会计档案由财务部门负责整理归档，不得外借，遇到特殊情况，须经财务主管领导批准并办理登记手续，方可查阅或复制。销毁会计档案须按规定程序审批，对到期未了结的债权债务的原始凭证及其他未了事项的原始凭证不得销毁，单独抽出另行立卷，保管到未了事项完结为止。

四　新时代文明实践志愿服务团队文化管理

员工忠诚度低会导致工作场所效率降低，这是领导者面临的一个问题。这些领导者面临的挑战是如何塑造组织文化，强化工作性交往和情感性联系，让员工选择分享组织的价值观，通过努力工作来推进组织的目标，并使其留在组织中。团队文化是一种抽象的意识范畴，是以一定社会环境为基础的组织内群体的意识现象，它规定了组织和人们的行为准则与价值取向，具有提升组织绩效、自我完善深化、提高服务质量等作用。

某一团队的文化并不是与生俱来的，而是通过组织生存和发展过程中逐渐总结、培育和积累而形成的。团队文化是可以通过人为的后天努力加以培育和塑造的，而已形成的团队文化也并非一成不变，是需要随组织内外环境的变化而加以调整的。新时代文明实践志愿服务团队文化的独特性在于，志愿服务团队都共同遵循"与人民同呼吸共命运，全心全意为人民服务"这一最高价值标准，这也是中国特色志愿服务的实践要求，是新时代志愿服务团队的行动指南。

1. 新时代文明实践志愿服务团队文化

（1）团队目标与社会环境

核心理念和价值观的建立，决定了组织进行活动的领域，而领域的建立不是武断的和单边的行动，只有在组织对于领域的声明得到了提供支持的任务环境的确认时，领域才是实际有效的，组织和任务环境的关系在本质上是一种交换关系。志愿服务组织所处的地域以及社会经济特征在很大程度上决定了其中心理念和议题。

第一，组织环境与合法性来源。多数志愿服务组织的核心理念发端于领导者个人对于某个社会领域的特殊关注和偏好。这种偏好是媒体传播内容、周围信息与组织领导者个人特质相结合的产物。媒体将某个议题带入了人们的生活，形成了组织理念的基础。领导者敏锐地察觉到大众媒体在对社会描述过程中对于报道方向的议程设置，将原本模糊或者宏大的主题实化、细化，形成公众易于接受的信念，提出明确的主张。

第二，组织目标细分。通常，创始初期的志愿服务组织势单力薄，缺乏独立应对某个大主题的能力。这就要求组织在各种社会需求中寻求一个力所能及的切入点。在目标上为组织划定一个关注的界限，为组织提供一定程度的自主权和独立性。

（2）团队的创始者与组织特质

对于志愿服务组织这种不能直接创造产品和物质，也不能靠薪酬等物质条件来吸引和管理成员的文化凝聚体来说，领导者的核心作用具有显著的感染力和示范效应，是绝大多数成员之间的纽带和组织行为的推动力。在一个组织团队中，领导者的影响力包括两类，权力型影响力和非权力型影响力。非权力型影响力，也称为"自然影响力"，是个人自身品德、才能、学识、专长等因素对他人形成的影响力。在这种影响力的作用下，人们的心理和行为多表现为自愿自觉、积极主动。它比权力型影响力具有更大的影响。在志愿服务组织中，非权力型影响力源于组织领导者个人特质，又包括了感同身受的个人经历、专业性的服务能力和高出常人的道德信仰。这就赋予了组织领导者得以构建组织凝聚力的能力。

（3）团队理念的具象化表达

文化是围绕共同的价值观和信仰来提高组织凝聚力与团结人们的黏合剂。组织文化发挥作用，有赖于具体制度规章内化为组织成员的行动指南。成员或者说是准成员，首先面对的是一种形式化的感官认知。组织只有简明、具象地在第一时间抓住成员的心理，为组织文化精神层的建设提供物质上的保证，才具备进一步吸引成员关注和接受更深层次的理念与行动逻辑的可能。

第一，共同知识储备形成。正是在日常生活的构建中，组织成员逐渐构建与共享了一整套话语体系和行动原则，从而在微观和偶然的行动中体现了社会的组织原则。组织总是处于具体的社会文化之中，在组织内部创造着组织文化,并通过传播进行组织文化的再创造,故我们要关注传播建立、重新界定和转化组织文化的解释性方法,从关注具体的符号象征转到整个组织传播行为的潜在意义。在组织象征中,语言是传播组织特有文化价值观念和行为准则最重要的象征体系,共同的语言可建立共同的信任和理解。同属于一个组织的成员拥有区分"自己人"和"他人"的话语体系。语言此时成为划分组织边界的工具。

第二,口号和项目细化。在大多数人的心目中,志愿服务是艰难的事业,需要物质和精神的双重投入,而道德标杆过高极易造成"加入门槛"过高。公众群体中存在一定数量的潜在志愿者,他们有一定从事志愿服务的意愿,但由于不了解参加志愿服务组织要达到的"准入门槛",他们很有可能选择一种观望态度。这种心理同样存在于已加入志愿服务组织的新进成员身上。在不知道将要付出的代价和组织需要其做出的努力之前,他们对于组织认同有一定的疑惑,对于自己是否有能力和精力成为一员也持有怀疑态度。此时,对于组织理念和目标的细化与具象化便是消除其疑虑的有效手段之一。

(4)社会化延续机制的构建

要维系组织文化、保持文化的生命力,两个重要的机制就是员工甄选和社会化。组织文化对于组织行为的影响是无形而持久的,在富有魅力的领袖隐退之后,成功的组织文化往往能在很大程度上影响组织成员的行为,甚至超过正式的权责关系、管理制度等发挥的作用。对于志愿服务组织来说,文化是其行动逻辑的内核。组织能否延续,关键在于文化是否经由社会化同化成员,并得以传承。因此,在内部,招聘和培训常被用作志愿服务组织用以社会化成员、令其内化组织价值观和理念的有效手段;而在外部,组织通过公共宣传,将自己的理念和文化传递到社会各阶层,从而维持组织社会合法性并提高组织获取社会资源的能力。

第一,成员招聘和筛选组织需要新鲜血液的补充,在人力资源的招募上,与其他类型的社会组织相比,志愿者组织的劣势显而易见。没有物质的激励,也没有个人发展前景的保障,组织提供给新成员的只有精神层面的满足。少数志愿服务组织有相对比较完善的培训机制,能帮助志愿者获取相关的训练,提升他们的专业服务和组织协调能力。但这些成熟的组织在整个群体之中所占的比例微乎其微。

第二，团队学习和内部社会化机制招募而来的新成员在某些理念和价值观上与志愿服务组织有一定的契合性，但没有形成自我认同。自我认同是区隔组织成员和非组织成员的心理意识，使人们形成了对自身的判断以及对周围世界关系的独特感觉。人们通过他们的认同来认识其他人和自己的相似性与特殊性，分享共有的信仰、规范、价值观。团队学习是自我认同实现的重要手段，也是发展团队成员整体配合能力以实现共同目标的过程。志愿服务组织的团队学习不仅包含了知识的传递过程，也囊括了在互动之中共同文化和情感的形成。

2. 对新时代文明实践志愿服务团队管理者的启示

志愿者最初被吸引到一个团队，是因为它有着令人信服的使命，或是通过一个有魅力的领导者，或是因为工作适合性，组织是他们能提供的技能的理想匹配，他们很快就会体验到团队的文化，从而快速地融入组织。他们是否会选择接受并坚定地相信团队的目标和价值观，是否愿意代表团队努力工作，是否会产生强烈的留在团队的愿望，很大程度上取决于团队文化这只"无形的手"。团队文化可以把他们吸引到团队中，激发他们从事志愿服务的信念。

五　新时代文明实践志愿服务团队发展

团队由成员组成，随着时间的推进、互动的产生与情感的变化，成员之间的关系也在发生着微妙的变化，使得团队也在变化。因此，团队可以被视为一个有生命的组织结构，要经历从初生到成熟，再到衰落的转变，形成一个循环的、完整的变化发展过程。掌握团队发展的内在规律与阶段特征，对团队的长期稳定与正向发展具有重要意义。团队阶梯发展理论，能够从全局视角展现一个志愿服务团队从诞生到成熟的演变历程，帮助建立团队管理的基础认识。

团队发展的五个阶段是组建期（Forming）、激荡期（Storming）、规范期（Norming）、执行期（Performing）和调整期（Adjourning），这五个阶段是必需的、不可逾越的。团队在成长、迎接挑战、处理问题、发现方案、规划、处置结果等一系列经历过程中必然要经过上述五个阶段。在团队建设的这五个阶段中，每个阶段的工作绩效和团队精神存在很大差异。因而，充分分析新时代文明实践志愿服务团队所处发展时期，了解其特点及规律，是减少团队内耗、降低发展成本、提高团队绩效的基础。

第一阶段：组建期。

我们每一个人都有加入新团队的经历和感受。激动、困惑、矜持、观望是团队形成初期成员的主要特点。组建期的团队缺乏清晰的工作目标，工作职责与标准不明确，缺乏顺畅的工作流程，成员间缺乏有效的沟通，个人的角色定位不明确，部分成员还可能表现出不稳定、忧虑等特征。

志愿服务团队在组建期的主要工作包括明确方向、确定职责、制定规范与标准、进行志愿者培训等。团队负责人应向志愿者简单介绍团队情况，并清晰传达团队的总体目标、阶段目标、进度计划与质量标准。随后，根据工作技能开展培训活动，同时注重为志愿者提供畅通的沟通机制，及时解答困惑与忧虑。组建期也是志愿者之间、志愿者与团队之间建立和谐关系的最佳时机，负责人应主动开展平等对话或团队活动，确保团队成员之间建立起一种互信的工作关系。

第二阶段：激荡期。

经过组建阶段以后，团队获得发展信心，但也形成了各种观念激烈竞争、碰撞的局面，出现人际冲突与分化。团队成员面对其他成员的观点、见解，更想展现个人性格特征，对于团队目标、期望、角色以及责任的不满和挫折感表露出来。团队成员间、团队和环境间、新旧观念间会出现矛盾，甚至负责人的权威都面临挑战，团队组建初期确立的原则受到冲击与挑战。作为团队负责人应具有解决冲突和处理问题的能力，营造一个积极向上的工作环境。

志愿服务团队在激荡期的首要任务是安抚人心。第一，要认识并处理各种矛盾和冲突，当出现绝对强大的力量一方时，团队负责人要适时化解这些权威和权力，绝不能允许以一个人的权力打压其他人的贡献。第二，要鼓励团队成员就有争议的问题发表自己的看法，避免部分志愿者沦为团队的"替罪羊"。第三，要善于做引导工作，想方设法化解矛盾而不能置之不理或进行权力压制。这一时期，如不能因势利导、防患于未然，团队就会面临颠覆的危险，至少会在团队发展的道路上埋下隐患。

同时，这个阶段要准备建立工作规范。这是因为志愿服务团队很长一段时间可能都处于一种自由发展的状态，志愿者没有工作规范、工作标准约束，容易造成一种付出不均衡、赏惩不公平的现象。

第三阶段：规范期。

通过第二个阶段的磨合，进入规范期，规则、流程、价值观、行为、方法、工具均已建立，人们的工作技能开始慢慢提升，新的技术慢慢被掌握。团队成员之间开始建立起互谅互让互助的关系。成员的目光重新集聚到工作上来，关注目标与任务，团队成员有意识地解决问题，实现团队和谐。他们开始关心彼此的合作和团队工作的发展，并逐渐适应环境、技术和各种规范的要求。

志愿服务团队想要顺利地度过第三个阶段，最重要的是形成团队的文化和氛围。团队精神、凝聚力、合作意识能不能形成，关键就在这一阶段。这一时期的最大危险是志愿者对震荡期存在的问题心有余悸，害怕引发矛盾而不敢表达自己的声音。作为团队的负责人，在这一时期的主要工作，就是通过激励来使志愿者放下各种心理上的包袱，提高责任心和相互信任度，使他们的行为标准和工作任务紧密地结合起来。这也正符合马斯洛需要层次理论：尊重和自我实现是更高层次的需要。① 激励是多种因素的综合，这时期的团队建设，可从以下角度切入：鼓励建议，让志愿者在多提意见的过程中，感觉到团队的发展与自己息息相关；实行参与制，让每个成员认识到自己是团队中的一员；压担子，通过授予成员工作，激发他们的责任心；进行表扬和奖赏。必须强调的是，实施激励应该在工作过程中，而不应只是在完成时。当然，除了激励，规章制度的约束和惩罚也是必不可少的辅助手段。

第四阶段：执行期。

度过第三个阶段，稳定后的团队逐步变成高绩效的团队。这一阶段团队呈开放、坦诚、及时沟通的状态，具备多种技巧，协力解决各种问题，用规范化的管理制度与标准工作流程进行沟通、化解冲突、分配资源，团队成员自由而建设性地分享观点和信息，具有一种完成任务的荣誉感与使

---

① Maslow A. H. A. "Theory of Human Motivation." *Psychological Review* 50, 1943, p. 370.

命感。

对于执行期的志愿服务团队，团队负责人应掌舵而不是划桨，团队负责人应集中精力关注团队目标的达成情况、志愿服务的计划变化和志愿者的技能掌握等关键事宜，而对于其他的细枝末节可以进行授权管理。同时，这个阶段的团队负责人要根据志愿服务发展的需要，随时更新工作方法与流程，推动经验与服务的交流，提升管理效率，营造高绩效的团队文化，集中团队的智慧做出高效决策，通过志愿者的集体努力追求团队绩效。

第五阶段：调整期。

天下没有不散的宴席，任何一个团队都有自己的寿命。团队运行到一定阶段，完成了自身的目标后，就进入了团队发展的第五个阶段——调整期。

调整期的团队可能有三种结果：一是解散，二是组建新的团队，三是因团队表现欠佳而被勒令整顿。以某个志愿服务项目或工作小组形式成立的临时团队，一般在项目或某项工作完成后就会解散，或组建新的团队。常规志愿服务团队在志愿服务发展到一定阶段后，可能根据服务需要进行撤销、调整或重组。

在执行期内，团队成员形成了良好的默契与合作，不同的调整会对团队成员心理造成不同的影响，这个时期需要做好团队成员思想的引导，说明调整的必要性及意义，让成员认同团队调整决定。

第五章

新时代文明实践志愿服务的志愿者管理

第一节　新时代文明实践志愿服务长效机制和社会氛围

一　新时代文明实践志愿服务工作长效机制

志愿服务是促进社会和谐、推动文明进步的一支重要力量，能有效弥补政府服务和市场服务的不足。当前，志愿服务尚处起步阶段，志愿服务活动在参与人数、队伍素质、参与渠道等方面与满足群众需求还有不小的差距。新时代文明实践中心的建设为开展志愿服务提供了广阔舞台，也为志愿服务事业的发展提供了新的契机。显然，建立和健全长效机制，是新时代文明实践志愿服务事业健康发展的方向和必然要求。因此，我们应当通过价值观引领、项目化运作、组织化规范、专业化支撑、信息化管理，来进一步完善新时代文明实践志愿服务的常态化建设。

1. 完善志愿服务法规，健全保障体系

政府需要建立与完善志愿活动和公民社会组织的法律法规，确保在立法层面有力地支持志愿服务。相关的法律法规至少应当包括言论自由和结社的权利、财政政策、捐款与合作的政策、向公民和政府组织咨询的政策等。政府可通过立法对乐于向公民、社会组织、志愿活动提供资金支持的企业给予税收的优惠，为志愿活动提供资金来源，鼓励社会和企业关心志愿者和志愿活动。

志愿服务不仅应该有道德的规范，也应该有法治的规范。1999 年 8 月，广东省率先通过了《广东省青年志愿服务条例》，这是我国第一部关于青年志愿服务的地方性法规。此后，《山东省青年志愿服务规定》《宁波市青年志愿服务条例》《福建省青年志愿者条例》分别于 2001 年、2002 年、2003 年由当地人大批准通过。2003 年 6 月，黑龙江省审议通过了《黑龙江省志愿服务条例》，首次在法律上将志愿服务的参与主体从青少年延伸到中老年等群体，是我国第一部全方位的志愿服务地方性法规。随后，以 2007 年颁布的《北京市志愿服务促进条例》为标志，我国的志愿服务立法水平有了很大的提高。据统计，我国目前已有 10 个省（区、市）和 8 个城市制定了志愿服务地方性法规。此外，还有一些地区已将志愿服务立法列入了当地的立法计划，地方立法走在了前列。志愿服务活动广泛开展，特别是北京奥运会掀起了志愿服务热潮，可以说"志愿者运动"在我国已经兴起，这是全国统一立法在实践上的条件。全国统一立法可以体现国家对志愿服务事业的支持，志愿者服务活动的进一步开展也需要国家的立法推动，体现国家的意志性。

政府和服务机构对志愿者社会地位的认可，是促进公民加入志愿者行列的重要推动力。这包括给予志愿者适当的社会性承认，确认其社会功能、角色与地位；加强在志愿者人力资源培养和管理上的资源分配；建立认可的途径，增加公民参与志愿者工作的经验及贡献，使其获得实质认可机会等。这样的认可会使公民更正视和重视对志愿者工作的参与。

2. 建立志愿者培训体系，提高服务水平

建立集志愿者招募、管理、培训、考核及信息发布等功能于一体的信息平台具有诸多益处。一方面，多功能的信息平台使更多志愿者了解以及参与到志愿者培训体系中来；另一方面，使志愿者培训体系有定期的培训活动，有稳定的人才储备，能够作为一个长效机制固定下来，并且这样的平台更有利于各志愿者组织互相联系，实现资源共享，有利于志愿者相互学习，相互交流并相互支持。

国外的志愿者培训通常是将长期与短期相结合，即长期的通用培训以及针对具体活动的短期培训相结合，这样既能满足具体志愿活动的要求又能保证培训的高效率并避免重复浪费。培训内容主要包括志愿者应该具备的基础理论和技巧的训练，基础理论内容主要包括志愿服务工作概念和服务对象的相关知识，注重价值理念的培训。

在 2008 年北京奥运会期间，100 多万名志愿者以热情、真诚、良好的服务，确保了奥运会赛事和城市的正常运行，赢得了各国官员、运动员、媒体和观众的广泛赞誉，志愿者的微笑成为北京最好的名片。其中，健全的志愿者培训体系是志愿工作成功的前提。为满足不同志愿者群体的需求，北京奥组委建立了包括赛会志愿者通用知识培训、媒体运行志愿者专业技能培训和骨干志愿者重点培训等内容在内的奥运志愿者培训体系。依托网络，建立了包含奥运知识、奥运新闻、志愿者工作内容及原则、礼仪知识、安全知识、医学常识等内容的通用培训课程体系的网络培训平台，保证了通用培训知识的覆盖面。北京 2022 年冬奥会和冬残奥会赛会志愿者培训则分为通用培训、专业培训、场馆培训和岗位培训四个方面的内容。通用培训是针对全体赛会志愿者开展的普遍性、通用性基础知识和基本技能培训，通过以在线培训为主、线下培训和实践锻炼为辅的方式开展；专业培训是针对各类专业志愿者开展的履行岗位职责所必备的专业知识、专项技能等的培训；场馆培训是针对全体场馆志愿者开展的场馆运行、竞赛信息等业务知识与工作技能培训；岗位培训是针对场馆团队各业务领域志愿者开展的履行岗位职责所需要的知识、技能与方法等的培训。其中，场馆培训和岗位培训一般在志愿者到服务岗位报到后开展。培训还涉及大型活动突发事件及安全风险防范应对演练、冬奥会疫情防控术语及场景模拟等多项实操课程，这些特色培训活动的开展对于扩大广大志愿者对赛会、对志愿工作的接触面，进一步提升广大志愿者的参与热情发挥了积极的作用。

3. 树立志愿服务品牌，发挥社会效益

随着志愿者组织规模的日益扩大，志愿服务形式和服务项目亟待创新和拓展。除了传统的为弱势群体服务、文明宣传服务，还可鼓励志愿者在各种社区开展服务，拓展公益活动服务、环境保护服务的领域。有关部门应大力开展预防性的志愿服务活动，以扩大志愿服务范围。各志愿者组织要更好地发挥组织、引导功能，使志愿者行动立足基层，长久坚持，扎实服务。

品牌是社会公益事业的生命线。品牌质量越高，志愿事业的边际效应越大。高品质的品牌必定会产生良好的社会效益，才能有机会获得更多方面的支持。但品牌不是徒有其表的包装，而是志愿者的精神内涵与组织行动的完美体现。打造品牌，首先，要根据志愿者组织的自身优势，找到与社会需求相结合的黄金点。良好的社会效益和较高的社会关注度，是品牌项目的基础。其次，要坚持高标准持续战略，精心组织、成熟运作，突出成效。最后，要大力宣传、树立形象发挥志愿者品牌的影响力和感染力。

2006年3月，共青团镇江市委立足和谐社会建设新的时空背景，在镇江青年骨髓捐献志愿者行动的基础上，创造性地启动实施"生命志愿者"行动。行动启动以来，共青团镇江市委坚持开展"镇江青年骨髓捐献志愿者行动"，弘扬和彰显了镇江人奉献的精神和博爱的胸襟。截至2009年3月，占江苏省人口总数不到4%的镇江，骨髓捐献志愿者突破万人，占到了中华骨髓库江苏省分库的1/7；成功捐髓志愿者总数达到了18人，占到了江苏省的1/5。两周一次的《直播镇江》"'生命志愿者'为您服务"活动102次走进社区、福利院、敬老院，热心为社区居民、孤寡老人、孤残儿童进行健康体检、维修电器，开展文艺演出、聊天逗乐等公益活动，给他们带去关爱与欢笑，直接受益的人民群众超过了15000人次。《心灵相约》青少年心理健康广播热线栏目连续开播135期，每周日晚通过电波传播心理健康的科学知识，为青少年及家长答疑解惑，舒缓心理压力，塑造健康人格。仅通过打通热线、短信或网络留言等方式参与节目互动的青少年及家长就有5000多人次。"生命志愿者"行动已经成为镇江市文明城市创建与和谐镇江建设的重要推动力量，成为展示古城镇江发展新形象的"城市名片"。

宁波市北仑区新碶街道"红领之家"是以党建力量为主体、以志愿服务为载体、以社会治理为落脚点的党员志愿服务的先进典型和知名品牌。北仑区新碶街道构建组织领导体系，建立"1+10+15"全区域工作模式，汇聚工作合力。通过成立"红领之家服务中心"作为"红领之家"大本营，建立党支部，依托15个区域性党组织，建立15个分中心，交由中心培育出的党员骨干采用"红领之家"管理模式进行管理，从项目策划、组织实施到活动总结，每个步骤都有党员组织、参与，同时在敬老、护绿、导医等10个常态化项目组建起临时党小组，分领域进行组织化运作，形成"1＋10＋15"的全区域党员志愿服务工作格局。"红领之家"打造多个特色志愿服务品牌，服务领域逐步从环境清洁拓展到助老、助残、社会治理、法律宣传等。例如，"红领矫正"社会工作室，致力于用志愿服务构筑温暖屏障，帮助特殊人群融入社会、回馈社会；"军号嘹亮"反诈工作室，以健全反诈工作体系、培育反诈特色品牌为目标，开展反诈宣传活动。

4. 拓展志愿服务领域，加强基地建设

随着志愿服务活动不断深入开展，基地化建设日趋重要。基地化建设就是不断地扩大服务对象及范围，服务对象可以立足校园，也可以面向社会；可以是为有特殊困难的老干部、老科技工作者、老教师、孤寡老人、孤残儿童、农民工等开展服务，也可以与一些社区、家庭、孤儿院等建立长期服务关系。基地化建设可以让志愿者的精神代代相传，让服务对象获得长期帮助。

镇江高专作为地方高校，长期以来把志愿者基地建设作为做好青年志愿者工作的重要基础。目前，学校已经有100余个结对志愿者服务基地，结对的有学校、社区、工厂、敬老院等，并且大多签订了结对服务协议书。艺术系与润州区金星社区结为共建单位，每年开展慰问孤寡老人、社区书画展、社区文化节等活动；旅游系与镇江烈士陵园、风景名胜旅游区结为共建单位，每年在镇江烈士陵园革命烈士纪念馆开展义务讲解，常年在风景名胜旅游区做义务导游，受到游客的好评；法政系在江苏省第二未成年人管教所建立服务基地，已连续五年开展"一对一"帮教志愿服务。

同时，志愿服务需要延伸服务对象，将服务内容投向更为广阔的社会需求，丰富已经开展的日常生活型服务、医疗健康型服务、科技文化型服务的内容。针对社会关注的焦点，应开发法律援助、青少年心理健康咨询、教育、环保等方向的新项目。通过协助政府处理公民事务，将志愿服务的目光从关注弱势群体的生活转向提升人的生存质量和社会可持续发展这些更为广阔的空间。把志愿服务与广阔的社会需求相结合，将极大增强志愿者活动的生命力。

二 新时代文明实践与社会氛围营造

新时代文明实践是党中央对宣传思想文化和精神文明建设工作做出的一次重要部署，关系推动习近平新时代中国特色社会主义思想往深里走、往心里走、往实里走的大局，关系乡村全面振兴和培养时代新人的重任，关系彻底打通群众工作"最后一公里"目标的实现。在此背景下，志愿者应承担起作为主体力量的责任，以志愿服务为运行机制，推进新时代文明实践中心建设，为新时代文明实践中心建设营造积极向上的社会氛围。

1. 加强志愿服务理念的传播

志愿服务意识正在广大社区青年乃至全体社区居民心中觉醒，新时代文明实践要做的就是加速这一进程。一是以宣传感染群众。充分利用广播电视、报纸杂志、互联网等大众传媒和社区宣传栏、道路广告位等设施发布社区志愿服务公益广告，广泛宣传社区志愿服务的理念、活动并宣传先进人物和典型事迹，营造社区志愿服务的良好氛围，不断提升社区志愿服务的影响力，吸引社会公众的积极参与。二是以行动感染群众。青年志愿者是其中最活跃、最突出的先锋力量。习近平总书记在北京2022年冬奥会、冬残奥会总结表彰大会上指出："广大志愿者用青春和奉献提供了暖心的服务，向世界展示了蓬勃向上的中国青年形象。"[1] 这也是对青年志愿者在各领域、各地区热情服务、奉献社会的肯定和勉励，青年的热情、活跃、共情能力等优势为志愿服务增色，同时，青年也在志愿服务中获得自我体验和自我成长。因此，青年志愿者最有可能做到通过真情服务打动群众。青年志愿者应当在态度、服务方式、服务效果等方面多加思考，通过高质量的服务打动居民，进而使居民内心深处受到志愿服务精神的感染。

2. 调整宣传角度和扩大招募对象

宣传内容不应只包含志愿者工作内容，还要做到志愿者精神、活动主题、具体志愿者工作内容三大领域齐头并进。在宣传志愿者工作上，应把志愿者工作适当细分，为更多的人提供志愿者工作机会。这么做不仅减轻

---

[1] 习近平：《在北京冬奥会、冬残奥会总结表彰大会上的讲话》，https://www.360kuai.com/pc/966306bcb45ecbe28？cota＝3&kuai_so＝1&sign＝360_57c3bbd1&refer_scene＝so_1。

了部分志愿者的负担，也使更多的群众参与进来。宣传时既要努力做到方式多样化，采取网络、电视、报纸、杂志、街头派发等多种宣传方式；也要在新意上下功夫，如在社区、企业、学校等地方让有志愿者经历的人与市民分享自己的志愿服务收获和体验，解答市民疑问，并呼吁、鼓励大家积极参与。

在招募渠道方面，应完善网上报名体系，使网上报名成为志愿者报名的主要途径。但是，网上报名存在信息准确率不高等问题，所以不能只依赖于网络，还应该通过单位、居委会、志愿者团体等基层组织多方位确认志愿者信息。

同时，要重视老年志愿者。可以充分利用老年人经验丰富、对历史地理了解较多的优势，安排老年人做一些不用太多体力劳动和脑力劳动的活动。这样可以发挥老年人与青年人的协作作用，充分调动双方积极性。年轻人的灵活与年长者的经验互补，从而能更好地完成任务。

3. 确保相关后勤保障，完善奖励机制

政府通过为志愿者解决后勤问题来鼓励其参与志愿服务。比如，为志愿者提供通往志愿者活动服务地的班车；实行公假政策，包括为请假参与志愿服务活动的上班族提供"带薪服务"的政策支持等；还可以通过完善奖励机制来提升志愿者积极性，开展明星志愿者、优秀志愿者家庭、志愿者先进单位、优秀志愿者社区等评比活动，授予其荣誉，给予其奖励。在进行表彰时，使用证书或者纪念品，既符合志愿者的心意，又不会耗费太多的金钱。完善的奖励机制既可以提高志愿者的积极性，又可以带动周围人群投身志愿者活动。

4. 建立完善的志愿者资源库并引入信用体系

完善的志愿者资源库应包括志愿者完整、正确的个人信息、服务次数与时长的记录、服务效果的评级等。建立完整的志愿者资源库便于政府优先挑选高质量志愿者人群，同时降低了培训成本，简化了招募环节。在完整信息库建立的基础上，还可以推出志愿者工作卡，使志愿者在遇到困难时有凭有据，顺利解决。志愿服务信用体系还可以与交通违规等的信用体系融合。参加志愿服务工作的人员可以在个人信用上记上信誉分，志愿者可在轻度违法时使用信誉分抵免执法部门的处罚。

第二节　新时代文明实践志愿服务参与动机

一　志愿服务参与动机概述

志愿者的参与动机，就是由某种目标引导的、激发志愿者选择志愿服务的内在心理活动，在志愿行为的激发、维持方面发挥着巨大作用，逐渐成为学者的研究重点。以往针对志愿服务参与动机的研究多从志愿者个体动机着手。Clary 等验证并提出志愿者的六类参与动机，分别是：个人价值观的表达、获取知识和经验的需要、社会网络建立的需要、职业和技能需求、缓解身心压力的需要和实现自我价值的需要，并据此建立了 VFI 量表，这也是学术界最为流行且有效的量表。[①] 谭建光等学者指出，志愿服务是志愿者出于责任使命、为他人和社会提供服务的心理心态而做出的行为选择。[②] 蒋巍认为，志愿者参与动机可分为学习理解、职业发展、价值表达、自我提升、自我保护和社会交往六个维度。[③] 综合来看，学界普遍地把志愿者动机分为两类——利他主义和利己主义。

随着社会的发展，学者们开始关注外界环境对志愿者动机的影响，尝试对动机进行更细致的划分。唐杰从个体的内在需求和外在诱因入手，将动机分为理想型、回报型、学习型、交往型、盲目型五类；[④] 吴鲁平通过对24 名青年志愿者的访谈分析，提出以"责任感"、"发展"和"快乐"三个关键词为核心的动机；[⑤] 张庆鹏和冠嵒的研究中，除"助益他人"，志愿者还具有获得被尊重的心理需求的满足、成就感的满足、交友心理需求的满

① Clary, E. G., M. Snyder, R. D. Ridge, J. Copeland, A. A. Stukas, J. Haugen, & P. Miene "Understanding and Assessing the Motivations of Volunteers: A Functional Approach." *Journal of Personality and Social Psychology* 74, 1998.

② 谭建光、凌冲、朱莉玲：《现代都市志愿者心态分析》，《中国青年研究》2005 年第 1 期，第 61~67 页；徐礼平、韩一：《青年志愿者心理资本对志愿行为影响的分析研究》，《当代青年研究》2020 年第 3 期，第 26~32 页。

③ 蒋巍：《中国志愿者服务动机结构研究——基于广东省志愿者的问卷调查》，《中国青年研究》2018 年第 6 期，第 7 页。

④ 唐杰：《北京公众参与志愿服务动机研究》，《北京社会科学》2008 年第 3 期，第 57~63 页。

⑤ 吴鲁平：《志愿者的参与动机：类型、结构——对 24 名青年志愿者的访谈分析》，《青年研究》2007 年第 5 期，第 31~40 页。

足、对个人技艺和才能培养的满足等①；邓国胜等通过对 4279 名青年志愿者的动机调查，将志愿者的参与动机归纳为内生利己型、外生利己型、内生利他型、外生利他型四种类型。②

秦天丽在研究中指出，动机与社会环境是紧密相连的，在社会环境改变的情况下，志愿者行为产生的机会，即志愿动机，也会发生变化。志愿动机作为一种意识，常常会随着主体和外在客观环境的改变而变化，对动机的研究不再是笼统的考察，而着重把它当作一种动态的过程来研究。③ 吴鲁平提出志愿者的志愿动机是阶段性的，不同的阶段和时间点，志愿动机会有不同，因而将动机分为"初始参与动机"和"持续参与动机"。④ 罗婧也认为，志愿者动机是有阶段性的，是一个过程性的动态概念，志愿者通过服务过程收获不同的经验、对志愿活动产生不同程度的认识和认同，进而形成不一样的志愿动机。⑤

二　新时代文明实践志愿服务参与动机概述

动机是激发和维持有机体的行动，并使行动导向某一目标的心理倾向或内部驱力。志愿服务的参与动机激发了志愿者迈向志愿服务，并指引其遵守团队规范，融入团队服务。宗教信仰孕育了西方志愿服务，并支撑其发展至今。那么我国志愿者参与志愿服务的动机又有哪些方面呢？

1. 优秀传统文化

春秋战国时期，儒家、墨家、道家就已提出与慈善、助人有关的思想。孔子倡导"仁"的思想，在《论语》一书中"樊迟问仁，子曰：爱人即利人、助人、关爱人"，与当今志愿服务的"利他"精神内涵是一致的。儒家

---

① 张庆鹏、寇彧：《自我增强取向下的亲社会行为：基于能动性和社交性的行为路径》，《北京师范大学学报》（社会科学版）2012 年第 1 期，第 51 ~ 57 页。

② 邓国胜、辛华、翟雁：《中国青年志愿者的参与动机与动力机制研究》，《青年探索》2015 年第 5 期，第 31 ~ 38 页。

③ 秦天丽：《多元学科及其理论视角下的志愿者行为研究综述》，《潍坊学院学报》2015 年第 4 期，第 100 ~ 103 页。

④ 吴鲁平：《志愿者的参与动机：类型、结构——对 24 名青年志愿者的访谈分析》，《青年研究》2007 年第 5 期，第 31 ~ 40 页。

⑤ 罗婧：《过程视角下的志愿动机——以青年支教志愿活动为例》，《青年研究》2019 年第 1 期，第 16 ~ 27、94 页。

的仁爱观构成了中国慈善志愿服务的思想传统。除了儒家思想，墨家也倡导"兼爱""兼以易别"，即用"爱"来打破人与人之间的差别，"相爱"令人人得利；道家将积德行善与"得道"联系，强调行善济世；自佛教传入中国后，佛教一直以"慈悲"为怀，力行布施奉献。

在以"仁爱"思想为基础的慈善志愿服务思想影响下，传统中国社会一直有邻里互助的传统，每逢天灾发生，官方与民间都会组织赈灾活动。从国家层面来看，中央集权也大都关注民生，制定了相关的救济制度，设置了掌管慈善事务的专门职位。这些国家层面的慈善行为大都以赢得民心、稳定统治为目的，提供的服务有两大类。一是救济，如创始于北齐的"义仓"，宋仁宗时期创立的广惠仓也成为宋代独有的仓廪制度。二是与"礼教"有关的，倡导百姓关爱老人、妇孺等，如《礼记·乡饮酒礼》中，规定了不同年龄段老人的不同待遇，并阐明了这种礼制的意义。"六十者坐，五十者立侍，以听政役，所以明尊长也。六十者三豆，七十者四豆，八十者五豆，九十者六豆，所以明养老也。"汉代曾颁布过养老令，要求人们尊老敬老，体恤孤寡，并"赐天下孤寡布帛絮各有数"。

2017 年，中共中央办公厅、国务院办公厅发布《关于实施中华优秀传统文化传承发展工程的意见》，指出要加大中华优秀传统文化宣传教育力度，并提出一系列切实可行的宣传办法，将中华优秀传统文化深深印刻在每一位中国公民的心中。在此背景下，志愿服务工作不仅能够充分利用大众的文化认同，也能够充当传统文化宣传的媒介，借势与创势并行。

2. 雷锋精神

雷锋精神熏陶鼓舞了几代中国人，深入贯彻了以爱国主义为核心的团结统一、爱好和平、勤劳勇敢、自强不息的伟大的民族精神，具有永恒的思想价值，在社会的发展中历久弥新，在与时俱进中闪耀时代光芒。回望半个多世纪的历程，我们越发感到，雷锋精神倡导的毫不利己、专门利人的高尚品德，践行的艰苦奋斗、敬业奉献的人生信条，始终彰显着崇高的信念、大爱的胸怀、忘我的精神，给人以温暖，给人以力量。中国特色志愿服务倡导奉献、友爱、互助、进步，以自我服务、自我教育、自我提高为依归，体现了为人民服务的理念追求。雷锋精神是中国特色志愿服务的思想内核，志愿服务是践行雷锋精神的有效形式和重要载体，两者本质上一致，是魂与体的统一关系。

雷锋精神是新时代中国志愿精神的道德资源，"奉献、友爱、互助、进步"的志愿精神吸取了雷锋精神的价值要素。雷锋精神为志愿服务在中国的传播打下了坚实的基础，形成了道德积淀，它是中国特色志愿服务的第一种社会认同。志愿服务起源于西方的慈善和宗教，随着时代的发展传入中国。"作为中国本土孕育的社会主流文化价值观，雷锋精神为志愿精神在中国社会和大众心理的广泛普及提供了宝贵的道德资源和良好契机。雷锋精神所包含的助人为乐，为人民服务的思想，与西方意义上的志愿服务精神有契合和共通之处，又具有中国社会大众的价值认同和社会认同基础，雷锋精神成为志愿服务活动开展的良好精神基础，当然也就自然而然地成为志愿精神在中国的第一社会认同。"[1] 雷锋精神不仅帮助志愿精神在中国落地生根，还为中国志愿精神的形成提供了中国元素。无私奉献是雷锋精神的核心，志愿精神也以"奉献"为精髓，这是对雷锋精神的传承；助人为乐是雷锋精神的重要内涵，我们弘扬雷锋精神，首先就是要学习雷锋助人为乐的高尚品德，志愿精神也强调"互助"，倡导互帮互助，这正是雷锋精神助人为乐理念的体现。"奉献、友爱、互助、进步"的志愿精神是对雷锋精神的价值升华。

3. 社会主义核心价值观

社会主义核心价值观包含了社会主义最核心、最重要的价值原则与价值信仰，对于社会的价值追求和社会思潮具有引导功能。志愿服务倡导人们向社会和他人奉献爱心，在自我价值实现的同时实现社会价值。在社会主义核心价值观的引领下，中国特色志愿服务上升到一个新的精神高度，志愿精神在全社会得到了强化、认同和弘扬，也得到了更广泛、更深入的传播与延续。

4. 社会主义核心价值观引领中国特色志愿服务的文化内涵

习近平总书记指出："文化自信，是更基础、更广泛、更深厚的自信。"[2]文化是社会行为的深层动力源。近年来，随着我国志愿服务在各地广泛地开

---

① 孙昌增：《雷锋精神：新时代中国特色志愿精神的价值核心》，《青少年学刊》2018 年第 5 期，第 3 页。

② 《习近平总书记在庆祝中国共产党成立 95 周年大会上的讲话》，2016－7－1，https://www.ccps.cn/xtt/202104/t20210416_148373.shtml。

展，"志愿者""志愿服务"等词逐渐在社会生活中流行起来。在全社会培育一种"志愿服务文化"，是发展中国特色志愿服务势在必行的关键之举。志愿服务文化是中华民族优秀品格和当代中国社会文明的集中体现，中国特色志愿服务的发展离不开志愿服务文化的涵养，特别是志愿精神的引导。志愿精神是志愿者志愿服务行动和主观感受的升华，在思想层面反映了志愿服务的本质，只有通过社会主义核心价值观引领志愿服务文化的发展方向，以国家层面的文明力量引领志愿精神的发展，才能进一步增强志愿者的精神动力，从而使志愿服务的开展更加深入、社会价值更加凸显。新时代中国特色志愿服务文化在社会主义核心价值观的引领下，在实践中不断地充实发展，孕育了丰富的内涵，形成了以奉献精神为精髓、以友爱互助为基础、以社会与个人的进步为主要目标的志愿精神。这既传承了中华民族助人为乐、扶贫济困的传统美德，又反映了社会主义精神文明建设的客观要求，它是志愿服务的灵魂和核心，是志愿服务活动长期健康发展的内在动力和精神支撑。

三　以新时代文明实践引导志愿服务参与

1. 新时代文明实践引领中国特色志愿服务的价值取向

新时代文明实践的主旨是培育和践行社会主义核心价值观。志愿服务作为新时代文明实践的主要抓手，受社会主义核心价值观的指引。社会主义核心价值观包含了社会主义最核心、最重要的价值原则与价值信仰，指引着中国特色志愿服务的参与者。

第一，引领时代价值追求，凝聚国家意识。国家意识是一个国家的民众对自己国家的认同意识，它能不断激发民众的责任感、归属感和自豪感。"富强、民主、文明、和谐"是社会主义核心价值观国家层面的价值目标，是中国特色社会主义的基本价值追求。在社会主义核心价值观中居于最高位，是其他层次价值理念的统领。从学雷锋、义务劳动到如今越来越多的服务形式和主题，中国特色志愿服务不断满足社会发展带来的新需求，服务领域向经济、文化、生态等不断延伸，志愿者在从事志愿服务过程中，逐渐把个人理想融入国家富强、民族振兴、人民幸福的伟大事业中，感悟社会主义核心价值观的要义与真谛。因此，中国特色志愿服务既诠释和弘扬了民族精神与时代精神，也为凝聚强大的国家意识奠定了坚实的基础。

第二，引领社会价值风尚，共建道德信仰。从社会层面来看，"自由、平等、公正、法治"是社会主义核心价值观与当代中国社会管理实际相结合形成的基本价值取向，也是社会主义制度自我发展、自我完善的价值内核，它集中反映了社会主义社会的基本属性和价值追求。中国特色志愿服务活动的开展、理念的传播、志愿者的集聚等都离不开国家的引导，特别是社会主义核心价值观在社会层面的价值引领，更是志愿服务的根本遵循。志愿服务以奉献、友爱为宗旨，传递和汇集社会正能量，不同社会群体与阶层通过共同参与志愿服务活动，加强了沟通和了解，增进了社会信任，有利于培育良好的社会风尚。如今参与志愿服务实践已经成为许多志愿者生活的重要组成部分，他们以爱心传递着人类社会无偿奉献、守望相助的社会正能量。

第三，引领个人价值准则，塑造德行共识。相对于国家层面价值目标的引领和社会层面价值取向的引导，民众个人层面的价值准则更具有广泛性。"爱国、敬业、诚信、友善"从民众个人的道德准则层面提出了民众的社会责任，涵盖社会公德、职业道德、家庭美德、个人品德等方面的内容，其中也包括志愿服务参与者在社会公德、个人品德方面的道德责任。运用个人层面的道德准则来构建志愿服务的个人价值准则，能够进一步激发民众参与志愿服务的道德意愿，确定正确的个人价值准则，形成道德共识。志愿者在参与志愿服务时，不求回报、倾心奉献，这是一种自主选择的社会行为，也能陶冶情操、提升人生境界、提高思想道德素质。因此，志愿服务的过程，既是助人的过程，也是自助的过程，志愿者既帮助了服务对象，也提升了自己的道德素养和人格特质；既有利于实现民众道德素养的整体提升，也有利于塑造健康的国民人格。

2. 社会主义核心价值观引领中国特色志愿者的参与实践

黑格尔说："一个人做了这样或那样一件合乎伦理的事，还不能就说他是有德的：只有当这种行为方式成为他性格中的固定要素时，他才可能说是有德的。"[1] 在现实社会中，志愿精神正是通过志愿者实实在在的具体行为持续体现出来的。志愿服务通过志愿者亲身实践的方式将"形而上"的核心价值观与"形而下"的具体实践有机融合，既弥合"理论"与"实

---

① 黑格尔：《法哲学原理》，商务印书馆，1979。

践"的差距，又实现"理念"向"信念"的转化，创造性地把社会主义核心价值观转化为民众的情感共鸣和自觉追求。通过推进公民道德建设，提高志愿服务的影响力；营造舆论氛围，提升志愿服务的社会认同感；突出典型示范引领，激发志愿服务的参与热情，全方位引导民众主动参与社会志愿服务，参与践行社会主义核心价值观的伟大实践。

第三节　志愿者的招募

一　志愿者招募的一些现实困难

目前，志愿者招募工作主要面临两个方面的挑战，一是志愿服务团队招募方法上的挑战，二是招募对象带来的挑战。

在招募方法方面，同质化、渠道少、影响小是许多志愿服务团队在招募时出现的问题。缺乏对招募对象的预判而直接展开的招募活动同质化趋势明显，难以吸引潜在志愿者的眼球。现有的志愿者招募主要还是依靠线下渠道，线上的宣传很少能够进入大众视野。这在一定程度上造成了潜在志愿者的参与盲区与志愿服务团队的招募盲区。由于招募活动仅仅浮于表面，难以深入群众，宣传渠道并未得到充分利用，招募活动的辐射范围受限，招募工作不论是影响深度还是影响宽度都未达到良好的效果。

在招募对象方面，我国的志愿精神虽在党和政府的领导下得到了迅猛发展，但尚未达到深入人心的程度，加之生活节奏的加快与生活压力的增加，诸多正处于事业发展期的青壮年或中年人士丧失了参与的动机。志愿者的招募间接受限，志愿者的构成封闭单一，对新时代文明实践志愿服务的多样化开展与可持续发展构成了威胁。

二　志愿者岗位分析和规划

志愿者的岗位分析和规划是志愿者人力资源管理的起始，是录用志愿者的基础和依据。志愿者的人力资源管理是从搞清楚要填补的岗位和为了有效地完成岗位承担的工作任务、志愿者要具备怎样的特点和胜任素质开始的。这需要使用人力资源管理中的职位分析管理模块。职位分析可以提供编写职位描述和任职资格所需要的信息，为志愿者后续的招募与甄选、绩效评价、培训等管理模块提供依据。一般来说，职位分析的过程包含如下六个基本步骤。

第一步：确定如何利用职位分析信息。有些岗位分析信息收集技术（比如，对现岗位志愿者进行访谈），非常适合编写职位描述语资料。而其他一些岗位分析信息收集技术（如岗位分析问卷法），能够提供对每个岗位做出定量评价的信息。

第二步：审查相关背景信息，比如，组织架构图、工作流程图。理解岗位的背景非常重要。例如，组织架构图展示了整个组织中的工作分工情况以及这个岗位在整个组织中的位置等，工作流程图则提供了更为详细的工作流程示意和相关工作节点。

第三步：选择有代表性的岗位。管理者在某一时刻必须选择某些特定的岗位进行重点分析，只需要将组织中最重要的一些岗位进行分析就足够了。

第四步：实际进行职位分析。

第五步：与岗位的当前任职者及其直接上级共同核实得到的职位分析信息。

第六步：编写职位描述和任职资格资料。职位描述列出了一个志愿者职位承担的主要工作职责、工作活动以及相关责任，还包括该职位的一些其他重要特征，如工作条件等。任职资格则概括了任职者为完成职位中包含的各项工作而需要具备的个人品质、特点技能以及其他背景。

三　志愿者招募流程和实践

1. 志愿者招募的数量预判

预算通过各种常见的定量预测方法对志愿者招募数量进行预测，在志愿者招募数量方面，并非人多力量大，招募适当数量的志愿者可以节省人力资源，节约开支，保证工作效率。因而，充分了解服务项目所需的志愿者资源数量、时间要求、工作技能，恰当进行招募是使志愿服务活动成功开展、志愿者各司其职的基础工作。

2. 志愿者招募的宣传工作

针对具体人群进行个性化宣传，从不同人群的参与动机入手，选择合适的宣传方式与宣传口号，宣讲者需具备高度的同理心，宣讲内容应包括志愿者工作的意义、工作规划、工作进展、需求信息和相关知识等内容，并具有切合实际、通俗易懂、打动人心等特点。

采取线上线下同步、经常性与阶段性结合的宣传方式，分阶段、有重点地开展宣传，形成"多途径、广覆盖"的宣传模式。线下依托新时代文明实践中心（所、站）以及志愿服务阵地，统筹各类资源，立足于不同志愿者群体（如党员志愿者、青年志愿者、巾帼志愿者、文艺志愿者、新阶层人士等）的自身优势和特长，开展差异化宣传；线上充分合理地利用传播媒介，在全媒体平台开展全方位、立体化、多角度专题宣传。

宣传界面应明确标注报名方式与报名流程，线上宣传可设置报名入口的超链接，线下宣传可通过登记员或讲解员选择线上或线下报名。报名流程尽可能简化，必要时可加入宣讲内容，方便公众操作。

注重对公众问题的及时解答，而非单向注入式宣传，设置讲解员，消除公众对志愿服务的误解与偏见，争取更多社会力量。

3. 志愿者招募的方式选择

随着社会背景和时代要求的不断变化，招募方式也随之发生变化，无论采取何种形式的招募，都应该根据招募当地的社会传统、志愿者群体的特点进行。尽可能采取高效便捷的招募机制，按照招募程序，采取定向与公开招募结合、网络与书面申请结合、集体与个人报名结合的方式分阶段、分人群开展招募工作。

4. 对招募志愿者的工作人员的培训

在招募志愿者之前，应先对所在组织的工作人员进行培训，培训内容包括志愿服务的相关理论知识与实务、具体工作内容、招募标准、宣讲内容、宣讲技巧及态度等，以提升招募效果，并在招募过程中彰显组织的正面形象。

第四节 志愿者的培训

一 志愿者引导和迎新

让志愿者了解志愿者组织及其工作是留住志愿者的第一步。通过系统地招募志愿者，组织和志愿者之间建立了一种基础关系，这种关系既激发志愿者参与的动机，也宣传组织的使命。理解迎新课程与培训的不同之处、洞察迎新课程的关键要素，以及制定成功的授课策略是本部分的重点。

迎新是志愿者个人与组织的使命和愿景联系在一起，并形成与工作相关的归属感和信心的过程。首先，迎新的主要目的是简单地共享有关组织及其使命和宗旨的知识，这也提供了讨论组织政策和程序的机会。其次，迎新培训可以帮助志愿者树立完成所分配的工作的自信心，帮助他们了解自己的任务如何促进整体组织目标的实现。再次，迎新是激发工作热情的机会，可以帮助志愿者确认他们已经做出了正确的决定来自愿参加这个特定的组织。最后，迎新能帮助志愿者和员工了解规则、政策和可用资源以避免将来可能出现的问题。定向迎新也是许多志愿服务团队推出的新型迎新方式，将一些专业的培训融入迎新，以帮助志愿者更好地了解他们将要服务的对象，并加强其与服务项目的联系。

1. 迎新议程的关键要素

一个典型的迎新议程包括为有潜力的志愿者提供教育机会，为新志愿者提供与工作人员和其他志愿者互动的时间，以及带他们参观活动空间让新志愿者熟悉设施。

表 5 - 1　志愿者培训中迎新议程的要素及说明

序号	要素	要素说明
1	欢迎	由首席培训师主持会议，并听取主管或机构负责人的意见
2	介绍/破冰	开展适合志愿者年龄的活动，旨在鼓励与会者之间的互动
3	组织的目的	讨论组织的宗旨，以及志愿者如何符合组织的目标
4	组织的使命/愿景	分享整个组织的使命/愿景，以及志愿者将被分配到的部门的使命/愿景
5	组织的历史	向志愿者提供组织从成立到现在的历史信息，要简洁也要全面
6	与服务对象的互动	帮助志愿者了解他们在志愿服务组织中将与之互动的一般服务对象。以前的服务对象或现在的服务对象愿意分享个人故事对于志愿者了解他们在组织中角色的重要性是很有帮助的
7	组织结构图	准备一份打印好的组织结构图，如果可能的话，写上个人的名字，包括志愿者的位置（按角色而不是姓名）
8	项目时间安排	分享当前项目的时间线，以帮助志愿者获得参与志愿服务活动的时间感

序号	要素	要素说明
9	服务程序、政策、指导方针、规则与意义的概述	提供一份适用于组织中志愿者的政策、程序、指导方针和规则的打印文本，并分享这些信息的查询方式
10	分发志愿者手册	给志愿者提供一份打印的或电子的手册，其中总结了他们所参与的组织的关键材料、表格、程序、政策等
11	参观志愿服务工作基地	带领志愿者参观基地；如果该基地包含多个建筑或同一建筑内的多个楼层，则应附上该基地的地图
12	提供之后的培训概述	向志愿者说明之后服务所需的技能，提供适当的培训计划
13	解答疑问	在整个会议期间允许志愿者进行提问；提供负责人的联络信息，以便培训结束后回答志愿者的提问
14	聚餐社交	通过聚餐这一轻松、受欢迎的形式，为新志愿者与现有志愿者和其他组织工作人员提供互动的机会

2. 短期志愿者的迎新活动

事实上，短期志愿服务已成为志愿人员参与服务活动的主要策略，成功的志愿组织正在尝试创建允许多种类型的志愿人员参与的管理系统。在许多情况下，短期志愿者只是在工作中按需学习并接受培训。部分组织可能会提供简短的方向介绍，这有助于缩短参与时间。

通常，涉及大量短期志愿者的组织会采用所需的单一概述培训，短期志愿者在服务时会获得针对特定的工作方向的培训。如果任务是针对特定技能的，那么志愿者可以在参与过一次组织要求的一次性入职迎新后多次参与同类型服务或在指定的几个月内回归服务，而不必重复参加培训。在志愿者体验期间，可能需要在不同的时间点进行培训，以确保持续的、高质量的服务表现。

3. 迎新与培训

迎新为志愿者提供了组织的背景信息，而培训使志愿者真正获得特定任务所涉及的必备技能。在一般情况下，组织会面向所有志愿者开展迎新活动，然后再分配给各个志愿者所在工作部门进行培训，以确保志愿者具有完成任务的适当技能，这是组织留住员工的重要工具。但在特殊情况下，迎新和培训也可以合并为一项活动。

资格培训可被视为入职培训的一个组成部分，旨在确保志愿者具备完成所分配的工作所需的基本技能和知识。通常，这是针对特定任务的，并且是包含在总体说明中的基础知识之外的知识。

在从迎新到培训的过渡过程中，至关重要的是主持人的措辞与行为。其必须记住甚至要回顾最基本的知识，要小心避免使用专业术语、首字母缩写词和内部笑话，这可能会使新志愿者感觉自己像局外人。不能对新志愿者有过高的假定，要创造一个能够让新志愿者舒服地提出问题的环境。

迎新是志愿者准备服务的关键步骤，不应被认为是可有可无的。迎新是组织建立和保持与志愿者积极关系的一个关键方面。制定包含事业的议程，制定包括组织、项目和社会取向组成部分的议程将有助于奠定确保志愿者参与的整体基础。不管志愿者担任的是临时职务还是长期职务，迎新对于计划的成功都是重要和必要的。

二　志愿者培训的设计

1. 学习方式理论

培训需要为志愿者提供有关组织的文化、规范、规章制度以及行为期望的广泛概述和介绍，还需要为志愿者提供在特定的职位、任务或机会上取得成功的方法。为了让志愿者有效参与之后的志愿服务活动，提供有意义的培训是十分必要的。接下来，我们将对一些有关学习的理论进行回顾，以设计出有效的培训活动。

（1）经验学习周期理论

经验学习指的是通过对事件的反思、研究、总结来获得知识，以产生影响的过程。学习不仅包括将经验转化为知识，还包括将经验转化为技能和态度，经验学习的过程不是孤立的，而是发生在一定情境中并以一定情境为起点的。经验学习周期可以分为五个阶段（见图 5 – 1）。

①经历。参与和职责/任务直接相关的共同活动的阶段。

②分享。在培训中人们可以和别人交流他们学到的东西。

③处理。加强学习活动的小组讨论。

④泛化。从理论讨论到如何将其应用于现实世界的过渡状态。

⑤应用。从泛化到实际操作。

虽然大多数培训活动侧重于体验阶段，但是其他四个阶段对于巩固信息交流同样至关重要。

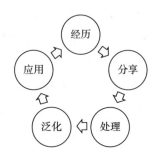

图 5 - 1　经验学习周期的五个阶段

（2）学习轮

知识的获取首先来自人们的经验，完整的学习过程包括反思阶段、连接阶段、决定阶段与执行阶段，是不断进行经验领悟、反思、总结和改造的过程（见图 5 - 2）。学习基本逻辑在于对已获得的经验进行"反思"，反思阶段集中于对即将发生的事情的思考和感觉。随着学习的继续，进入连接阶段。在连接阶段，个人可以创造一切想法和可能性，将现有思想重新排列为新形式。在探索完所有选项后，便进入决定阶段，通常是在制订行动计划的阶段，此阶段也将选择纳入流程。执行阶段是实际执行任务、对已获知识的应用和巩固阶段。"做"通常是在实验的思维框架中进行的，有助于确定这是不是正确的行动方针，以便在认为必要时可以进行更改，学习循环又有了新的起点，意味着新一轮的学习轮又开始运动，人们的知识就在这种不断地学习循环中增长。虽然这个学习轮是针对个体的，但应用于小组讨论时，会转化为公众的反思、共同的意义、共同的计划和协调的行动。

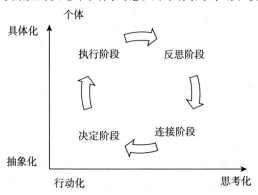

图 5 - 2　学习轮

（3）象限式学习

每个人的性格、生活和工作阅历、教育背景均存在差异性，导致不同的人在学习风格上存在个体差异，不同学习风格的人对于各个阶段的偏好也不一样，他们在各个阶段的学习效果也有不同。根据学习轮理论，可以将学习者的学习风格大致分为四类：发散思考者（Divergent Thinkers）、连接制造者（Connection Makers）、解决方案发现者（Solution Finders）和容纳者（Accommmodators）。发散思考者是该小组中的"头脑风暴者"。他们有能力从所有不同的角度看事物、提问题和给出解决方案。发散思考者对于成功学习至关重要，因为他们将提供替代方案和选择。从系统角度看待事物的连接制造者，其会接受所有提出的选择并做出假设，从而探索某些事情可能起作用或可能不起作用的背后原因。解决方案发现者虽然能够考虑抽象的问题，但他们往往会被吸引到实验中来验证解决方案。容纳者之所以被如此命名，是因为他们融入了整个小组的过程。通过所有四个象限的转变，容纳者可以将理论变为现实（见图 5 - 3）。

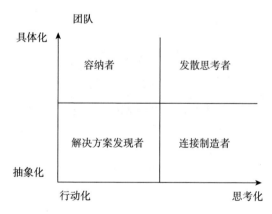

图 5 - 3　象限式学习

（4）学习金字塔框架

教育和培训通常存在三种基本的学习方式：视觉、听觉和动觉。学习取决于处理信息的感觉，大多数人倾向于使用某一种感官。视觉学习者通过观察来学习，听觉学习者通过聆听来学习，而动觉学习者通过实践来学习。每个人都有多种学习风格：有些人可能在一种情况下使用一种风格，而在另一种情况下使用另一种风格。

学习金字塔框架的塔尖到塔底代表不同的学习方式。"课堂授课"，老师讲学生听，学习效果是最差的，两周以后学习的内容只能留下5%。通过"阅读"方式学到的内容，可以保留10%。用"视听教程"（如声音、图片）的方式学习，可以达到20%。采用"示范"学习方式，可以记住30%。采用"小组讨论"学习方式，可以记住50%的内容。采用"实习"（如实际演练）学习方式，可以达到75%。"教导他人/即时应用所学知识"，可以记住90%的学习内容。可以发现，学习效果在30%以下的几种传统方式，都是个人学习或被动学习；而学习效果在50%以上的，都是团队学习、主动学习和参与式学习。

根据学习金字塔框架，塔的最底层的经验最具体，越往上越抽象。教育和培训应从具体经验入手，逐步升到抽象。有效的学习之路应该充满具体经验，同时向抽象和普遍发展，要形成概念。观察经验中通过视听媒体，较语言、视觉符号更能为学生提供具体和易于理解的经验，并能冲破时空的限制，弥补其他直接经验方式之不足。

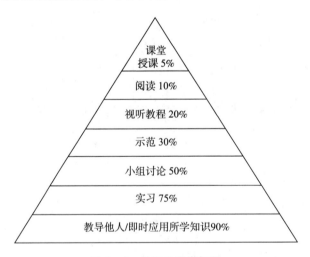

图 5-4　学习金字塔框架

2. 具体设计事宜

第一，不论选择何种学习方式，志愿者的培训设计应围绕以下三个问题展开。

①志愿者需要什么知识、技能或能力来完成这项任务？

②培训应该提供什么样的技能？

③什么样的个人学习经历可以让志愿者有足够的机会练习所需的技能？

第二，设计培训方案时需要考虑以下几个方面。

①培训可以分成三个阶段：开始时应重点关注培训的目的，并明确学习目标；培训的中间部分应侧重于实际内容，并在培训结束时作为总结点，使志愿者有机会对学习情况进行汇报。

②预测哪些训练环节或活动可能比预期花费更多的时间。从一个训练环节或活动到下一个训练环节尽可能无缝地过渡。考虑通过描述已学到的东西以及如何将其与下一部分联系起来以"弥合"差距。

③留出足够的时间进行汇报。充分的汇报能够使志愿者巩固在培训中获得的知识。

④描述一个循序渐进的过程，以便志愿者了解需要学习的内容。

⑤描述培训的整体过程和课程安排，确保志愿者了解培训各个部分和环节的构成、任务、目标以及课程策略，为志愿者预先设计好后续课程，以确保他们掌握了培训课程中涵盖的所有内容。

第三，在以上内容的基础上，正式开始培训设计。

首先，选择培训主题。志愿者培训主要存在五大关键主题。

①组织的使命。

②愿景和价值观。

③政策和程序。

④安全问题。

⑤风险管理问题和保密问题。

其次，选择培训模式，包括按进度培训模式与分类培训模式。

第一种是按进度培训模式，指从一般到具体、从普遍到专业有针对性地进行训练，并且在每个培训阶段后及时反馈。第八届残疾人运动会就是采用此模式，第一阶段，志愿者利用在线学习平台，接受残运会知识、文明礼仪、无障碍知识等基础知识和理论的学习；第二阶段，对不同类型的志愿者分别进行培训，对普通志愿者的培训采取送教下校、下馆的方式，对骨干志愿者和礼仪志愿者的培训主要授权省团校和浙江旅游职业学院负责；第三阶段，培训按照"谁使用、谁培训"的原则，由具体部门组织志愿者到场馆现场参加培训。

第二种是分类培训模式，指根据不同的志愿者群体进行不同培训。如第九届少数民族运动会志愿者培训工作按照"两类三级"模式开展，专家团对导师进行通用培训和专业培训，导师团再培训各校志愿者服务队，骨干志愿者将对各自的团队成员进行专业系统培训和训练，以及考试测评，为所有志愿者印发《志愿者工作手册》《赛会志愿者团队管理手册》等十余种资料。

最后，确定培训的形式及内容。

通用培训通常是4天，主要从志愿服务的基本知识和概况、志愿者知识、国情市情、传统文化和礼仪规范、组织运行机制、志愿服务知识和技能等方面进行常识培训。可在培训结束后，设置相应的考核程序，通过者获得志愿服务资格。

专业培训以面授为主，主要是针对需要强化专业技能的领域，集中在小语种、观众、礼仪等方面，培训工作可由志愿服务组织委托的培训机构负责。

岗位培训是培训中最核心的环节，是指面对指定服务岗位的志愿者，使其掌握与服务岗位相关的岗位细则、工作任务、业务流程和作业标准等知识与技能的培训。岗位培训应考虑志愿者的服务意向与自带技能，注重知识在实践中的应用。

三　志愿者培训的流程和实践

1. 培训需求评定

培训前的需求评定，目的是收集一些基础的信息资料，特别是志愿者对以往志愿服务经历的反馈意见，对自身知识能力储备的评定，对将要从事的志愿服务岗位的期望等。例如，不同的志愿者有不同的志愿动机：切实帮助有需要的社区群体，体现自身价值；打发闲暇时间，做一些有意义的工作；扩大交际圈，认识更多志同道合的朋友；提高自身技能，丰富阅历；上级要求，被迫参与。对于有志愿经验的志愿者，调查最让他们觉得茫然想放弃的原因，并在培训过程中给予回应。需求评定反映出培训对于志愿者的迫切性，也可为培训开展、培训内容选择等提供第一手资料和依据，保证培训的顺利进行。

2. 培训主体

目前，承担社区志愿者培训工作的大多也是志愿者，虽然有政府、社区和相应的机构管理，但人力、财力等各方面都相当欠缺，显然无法满足志愿者的常规化培训。因此，要进行适当的资源整合，充分调动各方的有效力量，共同为志愿者提供培训。主要的可用资源包括政府、企事业单位以及社区公民。政府要有宏观层面的支持，配套相应的资金，完善各项法规，合理资源配置，定期监督，等等。企事业单位主要提供人力支持，企业主要提供技能方面的培训，充分调动大中专学生参与志愿服务的积极性。社区居民是不容忽视的重要培训主体，特别是各类培训机构可以进行专业知识的传授，发挥自身的优势。只有动用多方力量才能使志愿者的培训步入正轨，长期高质量地进行下去。

3. 培训方式

培训方式主要分为两种：一是讲座式的知识技能传授，二是实训。要根据培训者的能力水平、培训内容等合理选择培训方式。由于志愿者很多都有自己的本职工作，还有一大部分是在校学生，时间的安排比较难以统一。在现代信息技术飞速发展的今天，可以采取线上、线下相结合的培训方式。对于讲座等形式的培训，有条件的现场参与互动，时间安排不开的可以在线学习，当然会有相应的考核。对于实训部分的培训，可以根据不同的课程，组织团队进行学习，使实训更加具体，也更有操作性，有条件的话个别指导效果更好。团队有很大优势，时间安排相对宽松，大家可以出谋划策，讨论协商最佳的教学方案，最重要的是，可以稳定课程教学。志愿服务有诸多的不确定性，团队可以在某些紧急关口，比如某个志愿者临时有事或是突然退出时，保证课程的有序开展，维持教学稳定。社区志愿者的培训需要常规化。对于常规化培训，因为志愿者已经有切身的社区教学经历，所以培训的目的十分明确：一是解决当前教学中面临的问题，寻求解决的途径；二是提升自己的专业能力和教学能力，以便更好地服务，也为自身今后的发展打下基础。这块的培训完全是出于志愿者的内在需求，使他们得到激励，让志愿服务更有动力。

参与式方法是目前国际上普遍倡导的一种进行培训、教学、调查、研究和探讨的方法。在参与式方法中，"以人为本"是最重要的原则。它始终把"人"放在首位，尊重人，尊重每个人的知识体系，主张任何真知灼见都应来自"研究者和被研究者共同参与"的过程。参与式方法的实质是"参与"。"参与"是一种理念和精神，是一个学习提高的过程，是通过使用特定"工具"完成特定任务的形式。项目涉及的人都是该项目的参与者，参与与自己有关事务的讨论、决策，研究自己感兴趣的问题。所以，"参与式中没有领导者（老师、培训者、调查者等），只有协助者和参与者"。

4. 培训内容

志愿者的培训内容应对志愿服务体系有相应的培训介绍，特别是针对刚刚入职的志愿者，包括作为社区志愿者，将要服务于什么，具体的职责和义务有哪些；告知志愿者具体的要求规定，特别是哪些行为或做法是违规的；告知志愿者在志愿服务中，如果遇到突发情况或特殊问题，应该如何处理。

5. 培训后测评

除了培训前的评估，培训后的效果测评也相当重要。志愿者的认知水平、志愿服务意识和心态等是否得到提升，也是志愿服务组织者需要掌握的基本信息。发展、壮大、稳定、高质量的志愿者队伍需要形式多样的激励机制，而培训是其中最重要的方面之一。

第五节　志愿者的激励

一　志愿者激励机制概述

激励（Motivation）本来是心理学的概念，就其本质来讲，是表示某种动机所产生的原因，即发生某种行为的动机是如何产生的，是在什么环境中产生的。把激励这个概念引入管理中，就赋予了其新的含义。也就是说，激励是一种精神力量或状态，具有加强、激发和推动作用，并且指导和引导行为指向目标。我们不仅要研究某种动机是如何产生的，也要研究如何促使被管理的对象产生某种特定的动机，如何引导他们拿出自己的全部力量来为实现某一目标而努力奋斗。在指导与引导工作中，激励被视为重要的方法，目的就在于结合人力，运用技术，既有统一意志，又使个人心情舒畅，从而促使组织目标实现。

激励机制是指管理人员越是能够了解下属的需求和愿望并使其得到合理满足，就越能够调动下属的积极性，使之为实现组织目标做出自觉的贡献。由于激励不是一个简单的因果关系，因此管理人员对所采用的激励方案评价估计得越仔细，越是从制宜的观点来认识，越是把它与整个管理体制有机地结合起来，激励方案的效果也就越好。组织成员对受到的激励所做出的反应取决于他们的个性、对报酬和任务的看法与期望，以及他们所处的组织环境。因此，笼统地去确定人们的需要并以此建立激励方法往往是不能奏效的。必须充分地认识人，分析其个性特征以及心理动机和需求；必须考虑在一定的时间内、一定的条件下的多种因素的交互作用，不可把激励视为一种与其他因素无关的、独立可行的方法。

志愿者激励机制是政府、社会或志愿者组织根据既定目标和人的行为规律，通过各种方式或手段激发志愿者的动力，使其迸发出积极性、主动性和创造性，并规范志愿者的行为，使其朝着所期望的目标前进的一套理性化制度。

志愿者激励机制的主要内容包括志愿服务的回报与灵活有效的管理。其中，志愿服务的回报可以分为四个方面：一是精神方面的奖励，如宣传表彰、给予一定的政治待遇等；二是给予少量的补偿，如用于志愿服务的物资成本费、交通费和餐饮补贴费等；三是政策性补偿，如在入学、就业时优先考虑志愿服务的参与者；四是志愿服务"时间储蓄"等制度，以便在志愿者自己需要时，能从中支取。灵活有效的管理作为志愿者激励机制的组成部分，包括两个层面：一是政府对志愿者组织和志愿者进行管理，努力营造一种社会激励的氛围；二是志愿者组织对志愿者进行管理，其目的就是个体化激励志愿者，促进志愿者高效地投入到组织工作中，从而提高志愿服务工作的质量，并帮助志愿者获得发展。政府部门、志愿者组织应当通过良好的激励机制为志愿者提供一个良好的环境，使其在志愿服务中能够充分发挥自己的作用，达成其志愿服务的愿望。

二　志愿者激励的设计

为更好地进行激励设计，我们必须掌握有关激励的理论，通过了解人的需求、行为动机以及提升积极性的原理，找准激励的着力点，平衡激励力度，为志愿服务活动的长效发展贡献力量。

1. 一般"需求理论"

为什么人会有某种行为？这是研究激励的一个关键性问题。对此，人们提出了许多不同的答案，如需求的满足。凡人都有不同的需求，也都要求得到满足。有了需求，才能促使其有目标导向的行为，以便满足其需求。由此我们可以勾画出一个简单的激励程序。

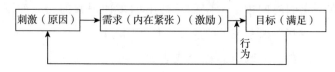

图 5 – 5　需求理论的作用机制

当然，某人在某时某地的需求绝不止一个，但能刺激某人产生行为的需求，应该是其中强度最高的一个。一项需求一经满足，其重要性就会随即降低，而另一项需求则随之兴起。这就是需求理论的作用机制（见图 5 – 5）。在此基础上马斯洛提出了需求层次理论。

2. 马斯洛的需求层次理论

马斯洛提出需求层次理论，认为人类的需求是以层次的形式出现的，由低级的需求开始逐级向上发展到高级的需求。他还断定，当一组需求得到满足时，这组需求就不再成为激励因素了。他将人的需求分为生理的需求、安定或安全的需求、社交和爱情的需求、自尊与受人尊重的需求以及自我实现的需求。由于每个人的需求各不相同，所以管理人员必须用差异化的方法来对待人们的各种需求。在工作中，管理人员要注意决定这些需求的个性、愿望和欲望。在任何时候，管理人员都应考虑到人们的各种需求，因为在现代社会，绝大多数人都具有马斯洛需求层次理论中所列的全部需求。

必须指出，马斯洛本人并没有说过人非得在某一层次的需求获得百分之百的满足之后，次一个层次的需求才能够显示出来。马斯洛曾经说过，事实上，在社会中有许多人，他们的各项基本需求只可能部分得到满足，同时也都有部分不能得到满足，这是常有的事。因此，在人们的需求层次中，应有一个比较确切的描述，即从较低的层次逐级向上，满足的程度逐级降低。举例说，假定某人的生理需求满足了85%，被尊重的需求满足了40%，而其自我实现的需求则仅仅满足了30%。

需求的层次，以生理需求为基础。生理需求，即支持生命所必需，包括衣食住行等项。马斯洛曾说过："一个人如果同时缺少食物、安全、爱情及价值等项，则其最为强烈的渴求，当推对食物的需求。"①

在生理需求得到了基本的满足之后，安全需求便会接踵而至。安全需求经常包括人身安全、经济安全以及有秩序、可预知的环境，如工作及职业的稳定。在人的生理需求和安全需求得到了基本的满足后，社交和爱情的需求便会成为一项重要的激励因素。人皆需要别人的接受、友谊和情谊，也都需要对别人付出和让自己接受、获得友谊与情谊。

人在生理需求、安全需求、社交和爱情需求均已获得了基本上的满足后，自尊与受人尊重需求又成为最突出的需求。所谓自尊与受人尊重需求是双重的：一方面，当事人必须自己感到自己的重要性；另一方面，当事人必须获得他人的认可，以支持自己的这种感受。他人的认可特别重要，如果不能获得他人的认可，那么当事人也许会觉得自己是在孤芳自赏。如果在当事人周围，人人都明白地表示他确实重要，他就能由此产生自我价值、自信、声望和力量的感受。在这一份自尊与受人尊重需求有了基本的满足之后，自我实现的需求又接着出现了。自我实现是什么？马斯洛认为，它是一种欲望，即人希望能成就他独特性的自我的欲望，或是人希望能成就其本人所希望成就的欲望，在这一个需求层次中，人希望能实现其全部的潜力，他重视的是自我满足，是自我发展和创造力的发挥。

应该注意的是，马斯洛列举的需求各层次，绝不是一种刚性的结构。所谓层次，并没有截然的界限，层次与层次之间往往相互叠合，某一项需求的强度逐渐降低，另一项需求的强度也许会随之上升。此外，可能有些

---

①　Maslow A. H. "A Theory of Human Motivation", *Psychological Review* 50, 1943, p. 370.

人的需求始终维持在较低的层次上，而马斯洛提出的各项需求的先后顺序，不一定适合每个人，即使两个行业相同的人，也不见得有同样的需求。

总之，马斯洛这一理论的最大的用处在于，它指出了个人均有需求。身为管理人员，为了激励下属，必须了解下属要满足的是什么需求。但是，不论管理人员采取的是什么途径，其措施总是以他对下属所持的假定及对需求与满足的假定为基础的。

3. 赫茨伯格的双因素论

20 世纪 50 年代后期，美国心理学家赫茨伯格（F. Herzberg）和他在匹兹堡的心理学研究所的研究人员，通过一项研究提出了"双因素论"（见表5 – 2）。

表 5 – 2　双因素论

保健因素（环境）	激励因素（工作本身）
薪金	工作本身
管理方式	赏识（认可）
地位	进步
安全	成长的可能性
工作环境	责任
政策与行政管理	成就
人际关系	

他们进行的是这样一项研究：访问了匹兹堡地区的 11 个工商事业机构的 200 多位工程师和会计人员，请他们列举在他们的工作中有哪些是使他们愉快的项目，又有哪些是使他们不愉快的项目。经分析调查所得资料，结果发现，受访人员觉得未能满足的项目，多数与他们的工作环境有关，而他们觉得满意的项目，一般也多属于工作本身。由此进一步分析推导出，一方面，人们对诸如本组织的政策与行政管理、工作环境、人际关系、薪金、地位、安全和管理方式等，如果得到满足后就没有不满，如果得不到满足就会产生不满。赫茨伯格把这类因素统称为"保健"（Hygiene）因素。另一方面，人们对诸如工作本身、成就、赏识（认可）、责任、进步和成长的可能性等，如果得到满足则感到满意，如果得不到满足则没有满意感

（但不是不满）。他把这一类又统称为"激励"（Motivator）因素。因此，赫茨伯格认为，只有靠激励因素来调动员工的积极性，才能提高生产效率。这个理论产生后，受到许多人的非议，有人认为，人是复杂的，若是对他的调查仅以满意或不满意作为指标，而且没有进一步证实满意感和生产效率的关系，那么其调查结果的可信程度是值得怀疑的。但是，自20世纪60年代中期以来，这一理论还是越来越受到人们的注意。这一理论提示我们，如果管理人员能够注意提供某些条件以及满足保健性需要，也可能会使组织中的人们保持一定的士气水平。

4. 期望理论

期望理论（Expectancy theory of motivation）是美国心理学家弗鲁姆（V. H. Vroom）提出的。期望理论的基本观点是：人们在预期他们的行动将会有助于达到某个目标的情况下，才会被激励起来去做某些事情以达到目标。他认为，任何时候，一个人从事某一行动的动力，将决定于他（或她）的行动之全部结果（积极的或消极的）的期望值乘以那个人预期这种结果将会达到所要求目标的程度。换言之，他认为，激励是一个人某一行动的期望价值和那个人认为将会达到其目标的概率之乘积。可用公式表示如下。

$$动力 = 效价 \times 期望值$$

这里的动力是一个人所受激励的程度，效价是一个人对某一成果的偏好程度，而期望值是某一特别行动会导致一个预期成果的概率。从这个公式中可以看出，当一个人对达到某一目标漠不关心时，效价是零。而当一个人宁可不要达到这一目标时，就是负的效价，结果当然是毫无动力。同样的，期望值如果是零或负值，一个人就无任何动力去达到某一目标。因此，为了激励员工，管理人员应当一方面提高员工对某一成果的偏好程度，另一方面帮助员工实现其期望值，即提高期望概率。

5. 同步激励理论

同步激励理论（Synchronization Motivation Theory，可简称为S理论），是俞文钊教授结合我国实际提出的主要激励理论与模式。他认为，只有通过将物质与精神激励，以及根据人的自然需要与社会需要而采取的激励措施，有机、综合、同步地实施时，才能取得最大的激励效果。

$$\text{工作激励力量} = \sum f(\text{业绩} \times \text{激励})$$

这一关系式表示，只有物质与精神激励都处于最高值时才有最大的激励力量。两个维度中只要有一个维度处于低值，就不能获得最佳、最大的激励力量。同步激励理论否定了单纯使用一种管理方法（用 X 或 Y 理论，精神或物质激励措施），也否定了简单地交替使用 X 或 Y 理论的做法会有效果，并认为，这种做法是片面的、不切实际的。同步激励理论强调，在现阶段，物质与精神激励、人的自然和社会需要是统一的，互为前提与条件，不能对立、孤立运用，应该统一、综合、同步应用。

这一理论告诉我们，志愿服务团队要注重采用人性化激励机制，从不同角度对志愿者的服务予以承认、进行奖励、提供回报，适时激励，除重视对志愿者的共性激励，还要特别关注对志愿者的个性激励，激励方式要量身定做，既要包括精神激励的内容，也要包括物质激励的内容；既要有宏观导向性的激励，也要有微观辅助性激励。

6. 波特－劳勒激励模式

美国心理学家、管理学家波特和劳勒在期望理论基础上引申出了一个实际上更完善的激励模式，并把它主要用于对管理人员的研究。

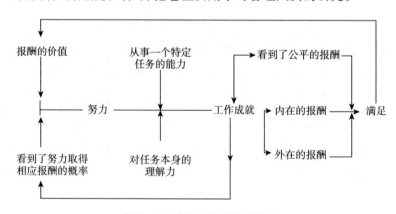

图 5－6　波特－劳勒激励模式

努力（激励的程度和发挥出来的能力）取决于报酬的价值加上人们所看到的并认为是需要的能力，以及实际得到报酬的可能性。这种看得到的努力和实际得到报酬的可能性又受实际工作成绩的影响。很明显，假如人们知道他们能做某项工作或者已经做过这项工作，他们就能更好地评价所需做出的努力，并更好地知道得到报酬的可能性。

职务工作中的实际成绩（所做的工作或实现的目标）主要取决于所做出的努力。不过，它在很大程度上也受到一个人做该项工作的能力（知识和技能），以及他对所做工作的理解能力（对目标、所要求的活动和任务及其他要素的理解程度）的影响。工作成绩又导致内在的报酬（如一种成就感或自我实现感）和外在的报酬（如工作条件和身份地位）。这些又把个人对公平报酬的理解糅合在一起，从而给人们以满足。但工作成绩也会影响个人所看到的公平报酬。所以，一个看得到的对所做努力的公平报酬，必然会影响所得到的满足，这是很容易理解的。同样，报酬的实际价值将为满足所影响。

从这个模式中可以看到，激励不是一种简单的因果关系。主管者应该仔细地评价他们的报酬结构，并通过周密的计划、目标管理和借助良好的组织结构所明确的职责，把努力—成绩—报酬—满足这一连锁关系结合到整个的管理系统中去。

综上所述，我们可以从四个方面开展工作，以达到激励的目的。

第一，从研究和满足人的需求方面来调动组织成员的积极性。研究人们的需求，目的就是在完成组织目标的前提下，尽可能满足个人需求。只有这样，才能调动积极性，这是因为组织把人们的利益联系在一起。离开了组织个人的需求就无法满足。弹性福利就是一种承认不同年龄和生活条件的人有不同的需求，最大限度地让个人根据自己的实际情况和意愿来满足需求的激励模式。组织提供多样性的福利项目，如休假、津贴、婴儿看护和养老保险等，员工可以在一定范围内选择适合自己或急需的福利项目。在工作时间上，可以满足员工多元化需求，使员工可以根据自己的具体情况安排工作时间。

第二，从目标设置上研究如何调动组织成员的积极性。目标的设置不是简单的事，要从目标设置上给人以期望，由此激发其内在动机。因而目标应该是鼓舞人心的，又不能脱离特定的环境。若制定的目标能使人感到切实可行，那么人们的积极性就可以调动并保持较长时间的稳定。

第三，强化动机。对人的行为的肯定或否定都能引起强化作用。肯定是正强化，否定是负强化。人们的行为并不完全符合组织利益，因此，强化的作用就是使人们自觉地去维护组织利益，从而实现或满足个人的需求。

第四，及时反馈。从模式中也可以理解，管理人员应时刻掌握这个过程各个环节的详细情况，从而把握人们的目的，恰当地选择领导方式，以充分发挥激励的作用。

三　志愿者激励的流程和实践

激励是指为了达到一定目标而对人施加的影响，即通过物质或精神刺激使人奋发，令其在内在动力驱使下朝向期望的目标努力的心理过程。美国哈佛大学的詹姆斯教授在多年研究的基础上指出：如果没有激励，则一个人的能力发挥将仅为 20% 至 30%；如果施以适当的激励，则一个人通过自身的努力后能力发挥将达到 80% 至 90%。[①]

中国志愿行动的大规模开展始于 1993 年底共青团中央发起的中国青年志愿者行动。它所倡导的奉献、友爱、互助、进步的志愿者精神体现了社会主义的核心价值，是我国和谐社会建设的重要组成部分。但长久以来，我国对志愿者的奉献精神存在理解偏差，导致志愿者激励存在社会性忽视，这也造成了大量的志愿者资源被消耗。随着志愿服务队伍的壮大，志愿者在社会中扮演的角色越来越重要，如何可持续地发挥这一资源的作用成为许多志愿服务团队的工作重点，激励机制也逐渐被建立、完善。本部分对现有的志愿者激励工作进行了总结，从志愿者自身激励、政府激励以及社会激励三个方面讨论应如何建立一个全面、长效的激励机制。

1. 健全志愿者组织自身的激励机制

第一，明确组织使命，确立志愿服务文化。志愿者组织要明确使命，确立自身的价值理念和志愿文化，加强与政府、其他社会组织及社会公众之间的联系，促进社会资源整合。其服务项目、方式等要符合社会公众的愿望和社会的需求，并有广泛的群众基础。在此基础上，充分发挥志愿者的积极性、创造性，确立团结互助、融洽和谐的组织氛围和志愿服务文化，为激励机制能够充分发挥作用提供有效保障。

第二，以人为本，尊重志愿者的动机需求。志愿者组织在对志愿者进

---

① 威廉·詹姆斯：《行为改变思想：表现原理》，龙湘涛编译，南海出版公司，2014。

行激励时，要以人为本，尊重志愿者，发挥其主人翁精神，有效地满足志愿者的合理愿望，充分调动志愿者的积极性。同时，针对志愿者组织中的不同价值观、不同参与动机，在激励的同时发挥约束的功能，将志愿者分散的个人目标高度整合，拉近心灵距离，尽可能地使之与群体目标达成一致。

第三，《志愿服务条例》第32条规定："对在志愿服务事业发展中做出突出贡献的志愿者、志愿服务组织，由县级以上人民政府或者有关部门按照法律、法规和国家有关规定予以表彰、奖励。"这也为建立志愿服务表彰制度提供了依据。科学运用激励的方法、手段和技巧，在绩效评估的基础上，对工作表现好的志愿者给予适当的精神和物质鼓励，使其有更大的提高；对工作有待改进的方面提供具体的改进措施。为保障激励的针对性，可以根据志愿者组织的特点，在不同的服务项目中，针对不同的志愿者，面对不同的服务对象，采用不同的激励方法、手段和技巧。

2. 完善政府激励机制

（1）构建激励志愿服务事业发展的政府管理模式

为充分激发志愿者组织的积极性和创造性，政府要转变职能，由志愿者组织自己管理自己，政府进行指导和监督。要放松对志愿者组织准入的限制，整合志愿者组织管理机构，并实行单一的志愿者组织登记管理体制。在此基础上，完善志愿者组织的财政投入和筹资方案，强化对志愿者组织的监督管理，明确政府对志愿者组织的风险管理功能，提高政府风险管理的资源供给与整合能力。

（2）构建激励志愿服务事业发展的法律制度体系

在现有《中国注册志愿者管理办法》等有关志愿服务的条例、规定、办法的基础上，重点解决如何从法律制度上支持志愿服务事业，解决活动经费问题，活动范围和内容问题、志愿者的人身保险问题、滥用志愿者名义问题、待遇合法化问题、志愿者与工作单位关系协调问题、志愿者组织基金的设立问题，还解决对志愿者组织的有关政策扶持如项目引导政策、税收政策等问题。

（3）构建激励志愿服务事业发展的培训资源体系

由政府相关部门牵头，组织志愿者组织、相关的高等院校、其他相关的企事业单位，整合现有的灾害救助、支教助教、老年人救助等培训项目资源，设立常设性的培训组织，让更多的社会公众获得专业培训的机会。通过培训，使志愿者了解掌握服务技巧、活动设计等相关情况，增强服务意识和使命感、责任感以及奉献精神，实现社会公众在认知、能力、情感、态度等领域的全面、协调发展和人格升华。

3. 培育社会激励机制

（1）培育社会协同机制

结合中国传统文化中倡导志愿慈善的精髓，大力普及和弘扬公众志愿文化，整合信任、非正式规则、社会网络关系以及文化观念等社会资本，培育深厚的公众自我服务底蕴。在此基础上，建立有效的社会监督约束机制，包括直接利益相关者的监督、社会公众监督和新闻媒体监督等，保障志愿服务事业的社会化和可持续发展。

（2）完善社会回报机制

让志愿者的服务获得社会的回报，是志愿者激励机制建设的重要内容。可通过设立志愿服务奖，根据服务时间和贡献，授予志愿者公共服务勋章；设立志愿服务基金，对因从事志愿服务遇到特殊困难的志愿者进行救助；对做出突出贡献的志愿服务活动组织者和志愿者进行奖励。

① "时间储蓄"。

"时间储蓄"（或称为"时间银行"）将志愿者参与公益活动的时间记录下来，待其将来年老体弱时，可以从时间银行中支取服务。伴随着"时间储蓄"在各个地区的推广应用，其也出现了不少问题：一是服务记录难以通存通兑与转让；二是政府角色不明晰；三是管理难到位，目前实施机构有的在街道，有的是其他部门或组织，无法进行统一管理；四是认识不统一，部分参与者不好意思记录在卡上，被服务者由于自己无法回报、偿还，不好意思提出申请；五是存在保障和信任危机，当"时间储蓄"的发起人离开或退休时，接班人对"时间储蓄"的认同感比较低；六是标准和专业化水平问题，缺少服务评估程序，服务质量很难把握；七是风险防范不确定，服务者与被服务者都缺乏安全保障；等等。

② "志愿服务积分管理"。

目前，我国许多城市建立了社会信用积分管理体系，将市民生活的点滴行为以积分的方式予以记录，并施以奖惩。将志愿服务参与程度纳入社会信用的考核标准，不仅能够提升广大群众的志愿服务意识，激励其积极参与社会建设，还能够利用积分管理体系内的扣分机制作为负激励，形成对志愿服务行为的约束，提升服务品质。2018 年，苏州市依托市志愿者智慧云服务平台，根据志愿服务的紧急程度、专业程度、服务属性、服务评价和服务时长，形成积分标准。志愿者每次提供志愿服务后，都能形成相应的积分，并可通过"志愿苏州"公众号，进入积分商城兑换礼品。

③与信用挂钩。

2016 年，国务院办公厅印发《关于加强个人诚信体系建设的指导意见》，要求各级人民政府对有关部门和社会组织确定的信用良好的优秀志愿者，创新守信激励措施，在教育、就业、创业等领域给予重点支持，尽力提供更多便利服务。上海通过调查发现，有 43.7% 的志愿者认为，将志愿服务时间计入社会信用体系是最好的激励方式。2017 年，上海市将志愿服务首度纳入信用体系，大大调动了志愿服务组织、志愿者的主动性、积极性，首批符合条件的 128 万名实名认证注册志愿者信息已导入信用平台。

第六章

新时代文明实践志愿服务的
资源整合

　　整合和调动各方资源，确保系统推进、协调发展是新时代文明实践志愿服务的重要工作方法。习近平同志指出，当前要把改革工作着力点放到加强系统集成、协同高效上来。① 在新时代文明实践中，不仅推进志愿服务制度化、常态化需要整合各方资源，在各平台实践中也需要加强志愿服务的系统集成。本章将从志愿服务实务视角，阐述新时代文明实践中心（所、站）促成志愿服务资源整合的工作维度，以及在各领域平台开展志愿服务资源整合的工作方法。

第一节　志愿服务资源整合的维度与方法

一　志愿服务的协同创新与资源整合

　　资源整合是推动新时代文明实践志愿服务的重要工作方法与工作目标。《关于建设新时代文明实践中心试点工作的指导意见》提出"调动各方力量，整合各种资源，创新方式方法"的总体要求。2019 年 2 月 14日，中宣部部长黄坤明在湖北调研时强调，新时代文明实践中心要充分发挥党委政府主体作用，整合各方力量资源，更新观念、大胆探索，着力完

---

　　① 习近平：《加强改革系统集成协同高效》，《人民日报·海外版》2019 年 9 月 10 日，第 1 版。

善志愿服务等运行机制，推动文明实践活动常态化、服务精准化。[①] 2021年5月7日，在中志联第二届常务理事会第二次会议上，中宣部副部长、中央文明办主任、中国志愿服务联合会会长王晓晖在讲话中指出，新时代文明实践中心要成为创新志愿服务项目的"中央厨房"，把分散的活动资源聚集起来，形成志愿服务项目"菜单"。[②]

许多学科均有与资源整合相关的理论论述，其中企业战略管理中的资源基础理论对新时代文明实践中心开展志愿服务协同创新较具启发价值。资源基础理论从企业的视角，探讨组织对不同来源、层次、结构、内容的资源进行选择、汲取、激活、融合而形成具有竞争优势资源体系的过程。[③]相较于企业战略管理，志愿服务资源整合更强调从系统出发，从整体出发，营造有利于团结协作的总体氛围，促进跨部门跨组织合作，运用各类志愿服务资源，从而实现志愿服务项目不断创新、质量持续提升。具体而论，志愿服务资源整合包含以下三个方面的独特内涵。

1. 志愿服务资源整合的宏观目标在于加强社会团结

随着社会分工细化，现代社会基本组织形态从乡里守望相助的机械团结，向以职业为社会纽带的有机团结转变。[④] 在职业分工体系之外，社会成员基于爱国、友善等价值观，自愿且无偿地从事各类志愿服务活动，同样发挥促进集体意识形成、加强社会团结的功能。文明实践志愿服务不仅仅提升了服务对象的满意度，更是从体系层面增加了公共利益，共创集体价值，让党的创新理论与社会文明风尚在群众心中落地生根。

2. 志愿服务资源整合的组织保障在于促成合作共治

现代社会面临人口老龄化、流行性疾病、环境污染等复杂的挑战，并非某一组织或部门能够单独应对的。各类文明实践志愿服务组织不是孤立存在于政府组织、营利组织之外的第三部门，而是广泛渗透在跨部门、跨

---

① 黄坤明：《守正创新　激发活力　提高宣传群众服务群众的能力水平》，新华网，2019年2月16日，http://www.xinhuanet.com/2019-02/16/c_1124124180.htm。

② 王晓晖：《牢记重托　不负使命——扎实推进志愿服务高质量发展》，《中国志愿》2021年第3期。

③ 饶扬德：《企业资源整合过程与能力分析》，《工业技术经济》2006年第9期。

④ 埃米尔·涂尔干：《社会分工论》，渠东译，生活·读书·新知三联书店，2000，第183~184页。

组织的合作之中，通过发展治理网络与平台合作关系，充分动员各方力量，共同应对危机与挑战。新时代文明实践中心、志愿者、志愿服务组织和公私伙伴机构，均能够成为志愿服务合作共治的参与主体。

3. 志愿服务资源整合的实现手段在于推动协同创新

资源整合的本质是创新过程，即突破传统运行惯例和规则边界，识别配置人力、财力、物资等有形资源，以及知识、信息、社会网络等无形资源，创立更有效的服务组织模式和运作规则。而在特定志愿服务项目中，资源整合需要根据社会需要，捕捉技术与市场机会，对不同行业、领域的知识技术与物资资源进行有机融合，协同创造出更加精准化、常态化、便利化、品牌化的志愿服务。

志愿服务协同创新过程可以被具体分解为体系目标协同、组织保障协同、资源要素协同三个维度，分别对应新时代文明实践中心在整合资源中各维度的具体工作内容（见图7-1）。仅从组织形式来看，志愿服务协同创新可以类比为高新产业集群通过构建资源整合的网络化模式，优化区域协同创新的外部环境，从而提升区域整体的创新竞争力。[1] 新时代文明实践中

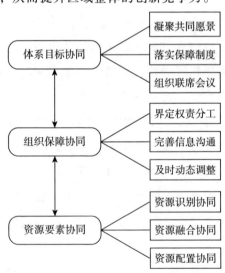

图6-1　志愿服务资源整合多维度协同创新

---

[1]　徐维祥、楼杏丹、余建形：《高新技术产业集群资源整合提升区域创新系统竞争能力的对策研究》，《中国软科学》2005年第4期。

心（所、站）既是网络化模式的塑造者，也是各主体间合作关系的促成者，还是各项目资源整合的协调者。尽管工作维度不同，可其最终目标都是促成区域内志愿服务体系优化，推进志愿服务制度化、常态化发展。

二　体系维度：优化志愿服务协同创新外部环境

党的十九届四中全会提出了健全志愿服务体系的任务。新时代文明实践中心在发挥志愿服务宏观管理与协调的职能时，需要将促进体系目标协同作为保证志愿服务体系长效正常运作的一项重要机制。具体包括：凝聚广大主体的向心力，将弘扬社会主义核心价值观、实现中华民族伟大复兴的中国梦作为文明实践志愿服务的共同愿景；落实志愿服务绩效评价、风险防范、激励表彰等制度规范，在保障各主体利益的基础上，实现"1+1>2"的整体协同效应；定期组织由各成员单位参加的联席会议，扩充志愿服务协同网络，增进条块部门彼此信任合作，促进成员单位间资源信息共享。

从全局的角度来看，优化区域内志愿服务协同创新外部环境主要体现在以下四个方面。

1. 优化志愿服务政策环境

紧紧围绕国家对文明实践志愿服务的全局部署，落实有关志愿服务的制度安排，结合当地经济社会发展特点，建立文明实践志愿服务长效机制，做好志愿者的组织引导、登记注册、激励嘉许、权益保障等配套政策落实。依托完善有效的政策体系，推动各主体有序开展协同合作，为跨部门、跨组织志愿服务项目持续创新提供政策保障。

2. 优化志愿服务供需环境

志愿服务市场是在特定区域内为了满足政治、经济、社会、文化和环境的发展需要而形成的不为报酬、提供公益性利他服务的志愿服务项目供给与需求关系的总和。新时代文明实践中心通过承担调研规划、统筹协调、指导支持、管理监督等职能，实现区域内包括志愿服务的社会需求与协同创新的项目供给能够有效对接，从而形成既有竞争动力又有规范压力的公平开放的志愿服务供需环境。

3. 优化志愿服务技术环境

互联网信息技术发展推动志愿服务在信息交流、人员组织管理、服务记录、嘉奖优待等众多领域，均能更精准、更便利、更开放地进行系统治理。新时代文明实践中心既能够积极运用"学习强国"网络平台、县级政府门户网站、"两微一端"等新媒体平台，成为志愿服务领域新技术、新应用的倡导者，也能够通过规划行业标准、制定数据交换规范等方式，发挥手机等移动终端的传播功能，促进不同志愿服务信息系统之间数据互联互通，改善区域志愿服务的外部技术环境。依托互联网、大数据、人工智能等技术加大信息共享与开放力度，消除各主体之间信息不对称壁垒，为志愿服务项目跨部门、跨组织协同创新提供支持。

4. 优化志愿服务文化环境

参与志愿服务协同创新的组织具有不同的社会背景、组织文化、内部规则。新时代文明实践中心可围绕"凝聚群众、引导群众，以文化人、成风化俗"的目标，充分汲取中华优秀传统文化、革命文化和社会主义先进文化元素，构建开放包容、鼓励创新的志愿服务文化环境。促使不同主体跨越认知、思维、领域等的界限，打破固有惯性思维，以使命价值为感召，以社会需求为基础，共同推动志愿服务协同创新。同时，通过各种途径的宣传展示，树立志愿服务典型，扩大志愿服务影响，为动员更多社会力量加入志愿者队伍和参加志愿服务，营造向善向上的良好氛围。

三 组织维度：打造基层志愿服务阵地平台载体

党的十九大报告提出，我国社会主要矛盾已经转化为人民日益增长的美好生活需要和不平衡不充分的发展之间的矛盾。在教育、文化、科技科普、健身体育等基层公共服务领域，除了少数地区存在供给总量不足，大多数地区主要短板是缺乏整体性治理，各条块机构组织、服务项目各自为政，公共服务资源未得到充分盘活整合。因而新时代文明实践中心被赋予调动各方力量、打造平台载体、促进组织协同的职能。具体包括：根据相关领域实际需要，以及各组织的资源优势和治理架构，按照权属不变、统一调配的原则，界定各组织在相应平台载体中的合理权责分工，确保每个成员组织所拥有的异质、互补性资源得到优化组合；完善平台内信息交流机制，提升成员之间合作意愿、沟通交流频率、工作相互协调程度，建立以信任为基础的组织协同关系，促成跨部门跨组织的资源共享与整合；提升新时代文明实践中心对平台载体的治理、创新、协调能力，最大限度调动平台中各组织的积极性，针对现实需求做出动态调整，形成具有弹性与韧劲的志愿服务联盟。

在不同类型基层平台载体中，具体的参与主体、工作内容、服务对象均有较大差别，但其组织模式与运作机制基本包括以下四个方面的协同要素。

1. 扩充平台组织单元

组织单元是构成志愿服务协同关系、维持自身组织运作的基本单位。整合现有基层公共服务阵地资源，不等于取消各基层服务组织的独立性。为了团结吸纳更多阵地资源，新时代文明实践中心需要在地方党委、政府的协助下，尽可能将更多基层公共服务组织、群众活动团队以及有志于公益活动的企业纳入平台，使各类组织均能在平台中发挥独特作用。

2. 梳理平台协同资源

平台中各组织单元拥有各种异质、互补的资源。为了更好地盘活这些资源，新时代文明实践中心除了需要梳理基本资源清单，还要结合组织单元的资源特长，有针对性地进行开发利用。例如，由基层公共服务组织提供政策支持、专业技术与知识，由群众活动团队提供志愿者人力资源与社区动员网络，由企业提供物力资源与物流渠道，使各组织单元的优势资源通过创新组合，产生一批党政需要、社会欢迎、群众需求的志愿服务项目。

3. 完善平台协同生态

志愿服务平台是介于志愿服务组织与志愿服务市场之间的组织形态，其基本功能在于促进信息交流、资源整合与协同创新。新时代文明实践中心不仅要发挥媒介作用，也要促成平台协同生态的可持续发展。通过建设信息平台、制定服务标准、完善合作规则，激发各组织单位协同创新的动力，促进相近服务项目协同、功能集成。

4. 优化组织协同模式

随着志愿服务平台逐渐发展成熟，新时代文明实践中心在平台中扮演的角色将从跨组织合作的发起者、协同创新项目的策划者、资源统一调配的决策者，逐渐向平台正常运行的后台维护者转变。除了在初始阶段，新时代文明实践中心更应承担志愿服务平台宏观协调管理的职能。平台走向成熟后，即便没有新时代文明实践中心的直接干预，同一平台内不同组织也能根据需求，自主协同开发志愿服务项目。而一旦有重大任务或出现突发公共安全事件时，新时代文明实践中心就可以在第一时间组织平台力量，协调部署相应志愿服务工作。

四　资源维度：提升志愿服务项目资源整合能力

对于志愿服务项目而言，基于平台的跨组织资源整合是动态复杂的过程，需要对平台内分散无序的资源进行有效的识别、融合、配置，使之成为具有系统性、价值性和弹性的资源体系。实施资源整合的主体通常是志愿服务项目的主导方，如新时代文明实践中心，以及具备较强协调管理能力的牵头单位或志愿服务组织。资源整合的具体过程包括：围绕志愿服务发展任务与群众实际需求，准确识别现有资源体系属性状态，判断资源缺口与不足；对平台内外资源进行有效链接与汇集，充分发挥跨组织、跨部门协同创新优势，在融合中重新发现资源价值，提高闲置资源的利用率；根据志愿服务项目的现实需要，由平台成员组织共同协商资源要素的分配与组合，在实现资源高效利用的同时，增强志愿服务项目核心资源来源的稳定性，以及项目在应对各类风险时的组织弹性。

为了促成各项文明实践志愿服务项目走深走实，破解志愿服务专业化程度不高、可持续长效机制不足、平台支撑作用不强的难题，新时代文明实践中心需要着重从以下三个方面加强志愿服务项目的资源整合。

1. 做好志愿服务资源分析

为了发现对志愿服务项目开展产生关键影响的资源，需要对平台组织现有的资源、项目缺少的资源、项目资源的可能来源进行全方位扫描。一是在常态化掌握平台组织单元基本资源清单的前提下，对参与项目协同组织的资源种类、数量以及质量进行存量评估，尤其重视评估核心资源的存量情况。二是综合考虑项目运行的资源需求，以及平台组织能够提供的资源，进行资源供需分析。依据资源利用情况和变化趋势准确判断项目缺口资源的规模与急需程度。三是结合平台内各组织单元的资源现状，找到平台内外可行的资源来源，有针对性地设计协作方案。

2. 促成平台资源集聚共享

志愿服务项目的资源集聚不是简单地将平台资源进行汇总与集成，而是在识别项目核心资源与资源缺口的基础上，将平台内外部资源进行有效组合，发挥集聚优势，创造新的价值。一是在识别项目资源缺口后，针对潜在资源来源，设计合理的资源集聚方式。例如，在人力资源方面，通过与具备专业技能人才组织的合作，或是通过志愿服务信息网络定向招募；在资金资源方面，申报相关社会公益基金项目，或是与具有公益意愿的企业合作；在社会网络资源方面，通过与具有较强动员能力的群众活动团队合作；或是借助信息平台征集群众定制化的服务需求。二是建立科学分类、动态更新的资源库，随时根据志愿服务项目的需求进行资源提取，实现有效供给。例如，通过志愿服务信息网络平台，搭建开放式的项目需求与资源供给对接平台，借助大数据、云计算等智能技术，实现项目、信息、资源、人才的有效集成与整合。以信用和用户评价为标识，引导更具社会价值与科学组织的志愿服务项目获得更多资源支持。

3. 优化项目资源配置机制

为保证志愿服务项目的有效运行，充分发挥各类资源的最大效用，可以从价值导向、投入产出效率、任务需要三个层面设计志愿服务项目资源配置机制。一是以培育践行主流价值、推动各项为民利民惠民政策落地见效为目标定位，将资源优先配给能产生广泛精神文明建设效果，满足群众迫切需要的志愿服务项目，避免内容形式化、组织临时化的项目挤占有限的资源。二是设计资源投入产出指标，全面评估各类资源投入与经济社会产出效率，避免出于形式主义倾向，不对实际效果有限的志愿服务项目投入过多资源。重点突出对核心资源的优化配置，增强志愿服务项目的特色与竞争优势。三是根据志愿服务项目的任务需要，对完成任务过程中所需资源进行分解、匹配和重组，通过系统性分析提出资源供给需求匹配的最优执行方案。

第二节　理论宣讲平台的资源整合方法

一　理论宣讲志愿服务的特点

党的十八大以来，以习近平同志为核心的党中央举旗定向，正本清源，使意识形态领域形势发生了全局性、根本性的转变。2018 年 8 月，习近平总书记在全国宣传思想工作会议上发表重要讲话，指出宣传思想战线进入了守正创新的重要阶段，强调"要加强传播手段和话语方式创新，让党的创新理论'飞入寻常百姓家'"。①

组织开展理论宣传和形势政策宣传志愿服务，是新时代文明实践中心贴近群众生产生活实际、着力传播党的创新理论的重要途径。《关于扎实推进建设新时代文明实践中心试点工作的通知》指出，要贴近群众生产生活实际，积极探索有效方法、路径、载体，使理论宣传和思想教育更接地气、更有活力、更有温度。② 面对社会思想多元化、理论学习碎片化、理论供需脱节、理论普及不深等情况和问题，理论宣讲志愿服务不仅要全面科学精准地把握党的创新理论，还要紧密结合群众需求，创新方式方法，让群众听得清、听得进、听得懂。具体来看，理论宣讲志愿服务需要凸显三方面特征。

1. 实现阵地和载体创新

群众生产生活场景日趋多样，"在哪儿讲"直接影响理论宣讲能否吸引群众主动聆听、主动参与。一是继续用好传统阵地资源，打通党校（行政学院）、党员电教中心、党员活动室、道德大讲堂、村级组织活动场所和综合服务中心等机构设施，保障以县、乡、村三级基层理论宣讲志愿服务常态化开展、规范化运行、长效化推进。二是创新应用新载体、新手段，利用各类新媒体平台开展理论宣讲志愿服务"微课堂"，把宣讲课堂搬到社区、村组、校园、企业等基层一线，实现理论宣讲时时可学、处处能学、人人愿学。三是把理论宣讲融入惠民服务、文化生活、情景体验。在党的创新理论指导下，群众能够在公共服务、生产生活各方面真实感受到新气象、新风尚。通过志愿者在各场所的热情讲解与服务示范，更容易产生"润物细无声"的宣传效果。

2. 实现内容和语境创新

社会思想观念日趋多元，"讲什么"关系到理论宣讲能否让群众感同身

① 习近平：《论党的宣传思想工作》，中央文献出版社，2020，第340页。
② 《八问新时代文明实践之二：如何传播党的创新理论》，中国文明网，2020年7月10日，http://www.wenming.cn/wmsjzx/sjqy/202007/t20200710_5707234.shtml。

受、入心入脑。一是注重对科学理论的消化转化。理论宣讲志愿者紧贴群众关切的问题，有针对性地设计宣讲内容与宣讲方式，做到"让身边人说身边事、用百姓话说百姓事、用大白话说天下事"。二是运用多样化形式，把"大道理"讲活讲深讲透。发挥志愿者的创新才能，通过观看视频、诵读经典、理论宣讲、现场问答、文艺表演、同唱红歌等多种形式，宣讲好党的创新理论。三是做到宣讲内容短而精。当前城乡居民文化生活相对丰富，志愿者深入城乡社区进行理论宣讲，每场时间应尽量控制在一小时以内，避免"满堂灌"式宣讲，要采取面对面、互动式、解答式等形式，吸引群众主动参与，谈心得、话感受，提升宣讲效果。

3. 实现主体和身份创新

由志愿者作为理论宣讲的主体，可以发挥每个志愿者的特长和作用，既扩充专业宣讲队伍，也孵化草根宣讲人才。一是组建来源广泛、类型多样、结构合理的理论宣讲志愿者队伍。结合各类宣讲主题，分类分级整合宣讲人才资源。整合高校、党校、社科研究机构师资力量，以及"两代表一委员"和劳模，形成市县级宣讲志愿者库；整合乡镇干部、退休教师、致富能人，形成街镇级志愿者库；整合村干部、大学生"村官"、"五老"人员、身边模范，形成村级志愿者库。二是加强对理论宣讲志愿者队伍常态化管理。制定理论宣讲志愿者管理办法，建立学习培训、活动积分、表彰奖励、动态管理等制度。对理论宣讲志愿者定期开展讲故事能力培训，增强理论宣讲针对性。① 三是尝试引入"订单式"的服务链接机制，充分运用志愿者的能力特长，架起理论宣讲与基层群众需求之间的桥梁。

二　理论宣讲服务资源整合方法

重视理论宣讲工作是中国共产党的优良传统，地方党委、政府和工青妇等群众组织始终高度重视理论宣讲工作。但受到条块分割、缺乏整体协同的影响，理论宣讲服务比较分散、宣讲水平参差不齐。统筹整合理论宣讲资源，打造理论宣讲平台，是常态长效开展理论宣讲志愿服务的必要

---

① 刘昌荣、刘瑞文、张慧勤：《新时代基层理论宣讲守正创新之路——新时代文明实践理论宣讲志愿服务的实践与启示》，《理论导报》2019 年第 8 期。

基础。

结合近年来各地新时代文明实践中心在打通理论宣讲志愿服务群众"最后一公里"中的创新经验举措，可以从以下四个方面展开资源整合。

1. 依托红色教育基地，打造理论宣讲志愿服务品牌

红色教育场馆是传承革命文化、弘扬社会主义先进文化的重要阵地。党的十八大以来，习近平总书记多次实地缅怀革命先烈、参观纪念场馆，强调"讲好党的故事、革命的故事、根据地的故事、英雄和烈士的故事，加强革命传统教育、爱国主义教育、青少年思想道德教育，把红色基因传承好，确保红色江山永不变色"。① 各地涌现出众多以红色教育场馆为主的理论宣讲志愿服务主阵地，传承红色基因，打造理论宣讲志愿服务品牌。

例如，多年来，上海市"党的诞生地"志愿服务队依托中共一大会址纪念馆，不断扩大团队规模，拓展服务类型。2018 年以来，571 名志愿者为观众提供志愿讲解 2850 余批次，服务观众 296 万人次，服务时长 2.8 万小时，为讲好党的历史、彰显建党初心、建设守护好中国共产党人的精神家园做出了积极贡献。经过长期摸索实践，该服务队探索"五有""四统一"管理服务模式，夯实理论宣讲志愿者管理服务制度基础。"五有"，是指每个志愿服务岗位都有专门的服务规范和标准，每批新招募志愿者都要经过遴选、培训、考核，每位志愿者的服务都建档并详细记录，每月都向市志愿者协会做专题汇报，每年都开展优秀志愿者总结表彰交流。"四统一"，即统一开展志愿者培训考核，统一颁发志愿者聘书，统一宣读志愿服务守则，统一穿戴志愿者服装和标识。2020 年，该服务队被全国宣传推选学雷锋志愿服务"四个 100"先进典型活动组委会评为"最佳志愿服务"。②

2020 年 6 月 27 日，习近平总书记在给复旦大学《共产党宣言》展示馆党员志愿服务队全体队员的回信中，肯定志愿服务队积极宣讲老校长陈望道同志追寻真理的故事、传播马克思主义理论的积极意义，鼓励他们坚持

---

① 习近平：《用好红色资源，传承好红色基因 把红色江山世世代代传下去》，《求是》2021年第 10 期。

② 《学雷锋志愿服务"四个 100"先进典型获表彰，"党的诞生地"志愿服务队被评为最佳志愿服务组织》，中共一大会址纪念馆微信公众号，2020 年 8 月 26 日。

做下去、做得更好。① 复旦大学"星火"党员志愿服务队也是一支依托红色教育场馆开展理论宣讲服务的特色团队，已服务来自学校、社会各界参观者近 5 万人次，年均讲解 700 多场。

2. 发挥专业团体优势，真情实例展示时代奋进力量

只有真实的情感才最能打动人，只有现实的英模才最能激励人。在"两个一百年"的征途上，有着许多"敢教日月换新天"的伟大成就，也有不可胜数彪炳青史的先烈楷模，以及千千万万"在平凡中书写不凡"的基层先进工作者。有效整合新闻工作者、社科理论工作者、文艺工作者等专业团体力量，组织专业人才发挥力量参与新时代文明实践理论宣讲志愿服务，更能产生有深度和广度的宣传效果。通过服务基层理论宣讲，新闻、社科理论和文艺工作者也能更好地接触、了解群众所思所想，创作出跟上时代的精品力作，服务人民，服务社会主义事业。

自 2014 年起，中宣部、中央网信办、国家广电总局、中国记协在全国新闻战线连续组织"好记者讲好故事"活动，发动广大新闻工作者讲亲历故事，谈采访过程、说内心感受，在距离真相最近的地方，展示中国社会的真实切面，讲述中国人民的精彩故事。② 例如，天津市武清区融媒体中心于 2017 年 8 月成立"好记者讲好故事"宣讲团，发展编辑、记者、主持人等志愿者 50 余人，参加全区各类基层理论宣讲活动 40 余场次，熟练讲述生动感人的精品好故事 50 余个，依托广播、电视、新媒体等平台撰写刊播推送优秀新闻故事 200 余篇，线上、线下直接受众突破 100 万人次。为全力做好决胜全面小康、决战脱贫攻坚的宣传报道，志愿宣讲员们还主动参加全媒体调研采访团，赴河北围场、甘肃泾川静宁、西藏江达等对口帮扶地区进行蹲点调研采访，积极向当地群众宣传党的扶贫政策、向扶贫干部捎去家乡人民的问候。③

---

① 《习近平给复旦大学〈共产党宣言〉展示馆党员志愿服务队全体队员的回信》，新华网，2020 年 6 月 30 日，http://www.xinhuanet.com/politics/leaders/2020-06/30/c_1126176482.htm。

② 郑海鸥：《"好记者"，讲"好故事"，秀"好本事"》，《人民日报》2021 年 11 月 8 日，第 6 版。

③ 《"好记者讲好故事"志愿宣讲项目》，中国文明网，2021 年 1 月 20 日，http://www.wen-ming.cn/specials/zyfw/2020sg100/zjzyfwxm/202101/t20210120_5922505.shtml。

又如，2016 年，云南省大理州两级宣传部在调研时发现大本曲艺术运用民族语言、曲调演唱，风格独具特色，形式生动活泼，群众喜闻乐见，于是把理论宣讲与大本曲演唱融合起来，组建"大理大本曲理论宣讲团"。宣讲团围绕党的理论路线、方针、政策，结合洱海保护、脱贫攻坚、爱卫创卫等编排大本曲节目，进行宣讲演出。宣讲团先后创作了《杨善洲精神传万代》《保护洱海从我做起》《全面打赢疫情防控阻击战》等演出曲目 50 余首，深入全州各县和大理市农村、学校、企业、社区宣讲 240 多场，观众近 10 万人次，产生了较大的社会影响。[①]

3. 协助政府中心工作，理论宣讲回应群众所急所需

理论宣讲志愿服务不能就理论讲理论，应当结合地方经济社会发展的主要方向，解读党的重大方针政策，指导群众生产生活实践，为群众所思所想的焦点问题提供智力支持。因此，理论宣讲志愿服务的功能定位、服务内容和绩效考核，需要围绕群众需求和地方发展中心工作整合资源，形成特色。

例如，安徽省铜陵市枞阳县新时代文明实践志愿服务总队成立扶贫政策宣讲志愿服务分队，结合安徽省脱贫攻坚第三方评估和国家财政专项扶贫资金绩效评价工作，开展扶贫政策宣讲活动，全面宣讲习近平总书记关于扶贫工作重要论述，推动党的扶贫政策深入贫困村、贫困户，扩大扶贫政策的知晓面和覆盖面。[②]

又如，青海省海南藏族自治州兴海县整合现有基层阵地、资源和人员，建起覆盖县、乡、村三级新时代文明实践中心、所、站。县委党校组建了"理论大讲堂"，依托新时代文明实践中心开展理论宣讲、党员培训、干部教育等工作。及时成立理论宣讲队，活用典型案例，藏汉双语讲解，开展党的惠民政策、法律知识等宣讲活动。努力做到让群众主动来、愿意听、听得懂、会应用。[③]

[①] 《"好记者讲好故事"志愿宣讲项目》，中国文明网，2021 年 1 月 20 日，http://www.wenming.cn/specials/zyfw/2020sg100/zjzyfwzz/202101/t20210120_5922578.shtml。

[②] 《全覆盖品牌化树典型 安徽铜陵打造新时代文明实践中心》，中国文明网，2021 年 10 月 20 日，http://www.wenming.cn/specials/zyfw/2020sg100/zjzyfwxm/202101/t20210120_5922505.shtml。

[③] 王梅：《青海省海南藏族自治州兴海县——服务沉下去 村民富起来》，《人民日报》2020 年 8 月 11 日，第 6 版。

4. 组织发动青年力量，让青春与创新理论激情碰撞

以往理论宣讲给群众的感觉是内容更新较慢，难以适应信息化社会快节奏的信息生态。于是有些地方尝试整合各领域青年人才，组织以青年志愿者为主体的理论宣讲活动，让更熟悉数字化时代媒体规律、了解朝气蓬勃青年人所思所想的青年理论宣讲团，带头学习党的理论、热心传播党的声音、努力宣讲党的政策，用习近平新时代中国特色社会主义思想教育青年、引领青年，照亮青年心灵。

例如，2019 年，浙江省龙游县委宣传部组建了龙游"8090"理论宣讲团，通过全县"微党课"比赛，选拔集结了全县各领域、各战线优秀年轻党员担任志愿者。为加强队伍建设，特聘浙江省优秀宣讲员、高级讲师刘秋荣为宣讲团导师，进行"一对一"结对帮带，补理论、补语言、补专业，集体备课，严把试讲关、培训关、实践关。通过不断更新知识、提升素养，"8090"理论宣讲团逐渐成长为理论宣讲战线上的一支新生力量。"8090"理论宣讲团根据基层干部群众的实际需求，围绕乡村振兴、脱贫攻坚等重点工作，用"短平快"的宣讲取代"高大上"的说理，以"人物＋故事＋互动"模式，让党员群众"下单点菜"，把党课搬到了村社广场、田间地头，相继开展了"大樟树下话初心""习礼亭里谈清廉""田坎会上说变迁"等形式多样的宣讲活动。"8090"理论宣讲团还创新运用新媒体平台开展理论宣讲课程直播，融合艺术、新媒体等年轻人易于接受、乐于接受的元素转变宣讲方式，让理论宣讲更加鲜活、更具生命力。[1]

在龙游"8090"理论宣讲团示范带动下，"小螺号青年讲师团""青年名嘴说"等一批青年理论宣讲队伍在浙江各地纷纷组建。截至 2020 年 7 月，浙江已形成 400 余家基层特色宣讲团，其中，300 余家由 80 后、90 后负责运行；5000 多名基层宣讲骨干中，80 后、90 后宣讲员占 80% 以上，每年开展各种形式的宣讲超过 1 万场次。浙江省青年宣讲团开展的线上宣讲青年受众占 90% 以上，线下宣讲青年受众占 80% 以上。[2]

---

[1]　严红枫、陆健、姜贤帅：《浙江龙游"8090"理论宣讲团：青春力量让创新理论飞入寻常百姓家》，《光明日报》2020 年 5 月 18 日，第 5 版。

[2]　何苏鸣：《用新思想润泽青年心灵——浙江青年宣讲团创新理论宣讲纪事》，《浙江日报》2020 年 7 月 20 日，第 1 版。

第三节 教育服务平台的资源整合方法

一 教育志愿服务特点

文明实践教育志愿服务是以中小学在校学生及其家庭为主要服务对象，在中小学校、青少年校外活动场所以及相关服务机构中开展活动，以促进青少年道德情操、知识技能、身心健康全面发展为主要内容的志愿服务形式。在过去的实践中，针对青少年的志愿服务通常以困境儿童、越轨青少年等特殊青少年为服务对象。但随着新时代对中小学生德育、智育、体育、美育、劳动技术教育、安全教育等全面发展更加重视，中小学校和校外教育机构需要承担内容更为丰富的教育职责，全体中小学生及其家庭均可以成为教育志愿服务的对象。

从志愿者来源而论，教育志愿服务主要包括三类服务组织形式。

1. 教育系统组建的团队进行的志愿服务

在新时代文明实践工作影响下，教育系统主动结合区域发展实际，找准志愿服务定位，招募学校教师组成志愿服务团队，为提升社会文明程度与城乡未成年人的思想觉悟、道德水准和文明素质，展开相关志愿服务。一是利用学校既有教育设施，提供技能培训、家长课堂、知识讲座等教育培训服务。二是教育志愿服务团队走出校园、深入基层，为农村地区或特殊困难人群提供教育辅导、心理关爱等服务。

2. 志愿服务项目进校园服务

随着儿童全面发展更受重视，一些专注于儿童安全教育、生命教育、劳动教育等领域的公益项目也日趋成熟。在新时代文明实践平台的沟通安排下，此类志愿服务项目能够通过与中小学校合作，成规模、成体系地为在校中小学生提供各类专业知识和技能培训。相较于通过市场化方式购买相关教育培训课程，此类志愿服务项目更凸显公益性和志愿性，能够招募相关专职人员作为志愿者，为基础薄弱、位于偏远农村地区的学校提供专项教育服务。

3. 社会组织开展的儿童与家庭服务

许多双职工家庭的中小学生，在放学后或寒暑假期间容易出现无人照看的问题。由社会组织招募的志愿者，在社区为缺乏照看的儿童组织安全监管和课外活动，能够为中小学生家长在市场化经营的"晚托班"之外，提供安全公益的社会化照看服务。此外，以中小学生家长为服务对象，由社会组织提供的家庭教育知识和家风文明培训，也是儿童与家庭服务的重要形式。

二 教育服务资源整合方法

针对教育志愿服务的内容特点，新时代文明实践中心在资源整合上要重点做好两个方面的工作。一是依托当地教育委员会，打通普通中学、职业学校、小学、青少年宫、青少年校外活动场所、儿童活动中心、乡村学校少年宫等教育相关机构，构建平台，统一部署学校教育志愿服务工作。二是梳理整合辖区内涉及教育志愿服务的服务项目和社会组织资源，协同制订有助于青少年全面发展的学校、社区、家庭志愿服务计划，促成区域内儿童福利服务水平整体提升。

结合近年来各地将教育志愿服务纳入文明实践的相关经验探索，可以从以下三个方面展开教育志愿服务资源整合。

1. 由教委担任牵头单位，系统推动教育志愿服务

教育系统作为新时代文明实践中心建设的重要组成部分，承担着教育志愿服务、志愿指导员培训和文明实践基地建设等具体工作。教委应结合当地实际情况，成立不同使命的志愿服务团队，提升家长和群众的安全感、获得感，把广大人民群众紧密团结在党的周围。

例如，北京延庆区在入选新时代文明实践中心建设试点地区后，区教委根据教育系统情况找准定位，以农村未成年人和农民群众为两类重要服务群体，成立了"雨润妫川"教育志愿服务支队，下辖农村未成年人教育、属地高校教育、农民教育三支教育志愿服务分队。为了提高教育系统公共服务能力，区教委遴选20名志愿指导员，协助村、社区文明实践站做相应工作。区教委还精选青少年活动中心、科技馆、社教中心、职教中心、第一职业学校以及10个乡村少年宫共15家比较成熟的校内外教育资源，建成

15 个新时代文明实践基地。各乡属学校按需开放校内资源，免费为区域内农民进行培训，总计开设 50 门面向未成年人的课程，以及 100 余门面向农民的课程。①

2. 遴选成熟培训项目，推动志愿服务进校园

为弥补中小学课程教育在安全教育、生命教育、劳动教育等方面的不足，促进中小学生全面发展，应当由新时代文明实践中心协同教委，在区域内进行招标竞争，遴选出培训课程相对成熟、有助于陶冶未成年人道德情操与培育公民素养的志愿服务项目。通过项目资助等方式，鼓励一批专业志愿服务团队长期从事此类校园培训。

例如，陕西省安康市安康儿童发展促进会自 2014 年开始实施"儿童灾害管理培训暨防灾减灾体验式游戏进社区、进校园项目"，通过对社区乡村儿童进行灾害管理培训以及开展防灾减灾体验式游戏活动，增强儿童的防灾减灾意识，同时协助乡村社区与学校制定灾害应急预案以及绘制逃生路线图，并现场模拟避震、防火、防踩踏、防溺水、防滑坡、防泥石流等逃生演练活动，开展寓教于乐的体验式游戏活动。截至 2018 年 10 月，共在 9 个县区 60 余所山区学校开展儿童防灾减灾教育志愿服务活动 60 场次，受益人数达 8 万人次。据评估，参与该项目的学校中，儿童意外伤害比例大大降低，儿童自我安全防范意识明显增强。②

又如，广州市绿点公益环保促进会自 2008 年以来策划实施"绿豆丁爱地球"大学生生态环境教育志愿服务项目，开展线上、线下生态环境教育活动，让小学生在成长的过程中正确认识、了解环境问题，培养保护环境的意识。一是在广州地区每年培训大学生志愿者讲师约 1000 人，针对广州市小学生约 20000 人次，开展生动活泼的环境教育课堂及实践活动超 500 场；二是开发 10 个教学视频，通过网络渠道及学校电教设备播放，使生态环境教育覆盖更多学生和市民群体，阅读量合计超 10 万人次；三是与广东各地机构合作，推广项目模式和工具，在广东省建立超 40 支环教讲师团队，

---

① 《延庆区教育系统念好"三字诀"扎实推进新时代文明实践工作》，延庆文明网，2019 年 2 月 27 日，http://bj.wenming.cn/yq/wcnr/xyfc0601/yw06013/201902/t20190227_5018570.shtml。

② 《儿童灾害管理培训暨防灾减灾体验式游戏进社区、校园项目》，中国文明网，2018 年 11 月 29 日，http://www.wenming.cn/zyfw/2018sg100/zjzyfwxm/201811/t20181129_4916781.shtml。

每年超过 5 万名小学生受惠。[①]

3. 协调社区资源，开展儿童福利志愿服务

从当前实践来看，学校与家庭之间存在较大需求，却只能依靠市场化运营的校外机构提供的儿童社会化照料。造成社区儿童福利志愿服务供给不足的原因包括三个方面：一是社区缺乏安全的儿童室内活动场所；二是社区缺乏具有专业技能的志愿者照看儿童；三是社区缺乏稳定的项目资金支持，无法承担必要的服务支出。为弥补资源缺口，可以由团委或妇联等群团组织协同新时代文明实践中心进行资源整合，争取政府公益项目资金，在社区实施场所改造，以"社工 + 志愿者"形式开展社区儿童福利服务。

例如，湖北省武汉市青山区自 2018 年以来，在团区委牵头协调下，广泛整合各方资源，对区内原有免费公益服务"四点半学校"进行完善，由单一的托管职能提升为集青少年人格塑造、意识培养、法治教育、道德培育于一体的创新基层服务平台，进一步完善与健全学校、家庭、社会"三位一体"教育网络。在日常管理中，团区委在区级层面对旗舰型、标准型和便利型"四点半学校"进行统一规划、合理布局，确保全覆盖无遗漏。同时，与社区合作，整合社区现有场地资源，对功能不达标的进行改造升级。通过政府购买服务，聘请专业的社工组织与社区青教社工共同参与日常管理，每日记录台账，每月定期培训。学生每日签到、签退。每个"四点半学校"需保证每月活动不少于 6 次，活动形式坚持参与性、教育性、科学性和趣味性相结合，保证活动的质量和水平。截至 2019 年 3 月，青山区统筹打造"四点半学校"共 67 家，全面对接 3.2 万名 6～14 岁青少年，参与日常教学和管理工作的学校在职教师、大学生、社区"五老"等各类志愿者及社工 1000 余人；年开展课程 10000 场次，服务学生 20 多万人次。[②]

---

① 《"绿豆丁爱地球"大学生生态环境教育志愿服务项目》，中国文明网，2021 年 1 月 21 日，http://www. wenming. cn/specials/zyfw/2020sg100/zjzyfwxm/202101/t20210121_5923962. shtml.

② 李锐、覃柳玮：《填补学校家庭教育"真空期"　政府购买服务帮家长带孩子　小学生开心打卡"四点半学校"》，《长江日报》2019 年 3 月 7 日，第 14 版。

第四节　文化服务平台的资源整合方法

一　文化志愿服务的特点

公共文化服务在培育和弘扬社会主义核心价值观、传播社会主义先进文化方面发挥着重要作用。广泛吸引志愿者参与文化志愿服务，有助于丰富人民精神世界，增强人民精神力量，建设社会主义文化强国，助推实施国家创新驱动发展战略和建设世界科技强国，为党和人民的事业提供坚强的思想保证、强大的精神力量和丰润的道德滋养。为推动文化志愿服务制度化、规范化、常态化，文化和旅游部、中央文明办先后印发了《2019年文化和旅游志愿服务工作方案》和《2020年文化和旅游志愿服务工作方案》。

结合上述工作方案，除了招募农村文化志愿者到中西部农村服务的"阳光工程"，以及针对中西部农村服务未成年人专项艺术培训和辅导的"圆梦工程"，文化志愿服务还包括四大类服务形式。

1. 新时代文明实践中心志愿服务

组织动员文化和旅游部门的在职人员、乡土文化人才、退休文化工作者等作为志愿者加入新时代文明实践志愿服务总（分）队，整合文化馆（站）、图书馆、博物馆以及歌舞团、戏剧团等基层公共服务阵地资源，建立文化服务平台。深入乡镇（村）文明实践中心站（所），广泛开展群众乐于参与、便于参与的文明实践活动。

2. 边疆民族地区志愿服务

组建志愿服务团队，赴边疆地区、民族地区、革命老区、贫困地区和部分海疆地区实施"大舞台"文艺演出、"大讲台"培训讲座和"大展台"展览展示等文化和旅游志愿服务活动。

3. 基层公共文化机构志愿服务

组织志愿者在公共图书馆积极开展讲座培训、书目荐读、咨询导引等读者服务活动，为读者学习知识创造良好环境。组织志愿者积极开展广场舞、合唱、书法、美术、曲艺等各类群众文化活动。组织志愿者担任博物馆讲解员,参与开展文物知识普及等活动。组织志愿者担任美术馆导览员,参与举办美术讲座,普及美术知识。

4. 文明旅游志愿服务

组建志愿服务团队,担任文明旅游讲解员、引导员和"文明用厕"宣传员,参与优秀传统文化、景区政策宣讲、景点介绍、秩序维护等各项服务,形成长期开展的志愿服务品牌项目。弘扬中华优秀传统文化,传播文明旅游社会风尚,引导广大游客努力提升自身文明素质,遵守公共秩序,爱护公共设施,践行文明旅游理念。

二 文化服务资源整合方法

文化志愿服务覆盖范围广,活动形式多,必须结合群众需求和项目特色,整合资源、精确施策、协同发力,才能扩大文化志愿服务项目的覆盖面,提升影响力。一是以老年人、残疾人、未成年人、农民工等特殊群体为重点,开展贴合实际、形式多样的文化志愿服务活动,营造全社会向上向善、互帮互助的良好风尚。二是以中西部农村地区和贫困县为重点帮扶地区,充分发挥文化志愿服务对扶贫扶智、凝心聚力的积极作用,补齐公共文化服务短板,形成乡村振兴与脱贫攻坚的强大合力。

结合各地开展文化志愿服务的优秀案例,可以从三个方面着手整合资源,增强群众的文化获得感、幸福感。

1. 由文旅部门牵头,以文化服务助推全面发展

基层文化资源不仅覆盖范围较广,而且机构团队众多。由文旅部门牵头,能够最大限度地整合各类资源,组建文化志愿服务团队,打造特色鲜明、内容丰富的文化志愿服务活动。有助于提振当地文化自信,为经济发展和社会治理提供更基本、更持久的力量,助推各项工作全面开展。

例如,在湖南省湘西州文旅部门牵头领导下,新时代文明实践文化志愿服务支队成立,根据不同类别活动对文化志愿者的不同要求,有针对性地招募文化志愿者,组建文化志愿者服务分队10个,累计招募文化志愿者3500人。每年开展各类文化志愿活动3000多场次,网络浏览受益群众1000多万人次,当地受益群众1500多万人次;特别是文化进景区活动,当场受益群众300多万人次,还带动了文化、旅游融合发展,景区旅客增

加了500多万人次，旅游收入增加了300亿元。同时，还以"走出去"和"请进来"的形式广泛开展省与省之间文化交流。组织文艺文化志愿者到东北三省、宁夏、甘肃、青海、海南等地开展"春雨工程"文旅志愿者边疆行大舞台活动100余场次，让边疆群众近100万人次享受了文化惠民服务。①

又如，新疆塔里木大学成立"胡杨青年文艺轻骑兵"艺术团，自2003年以来，每年利用暑假和重要节假日，组织大学生以"文艺轻骑兵"的形式，送文化进连队、乡镇、企业，用基层职工群众喜闻乐见的文艺表演形式，传递党的声音、传播正能量，极大丰富了南疆各族职工群众的文化生活。② 学校在安排志愿地点时都要先对所去地方生活、文化、科技、民俗等加以了解，并与当地工作组取得联系，了解实际需求并安排临时场地及后续。除了开展文艺演出，项目还组织志愿者与当地基层文艺骨干和文艺爱好者开展交流，与青少年、留守儿童开展联谊活动，为深度贫困县的孩子送爱心物资，看望孤寡老人，为脱贫攻坚、民族团结提供重要助力。③

2. 立足文化场馆，以志愿服务提升服务品质

依托公共图书馆、文化馆、博物馆、美术馆等公共文化场馆，招募有一定专长、热心社会公益事业的各界人士作为志愿者，组建文化志愿服务团队，借助志愿者的技能、特长与身份优势，更好地服务前来参加活动的群众，并且形成群众记得住、用得上的志愿服务活动项目品牌。

例如，北京市西城区第一图书馆依托视障人阅览室，开展文化助盲志愿服务项目，坚持为残障人士提供文化服务。随着志愿者的加入，图书馆有条件不断扩大服务范围，丰富服务内容，提供的文化服务从最初的盲文图书借阅，扩展到视障人士计算机使用、智能手机APP使用，以及健康、

---

① 《湖南省湘西自治州文化旅游广电新时代文明实践文化志愿服务支队》，中国文明网，2019年12月11日，http://www.wenming.cn/specials/zyfw/2019sg100/zjzyfwzz/201912/t20191211_5348410.shtml。

② 马雪娇：《让欢乐沾满泥土的芳香——兵团文艺工作者深入基层、服务职工群众的故事》，《兵团日报》2021年12月14日，第6版。

③ 《"胡杨青年文艺轻骑兵"文艺志愿服务项目》，中国文明网，2021年1月15日，http://www.wenming.cn/specials/zyfw/2020sg100/zjzyfwxm/202101/t20210115_5917439.shtml。

养生、法律、安全等方面的知识培训。此外，志愿者团队每月为视障读者播放一场无障碍电影，通过志愿者声情并茂的讲解，视障读者可以同明眼人一样"观看"最新的影视大片；每年还会组织春节联欢会活动和外出参观活动。通过开展文化助盲服务，图书馆加强对外合作，实现资源的有效利用，为广大视障人士接受教育、融入社会、实现"平等、参与、共享"的目标创造了条件。[①]

3. 以终身教育为手段，带动文化水平整体提升

提升区域文明水平，需要全体居民的持续学习与共同努力。实现全民文明素质共同提升，既可以依托新时代文明实践中心建设，成立文明学院，开展社会主义核心价值观、文明礼仪、家风家训教育，也可以借助开放大学、老年大学等既有的终身教育平台，开设道德修养、文化艺术课程。不同于主要面向中小学生及其家庭的教育志愿服务，基于终身教育的文化志愿服务可以更广泛地接触、服务社会各个群体，通过教育熏陶，让群众自觉践行文明行为，提高自身文明素养。

例如，河南省辉县市川中社区大学是在乡村幼儿园基础上办起来的服务周边15个村落男女老少的终身教育机构。2014年，长期从事乡村教育的中国农业大学教授孙庆忠在得知很多老师和村民对知识渴望、对大学向往后，与川中幼儿园园长张青娥达成合作意向，在山区开办社区大学，让家长和老师圆"大学"之梦。自川中社区大学开办以来，当地28位幼教老师，中国农大、河南师大的4名教师构成了志愿团队的核心，为周边村落的留守老人和妇女开设公开文化课程、组织群众性文体活动、搭建村民自我展示表达平台，并走访农户调处矛盾。川中社区大学已经成为周边村民的精神家园，前来报名学习者络绎不绝，很多毕业的学员不舍得离开，转而加入志愿者团队。川中社区大学以接地气、受欢迎的文化志愿服务，书写了平民教育与乡土重建的当代佳话。[②]

---

① 《北京市西城区第一图书馆文化助盲志愿服务项目》，中国文明网，2019年12月4日，http://www.wenming.cn/specials/zyfw/2019sg100/zjzyfwxm/201912/t20191204_5340626.shtml。

② 《川中社区大学：以农民终身学习启动乡村文化建设》，中国文明网，2019年12月12日，http://www.wenming.cn/specials/zyfw/2019sg100/zjzyfwxm/201912/t20191212_5348935.shtml。

第五节　科技与科普服务平台的资源整合方法

一　科技与科普志愿服务的特点

科技创新、科学普及是实现创新发展的两翼，科学素养也是公民文明素养的重要组成部分。科技志愿服务是科技志愿者、科技志愿服务组织为服务科技工作者、服务创新驱动发展、服务全民科学素质提高、服务党和政府科学决策，自愿、无偿向社会或者他人提供的公益性科技类服务。科普志愿服务则是以弘扬科学精神，普及科学知识，传播科学思想、科学方法为宗旨，致力于科学传播的公益性服务。两者之间具有紧密联系。长期以来，从中央到地方都十分关注科技与科普工作，形成了以各级科协系统为主体，在农村地区以农业农村系统为辅助的科普工作体系。由于科技与科普工作需要服务主体具备较强的专业知识储备，因而科技与科普志愿服务通常仅在高校、科研机构和技术职能部门中招募高素质、高学历背景的专业人员作为志愿者。[①] 受此影响，科技与科普志愿服务的效果导向特征更为明显，需要从服务中产生经济社会收益，而非用参与活动人员数量来衡量其社会价值。

从服务内容和服务地点而论，科技与科普志愿服务主要有三种形式。

1. 针对文明实践需要的科技类服务

围绕新时代文明实践中心建设，依托党群服务中心、社区服务中心、科普中国 e 站等基层阵地，结合防灾减灾、应急避险、食品安全、卫生防疫、生态保护等群众关切问题，开展科技培训、农技服务、义诊咨询、青少年科技教育等公益性科技类服务。

2. 针对社会大众的科普活动

大众科普志愿服务活动是提升全民可持续素养、普及科学知识的重要途径。一是依托固定科技场馆和对外开放服务的科研机构，开展日常化公益科普教育活动；二是参与"学雷锋日"、"全国科技活动周"、"全国科技

---

① 张子睿主编《科普志愿者培训教程》，中国时代经济出版社，2014，第 9 页。

工作者日"、"全国科普日"、文化科技卫生"三下乡"、"国际志愿者日"等大型活动的科技志愿服务。尽管形式有差异,但是科普活动要产生较明显的社会效益,都需要结合区域内经济社会发展实际水平,以及群众科学技术知识结构,开展有针对性的科普宣传和体验活动。

3. 针对生产活动需要的科技咨询

党的十九大报告提出,建立以企业为主体、以市场为导向、产学研深度融合的技术创新体系。为了促成科技服务与工农业生产、科技创新的供需对接,科技志愿服务需要围绕创新驱动发展和乡村振兴战略,结合地方和企业科技文化需求,通过现场咨询或网络远程咨询等方式,对标开展相关公益性科技类服务。

二　科技与科普服务资源整合方法

实现新时代文明实践科技与科普志愿服务的资源整合,需要从中央到地方的整体规划。2020 年 5 月,中国科协、中央文明办联合印发《关于组织实施科技志愿服务"智惠行动"的通知》。"智惠行动"项目包括整合资源创新推进科技志愿服务、助力新时代文明实践中心建设和学会科技志愿服务基层行三个子项目。项目计划在 2020 年全国范围内遴选 90 家实施单位,聚焦服务下沉、资源下沉、智力下沉,广泛开展科技志愿服务活动,服务人民群众,助力经济社会发展。[①]

结合各领域科技与科普志愿服务实践,可以从以下三个方面展开资源整合。

1. 由科协担任牵头单位,整合文明实践科普服务"套餐"

由于科技与科普志愿服务具有较强的专业特色,由各级科协系统部门牵头,配合新时代文明实践中心进行资源整合,更能发挥科技志愿者、科技志愿服务组织的智力优势和专业优势。

例如,北京市延庆区科协积极统筹市、区优质资源,打造了一支由 140 人组成的科技专家志愿服务团队。同时,在全区 18 个乡镇、街道成立科技

---

① 杨虹:《"智惠行动"开启科技志愿服务人民群众,助力经济社会发展》,中国发展网,2020 年 6 月 1 日,http://www.chinadevelopment.com.cn/news/zj/2020/06/1649769.shtml。

志愿服务分队，按需点单、派单，形成区、街道（乡镇）、社区（村）三级统筹联动，共同推进科技服务工作。北京市延庆区科协还采取"固定＋灵活对接"的服务模式，为每个志愿服务分队固定搭配一名区级志愿服务员，其他队员按实际需求灵活对接，充实基层科技服务人员力量，使科技与科普工作落到实处。区科协针对青少年组织开展了为期 3 天的"科学嘉年华活动"，现场提供"VR 体验""星空影像""空气实验"科普体验服务，还组织到航空航天博物馆、铁道博物馆、汽车博物馆、直升机基地、北京科学中心等市级优质科普资源馆开展研学活动。在践行新时代文明实践的过程中，北京市延庆区科协除了在农村社区组织农业技术培训，还在城市社区组织非遗制作培训、花卉园艺培训、阳台经济培训等特色培训。[①]

又如，杭州市科协以"数字经济"科技志愿服务项目为抓手，通过项目实施，建立了一支由企业、高校、科研机构和社会团体的科技工作者、学科专家组成的 300 多人的科技志愿服务队伍。项目组依托科技志愿专家，发挥多学科交叉、跨界跨行业融合的独特优势与作用，组织物联网、人工智能、工业互联网、数字乡村等重点数字技术领域活动 200 多场，覆盖科技工作者上万人次。项目组还建设数字经济服务基地，组织专家深入企业、社区、乡村进行技术咨询服务 80 余场。项目以数字技术与专家团队助力复工复产，还为老年人开展智能手机科普公益教学，初步探索形成了"点－线－面"结合的科技志愿服务运行模式。[②]

2. 依托科普基地与科技场馆，开展特色科普志愿服务

在党委、政府的关注下，各地兴建完善了一大批科技示范场馆与科普活动基地。在大众通过互联网等媒介手段能够便捷获取科学知识信息的背景下，只有进一步强化科普基地的专业特色，提供具有体验性和互动性的高水平科普服务，方能激发公众尤其是青少年对科学知识的好奇和向往。新时代文明实践中心应大力支持辖区内科普基地与科技场馆，完善科普志愿服务团队与制度建设，扩点成面，提升区域科普志愿服务水平。

---

① 张宏民、张辉：《北京延庆：新时代文明实践中心科普服务"套餐"惠民》，中国文明网，2019 年 9 月 17 日，http://wenming.cn/dfcz/bj/201909/t20190917_5256018.shtml。

② 《杭州市科协"数字经济"科技志愿服务项目》，中国文明网，2021 年 1 月 17 日，http://www.wenming.cn/specials/zyfw/2020sg100/zjzyfwxm/202101/t20210117_5918122.shtml。

例如，中国航天科技集团一院一部于 2016 年成立了领航科普志愿服务队，把"普及航天知识、弘扬航天精神、传播科学思想"作为科普服务宗旨，不断加强团队建设、创新科普实践，践行央企社会责任。服务队聘请 2 位院士、4 位总工程师以及北京市科普大使金声为科普团队的首席志愿者兼导师，共有 1023 名注册志愿者，形成了以年轻设计师为主力、以院士专家为指导的志愿者梯队。服务队制定《领航科普志愿服务章程》，建立了规范、长效的团队运行机制。开设"专家培训—对外交流—内部试讲实战提升"的志愿者快速成长通道，不断提升志愿者的科普能力。服务队与北京市教委、北京市各区县学校、靶场周边贫困学校等教育单位合作共建，开展"航天科普进校园""北京市中小学生航天科技体验与创意设计大赛""航天小创客夏令营"等科普活动。通过长期实践和积累，科普基地形成系列化、结构化的科普课程体系，集讲授、动手、体验于一体，可满足不同受众需求；撰写多本航天科普书籍，开通微信、博客等线上科普平台，形成了知识与精神相结合、活动与竞赛相结合、线上与线下相结合、"走出去"与"请进来"相结合的多样化科普模式，打造"领航"航天科普品牌。①

3. 借助信息平台建设，链接科技志愿服务供需

为了统筹指导和协调管理各级各类科技志愿服务工作，统一登记科技志愿者与科技志愿服务组织信息，中国科协开发了科技志愿服务信息平台，通过门户网站、微信公众号、中国科技志愿 APP 和后台管理系统等功能终端，实现科技志愿服务资源与各行各业科技服务需求的高效动态对接。截至 2020 年 8 月 28 日，通过科技志愿服务信息平台注册的科技志愿者 725081 人、科技志愿服务组织 21641 个，发布的科技志愿服务活动 33655 个，创建的品牌项目 115 个。② 在开始建设该平台之前，中国科协已尝试推动高校科研院所、科技人员与生产一线开展科技志愿服务合作。

例如，2018 年，在中国科协大力支持下，中国农村专业技术协会科技

---

① 扈佳林：《航天科技集团有限公司一院一部：将航天科普进行到底》，中国文明网，2019 年 4 月 23 日，http://www.wenming.cn/wmdw2017/jj/201904/t20190423_5088100.shtml。
② 中国科协农村专业技术服务中心：《超 70 万人同行！科技志愿服务注册及发布情况排行榜》，中国科技志愿服务门户网站，2020 年 8 月 29 日，http://www.stvs.org.cn/c/2020 - 08 - 29/2677877.shtml。

小院联盟成立。联盟是由全国涉农院校、科研院所、各省级农技协以及各地科技小院在自愿、合作的基础上共同组建的非营利性联合组织。涉农院校专家、研究生组成的科技团队直接驻扎在农村和农业生产第一线开展科学研究与科技推广工作，充分调动专家导师、科技人员和当地政府、农技协、农业企业、农民专业合作社、农民群众的积极性，实现零距离科技对接，零时差指导解决，零门槛普惠服务，零费用培训推广，旨在解决农业技术推广的"最后一公里"问题。以该项目为纽带，农业专家与农民紧密联系在一起，针对当地生产实际问题一起开展田间研究，集成创新高产高效技术，形成绿色增产模式，直接服务农业产业发展，助力乡村产业振兴和农民增收。①

第六节　健身体育服务平台的资源整合方法

一　健身体育志愿服务的特点

党的十八大以来，以习近平同志为核心的党中央高度重视体育工作，将全民健身上升为国家战略，广泛开展全民健身运动，推动全民健身和全民健康深度融合。② 为深入贯彻落实全民健身战略，国家体育总局在重申《关于广泛开展全民健身志愿服务活动的通知》和《建立全民健身志愿服务长效化机制工作方案》的基础上，进一步动员社会力量，整合社会资源，形成强大的工作合力，广泛开展健身体育志愿服务活动。一是在人才资源方面，充分发动优秀运动员、社会体育指导员、体育系统工作者、学校体育教师和在校体育专业大学生，充实健康体育志愿者专业队伍，深入社区、学校、农村和企事业单位，开展健康体育志愿服务活动。二是在场地资源方面，建好用好体育场馆、健身广场、文化活动广场，推动中小学体育设施对外开放，建立健身体育服务平台。

---

① 《中国农村专业技术协会科技小院项目》，中国文明网，2019 年 12 月 24 日，http://www.wenming.cn/specials/zyfw/2019sg100/zjzyfwxm/201912/t20191224_5360927.shtml。

② 李中文、薛原：《为健康中国夯实体育之基　以习近平同志为核心的党中央关心全民健身工作纪实》，《人民日报》2017 年 8 月 8 日，第 1 版。

日常全民健身体育活动中的健身体育志愿服务主要包括三种类型。

1. 优秀运动员"示范性"健身体育志愿服务

定期组织奥运冠军、世界冠军、全国冠军等优秀运动员深入基层，参加全民健身社会公益活动，向广大群众展示精湛技艺，传授运动技能，树立优秀运动员良好的社会形象。利用优秀运动员的"明星效应"，把广大群众特别是青少年吸引到全民健身运动中来。

2. 体育系统工作者"推广性"健身体育志愿服务

组织动员广大教练员、体育教育和科研工作者利用业余时间，发挥专业特长，向群众讲解健身知识、推广健身方法，普及科学健身理念。各级体育运动项目协会积极组织项目运动骨干参加健身体育志愿服务，普及和推广本项目的基础知识和基本技能，提高广大群众参与体育活动的兴趣和技能，拓展体育项目的影响力和参与面。

3. 社会体育指导员"指导性"健身体育志愿服务

社会体育指导员是在竞技体育、学校体育、部队体育以外的群众性体育活动中从事技能传授、锻炼指导和组织管理工作的人员，也是开展健身体育志愿服务活动的主力军。社会体育指导员立足城乡社区，指导基层健身活动，传授基本健身技能，普及基础健身知识，引导人们文明健身、科学健身。

二　健身体育服务资源整合方法

健身体育志愿服务应当紧扣全民健身需求和体育事业发展，将健身体育志愿服务纳入全国和本地区志愿服务活动的内容进行统一协调，统筹各方志愿服务资源。一是在体育系统内部，发挥社会体育指导员的骨干带头作用，形成以社会体育指导员队伍为主体，由优秀运动员、教练员、体育科技工作者和体育教师、体育专业学生组成的健身体育志愿服务者队伍。二是广泛搭建社会参与平台，动员社会各界积极投身全民健身志愿服务，吸纳有体育专长和志愿服务意愿的各界人士共同参与健身体育志愿服务活动。

结合各地开展健身体育志愿服务的探索，可以从三个方面整合健身体育服务资源。

1. 依托社会体育指导员网络，带动全民健身热潮

根据《社会体育指导员管理办法》，各级体育主管部门应当将社会体育指导员工作纳入体育工作规划，列入工作考核评价体系，为社会体育指导员开展志愿服务提供保障，依法对社会体育指导员工作进行管理、指导、监督。经过多年发展，不少地方已形成以各级体育指导员为骨干与核心的体育健身志愿服务团队。在县域范围内，只要体育主管部门能抓好县、乡、村三级社会体育指导员工作，连点成网，就能产生纲举目张、全民参与健身的积极效果。

例如，广东省中山市火炬区建成区、社区、小区三级社会体育指导员健身体育志愿服务网络，全区有持证上岗社会体育指导员 1000 多人。作为健身体育专业志愿者，他们常年活跃在各居民小区、文化体育广场，义务向居民群众教授广场舞、健身舞等各种体育舞蹈。社会体育指导员与基层群众血脉相连，成为群众身边的文明实践宣传人、带头人。在教与学的过程中，社会体育指导员与舞蹈学员互助互爱，自发地清洁场地，带动更多居民传播公益理念，传递文明健康生活方式，实现全面健身与文明实践的双丰收。①

2. 完善城乡社区健身设施，激发群众健身热情

随着全民体育健身意识的增强，群众体育健身知识水平和自发自愿组织健身活动的能力有了很大提高。除了组织形式多样、自发自愿的经常化健身活动与群众性赛事，还要调动地方主管部门以及健身体育志愿服务团队的力量，积极推动社区健身场所建设，开放全民健身活动中心、青少年户外体育活动营地等各类公共体育场馆设施，发挥青少年体育俱乐部、社会体育俱乐部的组织优势，管好、用好社区健身路径等户外公共体育设施，保证全民健身活动的正常开展。

例如，广东"三师"专业志愿者委员会由近千名建筑师、工程师、规划师等各领域专业志愿者组成，发挥专业技术优势，指导乡村体育场地建设，推动体育运动进乡村。2016 年，"三师"志愿者为 11 个村庄提供篮球

---

① 陈伟波、韩永、刘洪涛：《火炬区编织三级社会体育指导员全民健身志愿服务网络　社会体育指导员入户宣传创文》，《中山日报》2020 年 7 月 27 日，第 3 版。

场、足球场等乡村体育场地建设指导，并捐赠篮球架、乒乓球桌、健身设施等近百件；2017 年，针对南粤古驿道重点线路修缮和巩固提升工作，"三师"成立了多个专家团队，指导地方开展古驿道本体修复、连接线建设等工作。在其努力下，共有近 20 条古驿道先后向游客开放，成为全民健身的天然氧吧。随着古驿道的逐渐恢复，自 2016 年以来，"三师"专业志愿者委员会多次协助省户外运动协会举办古驿道定向大赛。该赛事使全民健身体育融入地方特色，打造出具有广东特色的全民体育旅游项目，充分发挥了体育赛事对经济的促进作用。[①]

3. 发挥优秀运动员品牌效应，营造全民健身氛围

体育作为社会文明的重要组成部分，不仅是身体运动，更是教育手段、生活方式、精神载体。优秀运动员身上所体现的积极进取、公平正义、规则至上、团结友爱、健康自然的精神和理念，体现了社会主义核心价值观的导向。组织奥运冠军、世界冠军等优秀运动员开展体育健身志愿服务活动，不仅能吸引广大群众积极投身体育健身活动，还能激发人民的爱国热情和民族自豪感。

例如，为鼓励指导群众在疫情影响下开展居家健身，中华全国体育总会主办、国家体育总局人力资源开发中心联合北京卡路里科技有限公司共同承办了"我与冠军 PK，家庭健身项目线上挑战赛"打卡竞赛。该线上竞赛自 6 月 5 日正式上线，至 8 月 14 日结束，共有 26 位冠军上传示范视频发起挑战，分享健身技能与方法。冠军们发挥自身专业技能，选取科学有效、简单易行且兼顾趣味性和挑战性的健身动作进行拍摄示范，为群众居家健身提供了多样的内容选择。线上互动挑战也丰富了优秀运动员全民健身志愿服务的形式，也得到了众多媒体的关注和报道。"学习强国"平台以"全民健身向冠军发起挑战"为主题，在第 12 个"全民健身日"来临之际，上线挑战赛系列宣传短视频，进一步提升活动的社会影响力。[②]

---

① 《全民健身志愿服务品牌活动》，光明网，2019 年 11 月 6 日，http：//topics. gmw. cn/2019 -
11/06/content_33298608. htm？ s = gmwreco2。

② 《"我与冠军 PK 家庭健身项目线上挑战赛"赛程结束》，国家体育总局人力资源开发中心门
户网站，2020 年 8 月 25 日，http：//www. tyrc. org. cn/a/zhdt/2020/0825/4555. html。

第七节　健康促进与卫生服务平台的资源整合方法

一　健康促进与卫生志愿服务特点

2016 年 8 月 19 日，习近平总书记在全国卫生与健康大会上强调，要倡导健康文明的生活方式，树立大卫生、大健康的观念，把以治病为中心转变为以人民健康为中心，建立健全健康教育体系，提升全民健康素养，推动全民健身和全民健康深度融合。[①] 为贯彻大卫生、大健康观念，除了整合医疗卫生服务体系内各级各类医疗卫生机构的服务功能，为群众提供系统、连续、全方位的医疗卫生服务，还需要统筹各级各地医疗卫生机构志愿服务力量，形成体系，推动卫生健康志愿服务向基层一线延伸，在窗口单位拓展，向困弱人群倾斜。

综合卫生健康志愿服务的实践探索，除疾病防控、心理援助、应急救援、无偿献血等特殊类型志愿服务，还主要包括四个日常服务重点领域。[②]

1. 健康科普教育

聚焦健康意识提升、健康知识普及、健康生活方式宣传、健康社会氛围营造等方面，开展健康促进与健康教育志愿服务，通过公益活动、宣讲巡讲、文化产品推广等形式，逐步提高全民健康素养，改变影响健康的社会环境因素，不断提升群众健康福祉。

2. 精准健康扶贫

聚焦健康扶贫"六大攻坚行动"，针对因病致贫、因病返贫、贫困地区医疗卫生服务力量薄弱等难题，充分调动社会力量、链接社会资源，发挥青年志愿者在健康扶贫中的生力军作用，开展各类结对帮扶、爱心捐助、能力提升等服务，坚决打赢健康脱贫攻坚战。

3. 重点人群健康管理

聚焦社会弱势群体卫生健康需要，针对婴幼儿、青少年、妇女、老年

---

① 白剑峰、王君平、陈晨曦、孙龙飞：《全民健康托起全面小康——习近平总书记关心推动健康中国建设纪实》，《人民日报》2020 年 8 月 8 日，第 1 版。

② 徐宏：《汇聚青年力量　推广志愿服务》，《中国卫生》2019 年第 2 期。

人、流动人口等重点人群，设计开展建档立卡、入户探访、结对帮扶、优生优育、宣传倡导等服务，做好失独家庭关怀关爱活动。

4. 和谐医患关系建设

聚焦医疗服务质量和水平提升，组织动员在校学生、社会志愿者、医务人员等，以医疗卫生机构为主阵地，在导医导诊、咨询服务、医患调解、心理干预、住院陪护、人文环境营造、资金扶持等方面提供服务和支持，提升百姓看病就医的获得感和满意度。

二　健康促进与卫生服务资源整合方法

为了推动各级医疗机构结合自身人才与资源优势，开展体系化卫生健康志愿服务，国家卫生健康委员会于 2018 年下发通知，成立全国卫生健康行业青年志愿服务联盟，并印发《健康天使青年志愿服务行动计划（2018—2020年)》，对健全制度化、专业化、常态化工作机制进行整体规划。

结合各地医疗卫生系统在组织开展卫生健康志愿服务中的经验做法，有三个可以借鉴的资源整合途径。

1. 由卫健委牵头，完善区域卫生健康志愿服务体系

由于卫生健康志愿者主要由各级医疗卫生机构的专业人员组成，各级卫健委对于区域内医疗卫生机构资源、人才资源更具协调统筹经验。在新时代文明实践志愿服务的整体协调机制指导下，由各级卫健委负责规划、指导卫生健康志愿服务组织建设与项目孵化，能够加快各项卫生健康资源的组织整合与协同创新。

例如，2018 年，河南省卫健委、河南省扶贫办、河南省文明办对原有资源进行整合升级，成立河南省健康科普志愿服务总队和医疗志愿服务总队，将原有公益活动升级为"健康中原行·大医献爱心"健康扶贫志愿服务专项行动。活动内容主要包括"十个一"服务。一是建立一支队伍，即健康扶贫志愿服务队伍。省级成立健康科普志愿服务总队、医疗志愿服务总队，市、县和医疗卫生单位建立志愿服务团队。二是开展一次讲座，即邀请国内知名专家组成健康讲师团，分赴乡村巡回开展科普讲座。三是研发一套课件，围绕中国居民健康素养 66 条，组织编制 5 个标准课件。四是举办一批培训，即乡村医生科普技能培训。五是唱响一台大戏，即健康文

化大戏，以群众喜闻乐见的形式说健康、唱健康。六是组织一次义诊，即送到群众家门口的专家义诊。七是实施"一对一"帮扶，即上级医院对基层医院实行"等额对调"医疗业务帮扶。八是做好一场直播，示范健康教育活动进行全媒体直播。九是建立一个平台，即健康教育信息发布平台，形成省级专家走进媒体、权威发布健康信息的工作平台。十是形成一种机制，即政府重视、行业引导、全民参与的健康促进机制。在 2019 年，河南省采取"省级示范、市县跟进"模式，在全省推广复制健康中原行"十个一"服务。截至 2019 年末，河南省建立覆盖省、市、县及各医疗卫生单位的志愿服务团队 260 支 8221 人，全省开展科普技能培训 5241 场，培训乡村医生 18.4 万人，进行健康扶贫宣传 3 万次，举办健康科普讲座 4.5 万场，接受科普的群众 277 万人次，形成健康促进助力脱贫攻坚的良好局面。①

2. 由社会组织发挥枢纽功能，促进卫生健康志愿服务资源与社会需求对接

开展卫生健康志愿服务需要有效对接卫生健康志愿服务资源与各社会群体多样化的卫生健康服务需求。成立专业社会组织，利用本组织在卫生健康领域的知识经验和合作机构资源，以及在公益社会服务领域的社会网络与品牌口碑，更加灵活高效地对接供需，促成区域内卫生健康志愿服务走上专业化、体系化、常态化发展路径。

例如，宁波市健康家园公益服务中心紧紧把握"健康中国"的时代要求，于 2018 年 3 月牵头成立"宁波市大健康公益组织联盟"，整合了全市健康领域接近 70% 的专业志愿服务力量和资源，通过定期走访、指导和规范各加盟团队的组织管理、动员机制，保证了该领域志愿服务的常态化和规模化发展。中心团队与宁波市区各级职能部门和相关单位建立紧密合作关系，围绕全生命周期，开发设计了包括"妈咪宝贝"母婴健康面对面项目、"护苗 1 + 1"青少年自护教育项目、"暮年阳光"AD 症认知及护理项目等 9 大志愿服务品牌项目，累计举行 795 场各类形式的志愿服务活动，直接受益人达 7.3 万人次。在卫生健康志愿服务资源整合模式上，实现了从"政府买单"

---

① 《"健康中原行·大医献爱心"健康扶贫志愿服务专项行动》，中国文明网，2019 年 12 月 31 日，http://www.wenming.cn/specials/zyfw/2019sg100/zjzyfwxm/201912/t20191231_5368042.shtml。

到"居民点单"到"志愿服务组织买单"的高效精准对接与执行。①

3. 由医疗卫生机构统筹自身资源，自主设计志愿服务项目

医疗卫生机构和医学院校作为医疗领域公共服务专业组织，其组织本身就蕴含人力、物资、知识、社会网络等资源。通过有效的资源整合与内外联动，医疗卫生机构和医学院校能够快速将组织资源优势转化为卫生健康志愿服务优势。

例如，武汉协和医院儿科血液病房于 2002 年创办"爱心学校"志愿服务项目，针对血液病患儿及其家庭开展综合志愿服务。服务内容包括侵入性操作的全程安抚干预，患儿、家长、医务人员的危机关系干预，慈善基金救助，学龄期白血病儿童学校回归能力的干预，以及日常课程、健康教育讲堂和定期特色活动。自成立以来，爱心学校志愿服务站的志愿者队伍从最初的几名医务志愿者壮大至 7000 余名，遍及武汉 26 所高校、3 家机构及社会各界，已服务患儿逾 4 万人次。②

又如，温州医科大学通过十余年的持续服务与品牌塑造，坚持以"医疗公益"为工作主线，将"关爱生命"志愿服务与"生命知识"教育、实践育人、公益医疗项目相结合，通过校地精准化对接、品牌化运营、长效化开展，让志愿服务走进社区、走进乡村、走进基层。学校志愿者服务中心下设 17 个分队（含 9 个民非组织），会员 23744 人，在疾病预防、"阳光助残"、生命拯救三个领域，累计志愿服务已超过 236 万小时，以青春志愿服务的力量，助力健康中国建设。③

再如，新冠肺炎疫情发生之后，浙大二院青年志愿者服务队发挥医院青年的专业特长，依托互联网医院平台，开展"疫问 e 答"网络抗疫。在各个阶段分别推进提供网络就医义诊咨询、海外同行经验分享、战"疫"精神宣讲等特色服务。893 名志愿者累计服务 8 万余人次，为"科普防控知

---

① 《浙江省宁波市健康家园公益服务中心》，中国文明网，2019 年 12 月 4 日，http://www. wenming. cn/specials/zyfw/2019sg100/zjzyfwzz/201912/t20191204_5339134. shtml。

② 《华中科技大学同济医学院附属协和医院儿科血液病房爱心学校志愿服务队》，中国文明网，2021 年 1 月 26 日，http://www. wenming. cn/specials/zyfw/2020sg100/zjzyfwzz/202101/t20210126_5930015. shtml。

③ 《浙江省温州医科大学"关爱生命"志愿服务总队》，中国文明网，2019 年 12 月 4 日，ht-tp://www. wenming. cn/specials/zyfw/2019sg100/zjzyfwzz/201912/t20191204_5339165. shtml。

识、切断传播途径、分享救治经验、传递抗疫精神"做出积极贡献。①

第八节 法律服务平台的资源整合方法

一 法律志愿服务的特点

将法治精神融进民族精神血脉，推动全民守法成为常态，是依法治国的内在动力，更是法治中国的精神支撑。② 2019 年 7 月，中共中央办公厅、国务院办公厅印发了《关于加快推进公共法律服务体系建设的意见》，明确公共法律服务是保障和改善民生的重要举措，是全面依法治国的基础性、服务性和保障性工作。法律志愿服务作为公共法律服务的协同力量，能够发挥志愿者专长技能。各类法律志愿服务活动，对于加快推进公共法律服务体系建设、全面提升公共法律服务能力和水平发挥重要的促进作用。

结合公共法律服务的工作领域，法律志愿服务主要包括五个方面的服务内容。

1. 法制宣传

党的十八大报告提出："要深入开展法制宣传教育，弘扬社会主义法治精神，树立社会主义法治理念，增强全社会学法、尊法、守法、用法的意识。"③法治宣传志愿服务既包括立足于加强基层法治宣传阵地建设，深入乡村、社区、学校广泛开展群众性法治教育活动，也包括利用微博、微信、客户端等互联网平台，开展线上普法教育。

2. 法律服务

由具备专业知识和能力的志愿者，围绕人民群众法律服务基本需求，

---

① 《"疫问 e 答"——浙大二院网络抗疫青年志愿服务项目》，中国文明网，2021 年 1 月 26 日，http://www.wenming.cn/specials/zyfw/2020sg100/zjzyfwxm/202101/t20210126_5929992.shtml。

② 杨维汉、罗沙、白阳、丁小溪：《开启法治中国新时代——以习近平同志为核心的党中央推进全面依法治国纪实》，新华网，2019 年 10 月 21 日，http://www.xinhuanet.com/politics/2019-10/21/c_1125133417.htm。

③ 胡锦涛：《坚定不移沿着中国特色社会主义道路前进 为全面建成小康社会而奋斗——在中国共产党第十八次全国代表大会上的报告》，http://www.lfvtc.cn/newsInfo.aspx? pkId=17163。

为人民群众提供法律咨询、代写法律文书等便民公益法律服务活动。

3. 人民调解

由具有一定基层工作经验和法律知识的志愿者，参与社会矛盾纠纷调处，在查明事实、分清是非的基础上，为纠纷当事人提供政策、法律咨询，促成纠纷当事人协商解决纠纷。

4. 矫正帮教

由志愿者参与涉罪未成年人、社区服刑人员的矫正和刑满释放人员的帮教工作，以法帮教、教育感化，促进其顺利回归社会。

5. 法律援助

由社会执业律师、基层法律服务工作者，以及公、检、司、法等政法机关从事法律业务的现职人员和曾从事法律业务的离退休人员担任志愿者，在《法律援助条例》规定的义务之外，出于公益，为企业事业单位、社会团体和公民个人担任诉讼与非诉讼法律事务代理人。

二　法律志愿服务资源整合方法

在新时代文明实践中心建设背景下，法律志愿服务应当承担两个方面的职责。一是积极参与公共法律服务体系建设，推动公共法律服务实体、热线、网络平台融合发展，提升基层公共法律服务能力水平；二是开展多种类型的公益法律服务项目，重点保障低收入群体、老年人、残疾人、农民工、青少年和妇女、军人军属、退役军人等群体的法律服务权益，弘扬公正、法治的社会主义核心价值观。

结合近年来全国各地政府部门、社会组织和志愿者个人实施法律志愿服务的经验，可以从三个方面加强法律志愿服务的资源整合。

1. 由司法系统牵头，完善与公共法律服务相配套的志愿服务体系

在公共法律服务实践中，主要由各级司法部门负责整体设计和协调推进公共法律服务体系建设。在新时代文明实践中心的协调下，由司法部门负责整合优化各类法律志愿服务资源，从而更有利于建成覆盖全业务、全时空的法律志愿服务网络。

例如，自 2014 年以来，湖南省郴州市永兴县利用现成的人员、设备和场地，在县公共法律服务中心、乡镇公共法律服务站和村（社区）公共法

律服务点建设"法润三湘"公共法律服务志愿点 294 个，在县矛盾纠纷调处中心、各个专业调委会、村（社区）调委会建设"法润三湘"公共法律服务志愿点近 300 个，在全县 5154 个司法行政工作联系点中择优建设了 3400 余个"法润三湘"公共法律志愿服务点；组织县法治建设领导小组成员单位和具有执法职能的县直单位，积极建设"法润三湘"公共法律志愿服务点，全县行政单位共建设"法润三湘"公共法律志愿服务点 66 个；选择 50 余名受益于公共法律服务且个人素质高、基础条件好、热衷于志愿者事业的群众作为建点对象，通过他们的亲身经历和体会，宣传和推动志愿点建设；遴选 100 名有较高文化层次、思想觉悟、社会影响力的人员建设志愿点；在经济组织和商户中限量建设 100 个"法润三湘"公共法律志愿服务点，保质量，树立志愿点良好的品牌形象。①

2. 依托基层治理网格，将法律志愿服务融入新时代"枫桥经验"

随着"立足基层组织，整合力量资源，就地化解矛盾，保障民生民安"的新时代"枫桥经验"在全国各地铺开，法律志愿服务作为基层治理和矛盾纠纷化解的重要手段，在许多地方也被吸收为基层治理网格的重要组成，发挥着共同建设治理体系、共同实施治理活动、共同分享治理成果以及形成基层治理强大合力的独特作用。通过法律志愿者的专业调解，许多原本要对簿公堂的矛盾冲突被化解在基层，在促进社会稳定的同时节约了司法资源。

例如，北京市公益法律服务促进会组织实施退役军人权益维护和疑难案件攻坚项目，动员包括法学家、律师、人民调解员、心理咨询师、老兵志愿者、社工师在内的志愿者力量，建立 200 余人的稳定志愿者队伍。项目志愿者团队总计接待来电、来信、来访 5928 人次。接待来访退役军人中，涉及集体上访 329 人次，直接完成北京市退役军人事务局交办的重大疑难复杂专项案件 26 件，参与工作专家 300 余人次，成功化解 10 件。为延伸服务，志愿者团队还下沉基层五城区，延伸复制成熟工作机制与经验，在基层实现权益维护和矛盾化解。项目充分挖掘军休老兵"富矿"资源，把

---

① 《"法润三湘"公共法律服务志愿点》，中国文明网，2018 年 11 月 27 日，http://www.wen-ming.cn/zyfw/2018sg100/zjzyfwxm/201811/t20181127_4912483.shtml。

"思想政治工作"延伸到权益维护与矛盾化解工作中。"老兵志愿者队伍"中有多位过去接受服务的老兵主动参加志愿者团队，现身说法效果突出，形成受助与助人的"良性循环"。项目工作经验与效果得到退役军人事务部、北京市退役军人事务局的认可，在全市和全国得到学习推广。[①]

又如，2016 年，武汉市江岸区百步亭社区法庭结合社区内群众基础好的天然优势，招募了 30 名志愿者组建成法律志愿服务队。队员分驻各个居委会，为相应片区居民提供法律咨询服务，同时协助社区法庭开展送达、调解、巡回审判、法治宣传等工作，并邀请了社区律师和人大代表作为特邀调解员，协助社区法庭共同化解纠纷。为更好地融入社区综合治理，社区法庭与派出所、司法所等职能部门建立了联席会议制度，由社区党委牵头，对社区内较大的矛盾或可能引发群体性事件的纠纷，及时召开联席会议应对化解。通过多元化解矛盾纠纷，百步亭社区法庭调解、撤诉案件占收案数一半以上。2018 年，法庭收案 202 件，结案 206 件，其中调解、撤诉案件 104 件，有效节约了司法资源，减轻了居民的诉讼负担。[②]

3. 发挥普法志愿服务团队热情，助力基层平安建设

在城乡社区普法宣传和安全警示教育领域，扎根于基层的志愿服务团队更能发挥身边人讲身边事的宣传效果，结合不同宣传对象的实际需要，开展形式多样、内容生动的宣传活动。可以在新时代文明实践中心的统一协调下，让此类社区志愿服务团队与科普志愿者、理论宣讲志愿者共享资源，丰富宣传倡导主题内容。

例如，河南省洛阳市"银发志愿服务队"主要由洛阳市公安局离退休干部职工组成。该服务队注重发挥公安特长优势，探索形成了有特点、有特色的普法宣传教育志愿服务项目，累计开展志愿服务活动 384 次。具体包括：结合近五年来幼儿被拐特点，挑选经典案例，制作成 PPT 课件和小视频，进入 50 多所学校、幼儿园传播安全理念，呵护幼苗成长；印制反诈骗宣传手册、创编反诈骗主题的文艺节目，到社区、下农村、去企业、进学

---

① 《退役军人权益维护和疑难案件攻坚项目》，中国文明网，2021 年 1 月 15 日，http://www.wenming.cn/specials/zyfw/2020sg100/zjzyfwxm/202101/t20210115_5917700.shtml。

② 《百步亭社区法庭：法律志愿服务队上门调解让矛盾纠纷"百步停"》，湖北文明网，2019 年 3 月 25 日，http://hub.wenming.cn/yw_37663/201903/t20190325_5049906.shtml。

校，不遗余力地宣讲防骗知识、防骗技巧，普及反诈骗知识，守护群众"钱袋子"；走上街头、走进广场，宣传毒品危害，提高市民识毒、防毒、拒毒能力和参与禁毒的意识，为群众讲解毒品危害、宣讲法律知识，发放禁毒宣传册；为青少年开展防溺亡、交通安全等主题教育讲座，帮助青少年扣好人生"第一粒扣子"，树立正确的世界观、人生观、价值观。①

---

① 《河南省洛阳市"银发志愿服务队"普法宣传教育项目》，中国文明网，2019 年 12 月 2 日，http://www.wenmming.cn/specials/zyfw/2019sg100/zjzyfwxm/201912/t20191202_5336907.shtml。

第七章

新时代文明实践志愿服务的
制度体系建设

回顾中国历史，志愿服务有着深厚的社会文化底蕴。儒家学说倡导"仁爱"的思想，《论语·颜渊》把"仁"解释为"爱人"；《孟子·离娄下》提出"仁者爱人"，认为"爱人"是成为"仁者"的前提；《孟子·公孙丑上》说"恻隐之心，仁之端也"；"老吾老以及人之老，幼吾幼以及人之幼"的说法脍炙人口。这些社会文化积淀都与志愿服务提倡的"奉献、友爱、互助、进步"的志愿精神高度契合。儒家学说提倡的仁爱思想对中国社会影响深刻，在缺乏明文规定的农业社会中，这不仅是国家和社会管理者一生追求的道德标准，而且成为普通民众的行为准则，在一定程度上起到了隐性制度的规范作用，这也为中国志愿服务制度体系的建设提供了深厚的文化根基。

第一节　志愿服务制度和制度体系

"制度"一词从字面上理解是"制"与"度"的结合。所谓的"制"就是规制，所谓的"度"就是度量，合起来的意思是规制和度量各类社会主体行为的规范。制度可以被广义地理解为在特定历史条件下形成的法律规定、社会公约、道德标准、礼俗习惯等，也就是所有能够对社会成员行为和相互关系形成约束的社会规范，这些社会规范是伴随着人类社会的进步不断发展和完善的。

人类作为一种社会性和群体性的存在，其个体间关系和社会实践离不开各种社会制度的安排，个体间关系和社会实践的规范化与秩序化需要依靠相应的社会规范，也就是制度安排。随着人类社会的不断发展进步，社会制度覆盖人们生活的方方面面，从领域来看，有政治制度、经济制度、文化制度等。这些制度随着人类社会生活复杂程度的提升而不断细化，并且深入渗透到个人、家庭和社会组织生活之中。制度作为一种社会规范，不仅规定和约束了个人的行为，也对社会组织等社会单元的行为进行了规定和约束，成为调节和规范人与人之间、人与组织之间、组织与组织之间社会关系和互动行为的规则。由此可见，制度是社会稳定运行的基础，也是各项事业开展必不可少的前提条件。

在现代社会中，特别是法治国家，作为社会规范的制度通常由不同层级的法律法规和规章规则组成。比如，法律法规是由国家制定或认可的，由国家强制力保证实施的，以规定当事人权利和义务为内容，且具有普遍约束力的社会规范。而社会组织的规章规则局限在特定社会组织范围内，是用以规范组织的全体成员和组织活动的标准与规定，仅在组织内部具有约束力和强制性。由此可见，依托于国家法律法规和规章规则形成的国家制度是最重要的社会制度。

国家制度一般具有规范性、指导性、约束性、权威性、强制性等特点。规范性是指制度对每个社会成员的行为模式形成了相应的规矩和准则。指导性是指制度明确了人们在社会生活中应该做什么、不应该做什么，带有方向性的指引。约束性是指在制度形成的框架内，社会成员的行为模式会受到一定限制，且制度限制是硬性的、不可违反的。权威性是指制度一旦建立，在其适用范围内所有的社会成员就必须共同遵守和服从，不允许存在讨价还价的余地。强制性是指制度的实施是有国家强制力保障的，社会成员一旦违反了制度规定，就会受到相应的惩戒。具有规范性、指导性、约束性、权威性、强制性等特点的国家制度是党和政府推动国家治理、维系社会运行的基本规范与主要依据，现代社会普遍依据制度、法律、政策进行治理，合理的制度设计、制度安排、制度实施是理顺国家治理和社会治理的关键，通过具体的法律规范和政策规范可以达到维持国家和社会稳定运行的目的。

　　制度体系就是若干与国家治理和社会治理某个领域相关的一系列制度，这些制度按照一定层级、顺序和关系组合成具有特定功能的系统，其目的是全面和有效地规范、引导社会成员的行为方式。制度体系具有整体性、协同性的特征。尽管制度体系是由一系列制度集合而成的，但这一系列制度集合是为了全面地规范和引导社会成员行为的共同目标而设立的，形成了具有高度相关性、互为依存、互为补充的统一体，因而具有很强的整体性和协同性。除了整体性和协同性，制度体系还具有动态性和发展性的特征。因为制度体系的构建是一个不断发展和完善的过程，也是一个不断适应新环境、新变化并解决新问题的过程，因而制度体系本身并不是一成不变的，而是随着经济社会发展，为了满足国家治理和社会治理目的而持续补充和完善的，具有动态性和发展性的特征。可以说，任何一个制度体系建设都经历了较长发展、补充和完善的过程，新时代文明实践志愿服务制度体系建设也是如此。

第二节　中国志愿服务制度体系建设的历程

　　新中国成立之后，中国志愿服务制度体系经历了一个从无到有的过程，先后经历了播种阶段、萌芽阶段、起步阶段、探索阶段、初建阶段、成长阶段和新发展阶段。最终形成了中央文明委对志愿服务事业统一领导，中央文明办牵头负责，各有关部门和单位共同参加，志愿服务制度化水平不断提升的良好局面，制度体系的构建也日趋完善。

一　中国志愿服务制度体系的播种阶段

　　中国社会历史上就有友邻互助的文化传统，这是在农业社会的生产条件下，乡邻之间基于自愿、友爱原则的互帮互助行为。在中国共产党的领导下，新中国成立之前的解放区，就已经出现了沿袭友邻互助文化传统的农业生产互助组。农业生产互助组是在农民的土地、牲畜等生产资料和收获的农产品均属私有的基础上，在劳力、畜力、农具使用上实行互助，带有志愿服务性质的互助组织成为志愿精神的播种机。农业生产互助不仅解决了贫下中农缺乏耕畜的问题，而且实现了农业增长，并培养了集体主义意识。这种以互助为主的志愿服务在新中国成立后得以延续和发展。

1951 年底，中共中央印发了《关于农业生产互助合作的决议（草案）》的通知，基于自愿和互利原则在全国组织起不同层次的农业生产互助组，并将其打造成为当时中国农村生产的制度化组织模式。

> 根据运动发展的一般规律和发展农村生产力的必要性，党在目前对于发展互助合作运动的方针，应该有下列三个方面：
>
> 一、在全国各地，特别在新解放区和互助运动薄弱的地区，有领导地大量地发展互助合作运动的第一种形式（即临时性的季节性的简单的劳动互助）……
>
> 二、在有初步互助运动基础的地区，必须有领导地逐步地推广第二种形式（即比简单的劳动互助有更多内容的常年互助组）……
>
> 三、在群众有比较丰富的互助经验，而又有比较坚强的领导骨干的地区，应当有领导地同时又是有重点地发展第三种形式（即土地入股的农业生产合作社）……
>
> 党中央的方针就是根据可能的条件而稳步前进的方针。党在各种不同地区的农村支部，应该在党中央这种方针的指导下，教育自己的党员积极地分别参加这些不同的农业互助和合作。

在新中国成立初期，百废俱兴，人民群众的爱国热情与友邻互助的生产方式相结合，在由党的文件加以固定工作思路和工作路径后，成为带有制度属性的工作模式，这也是志愿服务制度在萌芽阶段的普遍特点。这一时期，志愿服务与热爱国家、建设国家深度结合，不仅仅是农业互助，1952 年的爱国卫生运动、1955 年成立的青年志愿垦荒队等，都可以看作中国志愿服务制度始建的重要发端。可见，根植于优秀传统文化的志愿精神在特定的历史环境下，在党和国家的领导下，可以通过人民创造、社会实践的方式，形成制度的雏形，并推广为国家治理和社会治理的重要方式与路径。

二　中国志愿服务制度体系的萌芽阶段

1963 年 3 月 5 日，毛泽东等老一辈无产阶级革命家为雷锋同志题词，号召人们"向雷锋同志学习"，3 月 5 日被命名为"学雷锋纪念日"。随后，新华社、人民日报等全国主要媒体先后对雷锋同志平凡而又伟大的事迹进行了宣传报道，雷锋事迹的报告文学、雷锋日记摘抄先后被刊发，在全国上下产生了空前的轰动效应，雷锋的名字响彻长城内外、大江南北，变得家喻户晓，举国上下、各条战线不约而同、轰轰烈烈地开展自觉学习雷锋的活动。从此，每年的 3 月 5 日，全国上下都会掀起学习雷锋好榜样、用实际行动帮助他人的活动热潮。在绝大多数成长于 20 世纪的中国人心里，学雷锋是一项提倡助人为乐的社会活动，雷锋作为一个时代的符号可凝练地概括为"做好事"。"雷锋"这个名字，成为献身人民、服务人民、公而忘私、助人为乐、团结友爱等崇高思想和行为的代名词，雷锋也与志愿服务紧紧地联系在一起。从 20 世纪 60 年代到 80 年代，在雷锋榜样示范效应带动下，在雷锋英雄事迹的感召下，在学雷锋活动轰轰烈烈的带动下，全国各地涌现出一大批"雷锋"式的先进集体和模范人物，他们成长于各行各业，是人民身边的志愿者，时刻牢记为人民服务的"活雷锋"成为祖国大地一道亮丽的风景线。需要指出的是，"学雷锋"活动和常态化、制度化的志愿服务项目还存在一些差别。"学雷锋"活动是在"学雷锋纪念日"，以群众运动方式展开的集体活动，具有强大的爆发力和感召力，但活动的周期性明显，常态化和制度化不足。尽管在局部地区出现了"学雷锋"活动的团队和项目，并持续了数十年的时间，但项目运作以少数核心人物为主，并未形成完整的常态化和制度化运行。不可否认的是，"学雷锋"活动对我国志愿服务事业的发展有着重大而深远的影响，为改革开放以来志愿服务的兴起打下了重要的基础。

在"学雷锋"活动如火如荼地在神州大地上展开的时候，中国国际志愿服务也配合着国家战略和外交需要崭露头角，最为典型的是针对发展中国家的医疗援助和农业技术援助。

1962 年，阿尔及利亚赢得独立，却遭遇外籍医务人员撤出，面临缺医少药的困难境地。处于经济艰难时期的中国政府在 1963 年宣布选派优秀医生组成援外医疗队，援助阿尔及利亚人民，由此开启了医疗援外之路。1963年4月，中国第一支援外医疗队成立，队员选拔自医疗战线的优秀技术人员，其中多是自愿报名参加的志愿者。1964年4月，中国政府第一次向非洲派出医疗队。截至2018年，中国向71个国家和地区派出援外医疗技术人员累计达到2.6万人次，其中有相当部分是来自卫生领域的志愿者。中国援外医疗队不仅赢得了受援国人民的高度赞誉，也为增进国家友谊做出了历史贡献，体现了共建人类命运共同体的大国担当。2013年，习近平总书记在刚果（布）接见援外医疗队时，总结提炼出与志愿精神高度契合的"不畏艰苦、甘于奉献、救死扶伤、大爱无疆"的中国医疗队精神。

在推进援外医疗队的同时，中国还推进了针对发展中国家的农业技术援外队伍，农业技术援助使非洲各国农业得以良好发展，一定程度上改善了非洲地区农业产品的生产和供给状况，有力地推动了非洲国家独立进程，增强了非洲国家经济基础，有效配合了中国外交大局，体现出海外志愿服务的积极作用。

总结这一时期中国志愿服务制度体系的建设可以看到，以"学雷锋"做好事为引导的国内志愿服务和以援助发展中国家为目的的海外志愿服务工作仍处于依赖政府和基层单位组织动员的萌芽阶段，相关的制度建设则有了一些原则纲领和活动方案，比如，1964年周恩来总理提出的对外援助八原则，"学雷锋"活动也多以通知、活动方案等形式加以提纲挈领地固化，但这些原则纲领和活动安排的制度化还有所欠缺。

三　中国志愿服务制度体系的起步阶段

以党的十一届三中全会为标志，我国进入了改革开放与现代化建设的历史新时期，也是党和政府走向制度建设的新阶段，明确了制度问题，制度建设带有根本性、全局性、稳定性和长期性。现代意义的中国志愿服务制度也伴随着改革开放、伴随着党的十一届三中全会之后的制度建设步伐逐步发展起来。

1983年，在北京市宣武区组织开展的"文明礼貌月"活动中，大栅栏街道举行"综合包户"协议书签订仪式，由团员青年为本地区19名老人定期提供送粮送菜、理发、洗澡、打扫卫生等10项综合服务，此后在宣武区迅速推广，全区 8 个街道对 137 名老人提供"综合包户"服务。"综合包户"与"学雷锋"活动有异曲同工之处，其最重要的特点是在一定区域内通过一对对制度化的固定志愿服务关系，形成有组织、有制度、相互联系、相互配合的服务网。1983 年 2 月 28 日，《北京日报》报道也突出强调了"综合包户"的制度化，对 10 项综合服务的服务次数、服务态度和服务质量，都有具体规定和明确要求，而且要接受检查监督。"综合包户"的制度化就是以一种定向、固定、长期的志愿帮扶，使服务由分散发展到协同，由单项发展到多项，由零星发展到定期，推动了"学雷锋"活动的经常化、制度化，"雷锋"不再是"三月来了四月走"，而是在社区里扎下了根。1984 年，"综合包户"学雷锋志愿活动在北京城近郊区推广。1984 年，借着"学雷锋纪念日"的契机，共青团中央号召推广"综合包户"服务的经验。可以说，改革开放之后的中国志愿服务制度化萌芽于雷锋，起源于社区，服务于民生。

1984 年，全国普遍开展了"五讲四美三热爱"活动，掀起了社会主义精神文明建设的热潮，中宣部在宣教局成立了"五四三办公室"，具体负责全国的"五讲四美三热爱"活动，"五四三办公室"也是现在中央文明办的前身。"五讲四美三热爱"活动为开展志愿服务奠定了深厚的群众基础，中央文明办的成立为志愿服务制度体系建设提供了机制保障。

在 20 世纪 80 年代和 90 年代轰轰烈烈的精神文明建设中，社会公益事业开始兴起，志愿服务制度化步伐也开始向各个领域扩展。1988 年 11 月，天津市和平区新兴街社区，在社区残疾人、孤老户和军烈属调查中发现有 13 名困难群众需要帮助。社区居委会干部带领积极分子组建"一帮一"服务小组，主动提供对口帮扶，并选择了"志愿者"作为服务小组的名称。此后，志愿者群体不断扩大。1989 年 3 月 18 日，"天津和平区新兴街道社区服务志愿者协会"成立，成为全国第一个社区志愿服务团体。

1993 年 12 月 19 日，在共青团号召下，2 万余名铁路青年亮出"青年志愿者"旗帜，在京广线开展为旅客送温暖志愿服务，不为任何物质报酬，志愿贡献个人的时间及精力，为改善社会服务、促进社会进步而为社会和他人提供服务。"青年志愿者"这一称号的诞生，标志着有着统一身份和旗帜的中国志愿者行动在全国范围内正式实施。

处于起步阶段的中国志愿服务制度体系建设形成了周期较长、较为固定的志愿服务对象、志愿服务内容和志愿服务队伍，并在相应的制度建设和队伍建设上有所建树，形成了特定的志愿服务工作阵地，这些都为探索下一阶段志愿服务制度体系提供了坚实的社会基础。

四　中国志愿服务制度体系的探索阶段

随着中国志愿服务事业的蓬勃发展，青年志愿服务、海外志愿服务、社区志愿服务等都出现了新的发展，相关制度建设在有序推进，中央有关部门开始统筹管理相关领域的志愿服务工作，地方志愿服务法制化进程不断推进，志愿服务机构逐步完善。

1994 年 12 月 5 日，中国青年志愿者协会成立，这是我国第一个全国性的志愿服务社会团体。中国青年志愿者协会章程第二条规定："本协会是由依法成立的省、自治区、直辖市志愿者组织和全国性的专业、行业志愿者组织和个人自愿结成的全国性的非营利性社会组织。本协会通过组织和指导全国志愿服务活动，为社会提供志愿服务，推动社会主义精神文明建设，促进社会主义市场经济体制的建立和完善，提高志愿者的整体素质，为经济社会的协调发展和全面进步做出巨大的贡献。"中国青年志愿者协会明确了志愿服务要对社会主义精神文明建设、社会主义市场经济体制的建立和完善做出贡献，也在制度上体现出中国志愿服务的根本特色。1998 年，共青团中央成立青年志愿者工作部，统筹管理全国的青年志愿服务工作，在一定程度上理顺了青年志愿服务的行政管理体系，在制度建设上完善了青年志愿服务管理归属的问题。

在探索阶段制度建设最大的进展是志愿服务法制化的推进。1999 年 8 月 5 日，广东省颁布了我国第一部关于志愿服务的地方性法规——《广东省青年志愿服务条例》，标志着我国志愿服务法制化进程的开启。此后，北京、天津、浙江、黑龙江、宁夏等十多个省（区、市）分别制定了地方层面的《志愿服务条例》，志愿服务法制化进程逐步推进。

在志愿服务法制化发展的同时，海外志愿服务规范化、制度化也有了新的进展。2002 年 3 月，中国青年志愿者海外服务计划正式启动，面向全国公开招募志愿者，赴老挝从事语言教育、计算机培训、医疗卫生等方面的志愿服务。2004 年,《援外青年志愿者选派和管理暂行办法》出台,标志着中国青年志愿者海外服务计划被正式纳入援外工作范畴。同年,《援外志愿者生活待遇内部暂行办法》出台,明确了援外志愿者基本生活费、人身保险费、往返国际差旅费、培训费、管理费等开支标准,为开展援外志愿服务提供了有力的制度保障,也初步形成了较为完整、规范的海外志愿者招募、培训、管理、保障和评估的系列工作程序,这些工作制度和工作程序都以合理的制度安排为海外志愿服务的可持续发展保驾护航。

2000 年之后,大学生志愿服务成为新的增长点,志愿服务也成为大学生走向基层的一个重要通道。根据国务院办公厅《关于做好 2003 年普通高等学校毕业生就业工作通知》和 2003 年全国高校毕业生就业工作电视电话会议精神的要求,共青团中央、教育部实施的"大学生志愿服务西部计划",由财政部、人社部给予相关政策、资金支持,按照公开招募、自愿报名、组织选拔、集中派遣的方式,每年招募一定数量的普通高等学校应届毕业生或在读研究生,到西部基层开展为期 1~3 年的教育、卫生、农技、扶贫等志愿服务。"大学生志愿服务西部计划"成为引导大学生志愿者到西部去、到基层去、到祖国和人民最需要的地方去建功立业的一项重要工作。

2005 年,为了解决社区志愿服务资金来源渠道少、居民参与面不广、专业化服务水平不高、法律制度建设滞后等实际困难,进一步推动社区志愿服务的发展水平,民政部成立"中国社会工作协会社区志愿者工作委员会"。在该委员会的推动下,一些地方大胆创新社区志愿服务事业,因地制宜地结合群众需求,打造富有特色的社区志愿服务品牌,开展经常性的社区志愿服务,形成了社区志愿服务常态化、人人争做志愿者的良好态势,在推动社会工作发展中积极促进志愿服务事业发展。

五　中国志愿服务制度体系的初建阶段

中国经济社会的高速增长为人们带来丰腴的物质生活,也让人们有了更多的精神生活和社会价值的需求,志愿服务作为践行社会主义精神文明、实现个人社会价值的路径,得到越来越多民众的支持,客观上也需要将志愿服务制度建设推进到国家层面,成为党领导下的一项重要事业。

2006 年,党的十六届六中全会是中国志愿服务制度建设过程中的一件重要里程碑式事件。会议通过了《中共中央关于构建社会主义和谐社会若干重大问题的决定》，明确提出要"深入开展城乡社会志愿服务活动，建立与政府服务、市场服务相衔接的社会志愿服务体系"，以党的重要决定的方式，将志愿服务制度化工作向前推进了一大步。随后，中共中央办公厅、国务院办公厅印发了《中央有关部门贯彻落实党的十六届六中全会〈决定〉重要举措分工方案》，明确了中央文明办是开展城乡社会志愿服务活动、建立社会志愿服务体系的牵头单位，对项目的贯彻实施负总责，这是志愿服务制度建设的重要节点，第一次明确了党在志愿服务事业中的领导地位，这也是在中央机构中第一次明确志愿服务的牵头单位。

中央文明办牵头负责志愿服务工作，志愿服务事业的重要作用和意义在政府、社会、企业、民众之间达成了共识，志愿精神也随着应急救援中的志愿参与和大型赛事中志愿服务项目得到弘扬，尤其是 2008 年汶川地震救灾和北京奥运会过程中的志愿服务得到全社会的认同与肯定。2008 年，中国成功举办了北京奥运会。奥运会赛场内外，志愿者以美丽的微笑和热情的服务备受瞩目，成为北京最好的名片。在北京奥运会闭幕式上，国际奥委会首次增加了向志愿者代表献花的仪式，感谢志愿者为奥运会做出的突出贡献。联合国秘书长潘基文先生专门致信，充分肯定了北京奥运会志愿者的杰出表现，联合国还授予北京志愿者协会"联合国卓越志愿服务组织奖"。汶川地震和北京奥运会中的志愿服务，大大提升了人们对志愿服务的认识，使全社会更加深刻地感受到了志愿服务的重要性。

为了顺应全社会的迫切要求，进一步推动志愿服务事业的制度建设，2008 年，中央文明委印发《关于深入开展志愿服务活动的意见》，指出要紧紧抓住社会主义核心价值体系建设这个根本，贴近实际、贴近生活、贴近群众，广泛普及志愿理念，大力弘扬志愿精神，着力壮大志愿者队伍，着力完善志愿服务体系，着力建立志愿服务社会化运行模式，推动志愿服务有一个新的更大发展，使更多的人成为志愿者，使更多的志愿者成为良好社会风尚的倡导者，成为社会主义精神文明的传播者、实践者。

《关于深入开展志愿服务活动的意见》明确了深入开展志愿服务活动的基本原则：坚持以相互关爱、服务社会为主题，始终把公益性放在首位，充分体现无偿、利他的基本要求；坚持志愿服务与政府服务、市场服务相衔接，有针对性地设计项目、开展活动，做到量力而行、务求实效；坚持志愿服务与实现个人发展相统一，让人们在为他人送温暖、为社会做贡献的过程中经受锻炼、增长才干；坚持自愿参与和社会倡导相结合，既尊重人们的服务意愿，鼓励人们自主参与，又强调公民的社会责任，努力扩大志愿服务活动的覆盖面，增强志愿服务活动的影响力；坚持社会化运行模式，把党政各部门、社会各方面组织动员起来，形成强大的工作合力。

同时，《关于深入开展志愿服务活动的意见》还强调，深入开展志愿服务活动要普及志愿理念、弘扬志愿精神，努力营造关心、支持和参与志愿服务的浓厚社会氛围；要深入开展多种形式的志愿服务活动，为人们关爱他人、奉献社会搭建平台；要进一步建立健全志愿服务活动的运行机制，不断提高志愿者服务的科学化、规范化、专业化和社会化水平；要切实加强对志愿服务活动的组织领导，推动志愿服务持续健康发展。

这一阶段的志愿服务事业制度化有两个明显的特点。第一个特点是确定了志愿服务事业是一项重要的党的工作，是在建设社会主义精神文明事业中发挥重要作用的一项工作，加强党对志愿服务事业的领导，发挥志愿精神对人民群众奉献社会的鼓舞作用。第二个特点是志愿服务明确了对志愿服务活动的一些具体要求，如健全运行机制，提高科学化、规范化、专业化和社会化，等等。这些具体要求也为地方开展工作提供了指引，明确了方向。

六　中国志愿服务制度体系的成长阶段

2009 年，中央文明办成立了志愿服务工作组，具体承担志愿服务工作职能。在中央文明委的统一领导下，在中宣部、中央文明办的统筹协调下，有关部门各负其责，社会各方面积极参与，志愿服务制度化得到大力推进，有关志愿服务的重要文件、重要政策相继出台，重大志愿服务活动深入开展。

2012 年，为了促进和规范志愿服务记录工作，维护志愿者和志愿服务对象的合法权益，推动志愿服务健康有序发展，民政部印发《志愿服务记录办法》，强调志愿服务记录应当记载志愿者的个人基本信息、志愿服务信息、培训信息、表彰奖励信息、被投诉信息等内容。志愿服务记录遵循及时、完整、准确、安全原则，任何单位和个人不得将其用于商业交易或者营利活动，也不得侵犯志愿者个人隐私。虽然《志愿服务记录办法》具有较强的局限性，比如，"志愿服务时间是指志愿者实际提供志愿服务的时间，以小时为计量单位，不包括往返交通时间"和"志愿者组织、公益慈善类组织和社会服务机构应当建立以服务时间和服务质量为主要内容的志愿者星级评定制度，对获得相应星级的志愿者予以标识，并推荐参加相关评选和表彰。志愿服务记录时间累计达到 100 小时、300 小时、600 小时、1000 小时和 1500 小时的志愿者，可以依次申请评定为一星级、二星级、三星级、四星级、五星级志愿者"，两者存在着自相矛盾之处，虽然强调"建立以服务时间和服务质量为主要内容的志愿者星级评定制度"，但在记录和操作层面仅考虑志愿服务时长，忽略了志愿服务质量。又如，"志愿者组织、公益慈善类组织和社会服务机构应当利用民政部志愿者队伍建设信息系统以及其他网络平台，实现志愿服务记录的网上录入、查询、转移和共享"，虽然在规定上较为完整，但在操作过程中，志愿服务记录的网上转移和共享却难以真正实现，尤其是其记录注册后缺乏退出机制，存在大量的不活跃注册用户。2013 年，共青团中央出台了《中国注册志愿者管理办法》，与民政部《志愿服务记录办法》高度相似。

2013 年，民政部发布的《中国社会服务志愿者队伍建设指导纲要（2013—2020 年）》提出，中国特色志愿服务事业发展的总体目标和五个分目标，对今后一个时期的志愿服务事业主要任务进行了说明，为加快推进我国社会服务志愿者队伍建设指明了方向，制定了目标。在保障措施中明确提出："完善政策制度。积极推动志愿服务立法工作，为社会服务志愿者队伍建设提供法律保障。制定和完善社会服务志愿者支持、保障与奖励政策，为社会服务志愿者队伍建设营造良好的政策环境。"

2013 年，中国志愿服务联合会成立，在中央文明办的指导下开展工作，成为联络、服务广大志愿者和志愿服务组织的重要平台。

2014 年，中央文明委印发了《关于推进志愿服务制度化的意见》，旨在建立健全志愿服务制度，进一步壮大志愿者队伍，完善社会志愿服务体系，推动志愿服务活动经常化、制度化，促进社会文明进步。该意见突出强调了要充分认识推进志愿服务制度化的重要意义，并将开展志愿服务作为创新社会治理的有效途径和加强新形势下精神文明建设的有力抓手。推进志愿服务制度化，对于推动志愿服务持续健康发展、促进"学雷锋"活动常态化，培育和践行社会主义核心价值观、在全社会形成向上向善的力量，具有十分重要的意义。进而，该意见将建立健全志愿服务制度分为规范志愿者招募注册、加强志愿者培训管理、建立志愿服务记录制度、健全志愿服务激励机制、完善政策和法律保障等方面。在加强对志愿服务制度化的组织推动方面，也强调切实加强志愿服务领导，各级党委和政府要把志愿服务融入城乡社区治理，作为加强精神文明建设的重要任务，摆上重要议事日程，切实抓紧抓好；各级文明委要加强总体规划、协调指导、督促检查，文明办要发挥好牵头作用，推动志愿服务制度化发展；各有关部门要发挥自身优势，制定相关政策措施，各负其责、密切配合，形成共同推进志愿服务制度化的良好局面。

为贯彻落实中央文明委《关于推进志愿服务制度化的意见》，提高志愿服务信息化水平，中央文明办、民政部和共青团中央组织有关单位制定了《志愿服务信息系统基本规范》（MZ/T 061—2015），将其作为行业标准于2016年发布。《志愿服务信息系统基本规范》针对志愿服务记录和为志愿者出具证明过程中，存在的主体不清、格式不一、内容不全、随意性大等，从而影响志愿服务记录的公信力和志愿服务证明的权威性等问题，进一步规范志愿服务记录证明工作，不断提升志愿服务制度化、规范化水平。

2016年，经中央深化改革领导小组审议通过，中央文明办会同有关部门制定下发了《关于支持和发展志愿服务组织的意见》《关于公共文化设施开展学雷锋志愿服务的实施意见》。中宣部、中央文明办、教育部、民政部、文化部、国家文物局、中国科协等8部门为了深入推进公共图书馆、博物馆、文化馆、美术馆、科技馆和革命纪念馆学雷锋志愿服务，提出了建立健全公共文化设施志愿服务制度的要求，包括以下几个方面。①做好志愿者招募和注册。公共文化设施要根据志愿服务的需要，及时发布招募信息，明确志愿服务所需的条件和要求，组织开展经常性招募和临时性招募，使志愿服务有人做、做得好。依托全国志愿服务信息系统，建立完善志愿者注册制度，保护志愿者个人隐私。志愿者应在注册时，提供真实身份信息、服务技能、服务时间、联系方式等个人基本信息。②加强志愿者培训和管理。公共文化设施要根据志愿服务要求，以提升志愿者素质和能力为重点，组织学习培训，开展研讨交流，不断提高志愿者的服务意识、服务能力和服务水平。加强志愿者骨干的培养，使他们成为公共文化设施志愿服务的中坚力量。跟踪掌握志愿者接受培训、参加服务的情况，评估服务效果，及时改进提高，实现志愿者、服务对象和服务项目的有效衔接。坚持管理与服务并重，尊重志愿者意愿和劳动成果，保护志愿者的合法权益，吸引和留住优秀志愿者。③健全志愿服务考核激励机制。公共文化设施要建立和完善志愿服务记录制度，开展以志愿服务时间和服务质量为主要内容的综合评价，调动、保护志愿者的积极性和服务热情。按照相关规定要求，采用统一的内容、格式和记录方式，及时、完整、准确记录志愿者参加公共文化设施志愿服务的信息，规范出具志愿服务记录证明，做好志愿者星级认定工作。要充分体现志愿服务自愿、无偿、利他、平等的特点，建立志愿者嘉许制度，褒扬和嘉奖本单位招募的优秀志愿者，积极探索优秀志愿者激励回馈制度。按照"谁证明，谁负责"的原则，逐步建立志愿服务虚假证明责任追究制度和监督检查制度。④加强志愿服务保障和支持。公共文化设施要将开展学雷锋志愿服务纳入事业发展规划，列入重要议事日程，制定保障措施和支持措施，促进志愿服务持续健康发展。要结合实际制定实施方案，明确具体责任部门和责任人，扎实推进工作落实，不断提高志愿服务的科学化、规范化和社会化水平。要保障志愿者必要的工作条件，为开展志愿服务提供必要的经费支持。根据志愿服务活动的需要，为志愿者提供适当的交通、误餐等补助，购买必要保险、提供基本保障，切实维护志愿者的正当权益。

七 中国志愿服务制度体系的新发展阶段

党的十九大提出，要"推进诚信建设和志愿服务制度化，强化社会责任意识、规则意识、奉献意识"。2017 年 6 月 7 日国务院第一七五次常务会议通过了《志愿服务条例》，这是我国历史上第一部志愿服务的行政法规。《志愿服务条例》针对志愿服务活动不够规范、志愿者权益保障不够有力、激励机制不够完善等问题，对志愿服务的基本原则、管理体制、权益保障、促进措施等做了全面规定。最重要的是明确规定，精神文明建设指导机构建立志愿服务工作协调机制，加强对志愿服务工作的统筹规划、协调指导、督促检查和经验推广；民政部门负责志愿服务行政管理工作；有关部门按照各自职责负责与志愿服务有关的工作；有关人民团体和群众团体在各自的工作范围内做好相应的志愿服务工作。

为了促进志愿服务事业发展，《志愿服务条例》规定了多项扶持和保障措施，包括：将志愿服务事业纳入国民经济和社会发展规划，合理安排志愿服务所需资金，促进广覆盖、多层次、宽领域开展志愿服务；制定促进志愿服务事业发展的政策和措施，为志愿服务提供指导和帮助；通过购买服务等方式支持志愿服务运营管理；对有突出贡献者予以表彰、奖励；采取措施鼓励公共服务机构等对志愿者给予优待。鼓励有关单位、组织为志愿服务开展提供场所和其他便利条件；在同等条件下优先招用有良好志愿服务记录的志愿者；将学生参与志愿服务活动纳入实践学分管理；积极开展志愿服务宣传活动等。

《志愿服务条例》的颁布是中国志愿服务事业制度化发展过程中的里程碑事件。众所周知，中国的法律体系是由宪法、法律、行政法规、地方性法规和部门规章组成的，而条例是法律的名称，不是法律的种类。条例是由国家制定或批准的对某些事项或某一机关组织、职权等的规范性法律文件，也是指团体制定的章程。它具有法的效力，是根据宪法和法律制定的，是从属于法律的规范性文件。《志愿服务条例》是创制性立法，也是我国治理体系和治理能力现代化进程中的重要法律制度建设成果，其意义之深远、地位之重要自不待言。《志愿服务条例》的颁布为中国志愿服务行稳致远，进而有为，提供了强大的制度保障。此后，围绕着《志愿服务条例》，各地各部门先后出台了相应的规章制度，这些规章制度成为各地各部门推动志愿服务制度化的重要组成部分。

2018年7月，中央全面深化改革委员会第三次会议审议通过《关于建设新时代文明实践中心试点工作的指导意见》，指出建设新时代文明实践中心，是深入宣传习近平新时代中国特色社会主义思想的一个重要载体，要着眼于凝聚群众、引导群众，以文化人、成风化俗，调动各方力量，整合各种资源，创新方式方法，用中国特色社会主义文化、社会主义思想道德牢牢占领农村思想文化阵地，动员和激励广大农村群众积极投身社会主义现代化建设。建设新时代文明实践中心试点工作，要坚持目标导向和问题导向相结合，重点围绕农村基层宣传思想文化工作和精神文明建设谁来做、做什么、怎样做的问题，充分发挥县级党委和政府统筹协调、组织实施的重要作用，推动农村基层党组织履行好直接组织、宣传、凝聚、服务群众的重要职责，充分发挥党员先锋模范作用，有效调动广大农村群众自我教育、自我提高、自我服务的积极性、主动性，整合社会各方面力量建设一支群众身边的志愿者队伍，因地制宜开展经常性、面对面、农村群众喜闻乐见的文明实践活动，大力培育和践行社会主义核心价值观，切实提高农村群众的思想觉悟、道德水准、文明素养、法治观念，更好地推动农民全面发展、农村全面进步。

《关于建设新时代文明实践中心试点工作的指导意见》，强调试点工作以全县域为整体，以县、乡镇、村三级为单元，以志愿服务为基本形式，打通城乡公共文化服务体系的运行机制、文化科技卫生"三下乡"的工作机制、群众性精神文明创建活动的引导机制，整合人员队伍、资金资源、平台载体、项目活动，推动基层宣传思想文化工作和精神文明建设改革创新，实现更富活力、更有成效、更可持续的发展。在县一级成立新时代文明实践中心，由县（市、区）党委书记或专职副书记担任中心主任，中心办公室设在县（市、区）委宣传部，宣传部部长担任办公室主任。在乡镇一级成立新时代文明实践所，由乡镇党委主要负责人担任所长。在行政村设立新时代文明实践站，由村党组织主要负责人担任站长。

《关于建设新时代文明实践中心试点工作的指导意见》进一步明确，新时代文明实践中心（所、站）的主体力量是志愿者，主要活动方式是志愿服务。县级新时代文明实践中心组织和引导志愿者组建新时代文明实践志愿服务总队，由县（市、区）党政主要负责人担任总队长。有条件的乡镇、行政村也可以组建新时代文明实践志愿服务队伍。志愿服务队伍的组成主要来自两个方面：一是党政机关、国有企事业单位特别是涉农部门、宣传部门、教育部门、文化和旅游部门、住房和城乡建设部门以及学校、党校（行政学院）的在职人员，志愿者所在单位要创造必要条件支持志愿者开展活动；二是乡土文化人才、科技能人、科技特派员、律师、"五老"人员、退休文化工作者、先进人物、文艺志愿者、大学生志愿者、创业返乡人员等。

2019 年 10 月，党的十九届四中全会明确强调，要"健全志愿服务体系"，更是推动中国志愿服务制度化进入了一个新的发展阶段。要坚持走中国特色志愿服务之路，大力弘扬奉献、友爱、互助、进步的志愿精神，不断健全志愿服务体系，更好地引导人们为他人送温暖、为社会做贡献，使我为人人、人人为我在全社会蔚然成风。健全志愿服务体系，关键是创新工作体制机制，有效调动各种资源和力量，推动志愿服务制度化、社会化、专业化。要大力扶持志愿服务组织发展，建立健全孵化培育机制，完善和落实志愿服务组织承接公共服务、参加公益创投、获取政府补贴和社会捐赠等方面的政策措施，推动公共资源更多地向基层志愿服务组织开放。要精心培育志愿服务队伍，完善志愿者招募注册机制，开展高水平、精准化的教育培训，分领域、分层次培养骨干队伍和专业力量。志愿服务项目和阵地，是开展志愿服务活动的基本依托。要围绕服务国家战略、服务百姓生活，设计一批高质量、专业化的志愿服务项目，打造一批示范性强、影响力大的品牌。要扩大志愿服务站点的覆盖面，以城乡社区、公共场所、窗口单位为重点，推动志愿服务进医院、进车站、进商场、进景区，推进社区、高校志愿服务中心建设，加快实现博物馆、图书馆、科技馆志愿服务阵地的全覆盖。要加强志愿服务保障机制建设，完善志愿服务记录制度，制定实施志愿者嘉许和回馈办法，健全志愿服务星级认定制度，重视发挥典型示范作用，推动形成有利于志愿服务事业持续健康发展的良好环境。

2020 年 6 月 4 日，全国志愿服务工作协调小组召开第一次会议，审议并通过了《全国志愿服务工作协调小组及其办事机构工作规则》。会议强调，建立全国志愿服务工作协调小组，健全志愿服务体系，是党中央做出的重要部署，是加强对志愿服务集中统一领导的具体体现。作为指导推动我国志愿服务事业发展的议事协调机构，协调小组在中央文明委统一领导下，由中央文明办牵头负责，各有关部门和单位共同参加。要认真贯彻党中央关于志愿服务工作的决策部署，坚持以人民为中心的工作导向，弘扬主流价值，培养时代新人，培育时代新风，坚定走中国特色志愿服务之路。要围绕中心、服务大局，加强总体谋划和顶层设计，统揽志愿服务各方面力量，统筹部署全局性、示范性重点工作，推动志愿服务实现新发展。全国志愿服务工作协调小组的成立，明确了中央文明委对志愿服务事业的统一领导，明确了中央文明办牵头负责、各有关部门和单位共同参加的工作格局，也推动志愿服务制度化进入了新发展阶段。

2021 年，中共中央办公厅印发的《关于拓展新时代文明实践中心建设的意见》明确提出，新时代文明实践中心建设由试点转为全面展开、由试点县（市、区）向全国范围的县级行政区全面覆盖。这在制度上为志愿服务事业发展提供了广阔的舞台。同时，还明确提出，省、市两级宣传部门、文明办探索建立联席会议制度、挂点联系制度，这为加强党对志愿服务事业的领导提供了制度保证。

第三节　中国志愿服务制度体系的主要构成

中国志愿服务事业经历了播种阶段、萌芽阶段、起步阶段、探索阶段、初建阶段、成长阶段和新发展阶段，制度化水平不断提升。中国特色志愿服务初步形成了三个层次的制度体系：领导制度体系、法律制度体系和工作制度体系。

一　中国志愿服务的领导制度体系

志愿服务事业的领导制度体系是在党的十九大提出的"推进诚信建设和志愿服务制度化"和党的十九届四中全会提出的"健全志愿服务体系"精神指引下，突出党对志愿服务事业的领导工作，明确了中央文明委对志愿服务事业的统一领导，明确了中央文明办对志愿服务事业牵头负责，强化顶层设计，强化志愿服务的统筹、运行、管理、保障和规范，积极推进中国特色志愿服务制度体系建设。

在党的统一领导下，全国志愿服务工作协调小组中各有关部门和单位共同参加的领导制度体系不断完善，在围绕中心、服务大局方面发挥了突出作用。近年来，中共中央宣传部、中央文明办、文化部、民政部、教育部、财政部、全国总工会、共青团中央、全国妇联先后出台和部署了志愿服务事业工作的相关要求，领导扶贫、济困、扶老、救孤、恤病、助残、救灾、助医、助学等领域的志愿服务工作，完善了志愿者、志愿服务组织、志愿服务项目的登记管理、资金支持、人才培育等配套政策，初步形成了志愿服务的领导制度体系。

二　中国志愿服务的法律制度体系

围绕《志愿服务条例》，国家、省区市、地市三级志愿服务法律法规体系得以完善。2017 年，国务院颁布《志愿服务条例》后，各级地方政府先后出台了相应的志愿服务条例制度。据不完全统计，北京、上海、天津、重庆、广东、安徽、江西等 21 个省区市出台了志愿服务条例或者志愿服务工作管理办法，部分省区市在国务院《志愿服务条例》颁布之后，对照修改了志愿服务条例或者志愿服务工作管理办法。一些地市也出台了志愿服务条例或者志愿服务工作管理办法，如宁波、广州、武汉、大连、抚顺、杭州、合肥等城市。国家、省区市、地市三级志愿服务法律法规体系，为各级政府根据各地特点，因地制宜地做好本地区的志愿服务工作、开展志愿服务项目、培育志愿服务组织提供了规章制度的依据。

除了《志愿服务条例》和各省区市的相关管理办法之外，其他相关的文件和战略部署也为志愿服务事业发展提供了一定的依据。比如，2018 年《中国共产党支部工作条例（试行）》中明确提出党支部每月相对固定 1 天开展主题党日，组织党员集中学习、过组织生活、进行民主议事和志愿服务等。2019 年，《中国共产党农村基层组织工作条例》也提出农村基层组织应当严格党的组织生活，坚持"三会一课"制度，村党组织应当以党支部为单位，每月相对固定 1 天开展主题党日，组织党员学习党的文件、上党课，开展民主议事、志愿服务等，突出党性锻炼，防止表面化、形式化。《中国共产党党员教育管理工作条例》中提出鼓励和引导党员参与志愿服务，党员应当积极参加党组织开展的志愿服务活动，也可以自行开展志愿服务活动。《中国共产党农村工作条例》指出，各级党委应当发挥工会、共青团、妇联、科协、残联、计生协等群团组织的优势和力量，发挥各民主党派、工商联、无党派人士等积极作用，支持引导农村社会工作和志愿服务发展，鼓励社会各界投身乡村振兴。《中国共产党国有企业基层组织工作条例（试行）》提出，引导党员积极参与志愿服务，注重发挥党员在区域化党建和基层治理中的重要作用。这些党内的规章制度也为志愿服务事业制度化提供了规则和依据。

三　中国志愿服务的工作制度体系

中国志愿服务的工作制度体系可以分成中央和地方两个层次。在中央的顶层设计上，《全国志愿服务工作协调小组及其办事机构工作规则》明确了中央文明委对志愿服务事业的统一领导，明确了中央文明办牵头负责，各有关部门和单位的工作职能与要求，形成了共同参与的工作格局。在地方层次上，除了各有关部门和单位的具体工作之外，新时代文明实践中心试点工作以全县域为整体，以县（市、区）、乡镇、村三级为单元，以志愿服务为基本形式，形成了丰富的基层工作制度体系。

在机构设置的制度上。在县一级成立新时代文明实践中心，由县（市、区）党委书记或专职副书记担任中心主任，中心办公室设在县（市、区）委宣传部，宣传部部长担任办公室主任；在乡镇一级成立新时代文明实践所，由乡镇党委主要负责人担任所长；在行政村设新时代文明实践站，由村党组织主要负责人担任站长。

在资源整合的制度上，整合现有基层公共服务阵地资源，打造理论宣讲平台、教育服务平台、文化服务平台、科技与科普服务平台、健身体育服务平台，统筹使用，协同运行。打通党校（行政学院）、党员电教中心、党员活动室、道德大讲堂、村级组织活动场所和综合服务中心等，建立理论宣讲平台；打通普通中学、职业学校、小学、青少年宫、青少年校外活动场所、儿童活动中心、乡村学校少年等，建立教育服务平台；打通基层文联组织、乡镇文化站、文化馆、群艺馆、图书馆、博物馆、影剧院以及歌舞团、戏剧团等，建立文化服务平台；打通科技示范基地、农村科技创新室、科技信息站、益农信息社、科普中国乡村 e 站、科普大篷车、科普活动室、农家书屋等，建立科技与科普服务平台；建好、用好县级体育场馆、农村健身广场、农村文化活动广场，推动中小学体育设施对外开放，建立健身体育服务平台。涉及各平台的机构、人员、资源设施等权属不变，根据文明实践工作需要统一调配使用。

在队伍建设的制度上，新时代文明实践中心（所、站）的主体力量是志愿者，主要活动方式是志愿服务。县级新时代文明实践中心组织和引导志愿者组建新时代文明实践志愿服务总队，由县（市、区）党政主要负责人担任总队长。有条件的乡镇、行政村也可以组建新时代文明实践志愿服务队伍。

此外，在工作内容、工作方法上也有一系列的制度安排。从基层实际工作情况来看，各地的新时代文明实践中心（所、站）都落实了与本地特色相符的制度设计和制度安排，一些地方还出现了工作制度的融合和创新，在宣讲习近平新时代中国特色社会主义思想、传递社会主义核心价值观、为人民群众排忧解难、志愿服务信用积分、助力扶贫攻坚乡村振兴、优化多方参与的基层社会治理等方面都形成了志愿服务工作制度和规范。

第四节　中国志愿服务制度体系的创新和发展方向

随着新时代文明实践中心建设由试点转为全面展开、由试点县（市、区）向全国范围的县级行政区覆盖，中国志愿服务事业在未来将进入快速普及和兴旺繁荣的发展时期，从志愿服务制度体系的创新和发展方向来看，有三个重点领域。

一　组织结构和领导制度

新时代文明实践志愿服务试点工作以全县域为整体，以县、乡镇、村三级为单元。在县一级成立新时代文明实践中心，由县（市、区）党委书记或专职副书记担任中心主任；中心办公室设在县（市、区）委宣传部，宣传部部长担任办公室主任。在乡镇一级成立新时代文明实践所，由乡镇党委主要负责人担任所长。在行政村设新时代文明实践站，由村党组织主要负责人担任站长。新时代文明实践志愿服务三级组织结构和领导制度为试点工作顺利进行提供了良好的制度保障。

随着新时代文明实践中心建设向全国拓展，《关于拓展新时代文明实践中心建设的意见》中明确了以全县域为整体，推动新时代文明实践中心建设由试点探索转为全面展开、由试点县（市、区）向全国范围的县级行政区全面覆盖。在"组织领导"中强调，中共中央宣传部、中央文明办负责牵头组织、指导督促。省级党委将新时代文明实践中心建设融入经济社会发展大局，市级党委聚焦新时代文明实践中心建设目标，制定明确可行的配套措施，细化任务分工、压实工作责任。省、市两级宣传部门、文明办探索建立联席会议制度、挂点联系制度。

这就意味着在新时代文明实践中心试点过程中确立的以县、乡镇、村三级为单元的组织结构和领导制度亟待创新。如何加强省、市两级党委对新时代文明实践志愿服务工作的领导、组织、指导、督促是需要各地因地制宜创新的重要内容。同时，推动省、市两级优质资源通过机制化结对帮扶注入基层新时代文明实践志愿服务工作，推动区域间（跨市、县、乡）的资源流动、共享，实现效率最大化，都是需要制度创新加以保证的。

二　项目管理和运行制度

新时代文明实践志愿服务要紧扣乡村振兴战略实施、政务服务改革、基层社会治理等党组织和政府重点任务，打造务实管用的志愿服务项目，推进志愿服务精准化、常态化、便利化、品牌化。打造务实管用的志愿服务项目，关键是做到以人民为中心的项目管理和运行，尤其是要注重项目背后的制度化建设。在项目管理和运行过程中有两类制度化建设。一类是社会性制度，是指一般形成社会共识的社会规范，如法律法规、村规民约、风俗习惯等。这些社会性制度表面上与项目管理和运行没有直接联系，却实实在在地影响项目管理和运行效果，因而要借助社会性制度来设计志愿服务项目，如用合理制定的村规来调动人民群众参与志愿服务的积极性。另一类是项目性制度，是指专门为志愿服务项目管理和运行设置的规范，如民主协商参与制度、奖惩制度、登记制度、保障制度等。这类制度是为了实现志愿服务项目的精准化、常态化、便利化、品牌化实施而专门制定的规范，需要结合项目管理和运行的实际情况与具体要求制定详细的、有效的行为约束准则，如志愿服务积分制度，就要根据实地情况设计关于志愿服务积分的对象、积分的流程和兑付的方式等的规章制度。

另外，还需要注重对专业志愿服务的制度创新，尤其是应急志愿服务的制度创新，要充分总结新冠肺炎疫情防控志愿服务经验，健全平战结合的志愿服务制度机制，提升应急志愿服务的组织动员、专业救助、支援救援能力。

三 投入保障和评估制度

尽管志愿服务强调的是无偿奉献，但志愿服务工作需要场地、队伍，志愿服务项目运作也需要一定的成本，因而做好志愿服务工作的投入保障和评估制度尤为重要。在制度创新方面，要坚持中央引导、地方统筹的原则，县级财政承担新时代文明实践中心建设基本经费，省、市两级财政予以必要支持的投入保障制度。就开展志愿服务工作的实际需求来看，单单依靠政府投入是不够的，最重要的是如何动员社会力量参与到新时代文明实践志愿服务工作中，构建多渠道、多元化、多主体的志愿服务投入保障制度。

同时，要针对新时代文明实践中心和志愿服务项目，以能否坚定群众信仰信念、能否融洽党群干群关系、能否提升群众精神风貌、能否培育社会文明风尚、能否不断满足人民日益增长的美好生活需要为标准，建立真实、有效的监测评估制度，要对能够在新形势下做好宣传群众、教育群众、引领群众、服务群众的志愿服务项目加大投入保障力度，形成助推志愿服务事业健康发展的重要基础。

第八章

新时代文明实践志愿服务的可持续发展

党的十九大报告中明确指出，要"推进志愿服务制度化"。志愿服务制度化的根本目的是实现志愿服务的可持续发展，这也是新时代文明实践发展的必然途径与可靠抓手。新时代文明实践志愿服务的可持续发展，形成于中国特色社会主义伟大实践中，既是对中华民族助人为乐传统美德的继承，体现了志愿服务精神的传递，也具有鲜明的时代特征，与国家和经济社会实现可持续发展的战略保持一致，积极回应了新时代人民对美好生活向往的需要。

可持续发展的概念源于 20 世纪 80 年代人们针对所面临的全球经济、社会和环境问题开展的大讨论。1987 年，世界环境与发展委员会（WCED）在调查报告《我们共同的未来》中首次提出了"可持续发展"的概念，即"既满足当代人的需求，又不对后代人满足其自身需求的能力构成危害的发展"。① 随着可持续发展问题受到政府、学界和社会日益广泛的关注，可持续发展已经演变为一种渗透于各个领域的全新发展观，成为指导各个领域应对复杂性、不确定性、实现可持续性的重要理念和发展策略。在新时代文明实践中，志愿服务的"可持续发展"，意味着志愿服务的稳定、健康和长效发展，意味着志愿服务的制度化与常态化，意味着志愿服务文化的形

---

① 世界环境与发展委员会：《我们共同的未来》，王之佳、柯金良等译，吉林人民出版社，1997，第 52 页。

成与传承。①

志愿服务发展的历程与面临的现状表明，新时代文明实践志愿服务的可持续发展是一项系统工程，离不开诸多要素、环节、方面的紧密配合与协同作用，同时又需要有较长时间的实践磨炼与经验积累。总体来说，新时代文明实践志愿服务实现可持续发展的具体路径，表现为以人的可持续为核心，形成广泛的社会参与；以政策的可持续为制度保障；以教育的可持续为思想基础；以工具的可持续为技术支撑。

第一节　人的可持续

新时代文明实践中心建设是为了满足人民日益增长的精神文化需求、丰富人民的精神世界、增强人民的精神力量，这凸显了以人民为中心的发展思想、发展路径与根本目标。"人"是新时代文明实践中心建设的力量源泉。"人"既是起点，也是落点。有效地吸引、动员和凝聚各种社会力量，形成广泛的社会参与，是新时代文明志愿服务实现可持续发展的力量源泉与群众基础。

一　系统整合基层志愿服务力量

目前，我国新时代文明实践志愿服务仍以行政化组织力量为主，政府主导和行政推动是主要特点。在一些特殊的志愿服务活动中，志愿者往往以"组织化""官方化""运动式"的方式开展工作。增强新时代文明实践志愿服务的群众基础，首先需要有效整合基层志愿服务力量，由各地文明办作为牵头单位，统筹整合资源，依托街道社区，建立与党政部门、学校、社会组织的对接机制，凝聚更多力量参与基层志愿服务。例如，在新冠肺炎疫情发生后，北京市各级党组织发挥"双报到"机制作用，组织在职党员积极投身社区疫情防控。各级共青团组织也依托"团员回社区报到"工作机制，广泛动员团员青年参加志愿服务。此外，也有不少学生、社会组织通过各种方式参与到志愿者队伍中来。

---

① 党秀云：《论志愿服务可持续发展的价值与基础》，《中国行政管理》2019 年第 11 期。

在未来的志愿服务工作中，要进一步凝聚在特殊背景下产生的多渠道志愿者群体。把社区志愿服务纳入各级党政机关和基层的党建、团建内容；把社区志愿服务纳入学校课程计划并计算学时；探寻社区与社会组织有效合作的途径与方式，搭建资源链接平台，依托各类社会公益组织孵化培育社区志愿服务组织。

目前，大部分行政化的社区志愿服务内容仍以联防联控为主，比如，小区排查登记、值班值守、环境卫生整治等，参与人群构成也相对单一。社区居民的一些特殊化、多样化、个性化需求，实际上得不到有效满足，如教育服务、医疗、心理等专业咨询，面对不同社区的特殊性，社区内志愿者群体可以更好地利用地理与邻里优势，实现身边及时的互帮互助。针对社区多元化服务需求，应充分挖掘社区人力资源，很多社区本身就拥有心理辅导、医疗、法律、休闲娱乐、教育等方面的专业人才。以新时代文明实践中心、街道、社区为组织机构，把这些人才发动起来组成志愿团队，强化组织管理，提供知识科普、健康指南、心理关怀等多种服务，有效形成社区人力资本，帮助身边人，实现"助人自助"。

二 有效推动家庭志愿服务发展

家庭是个人社会化的第一个课堂，是孕育志愿服务精神的场所。在新时代文明实践中，推动家庭式志愿服务发展是解决志愿服务社会参与不足的有效方式。所谓家庭志愿服务，简单地说，是指不同家庭成员相互合作、共同参与志愿服务活动或者志愿服务项目。可通过两种可能的途径实现家庭内志愿服务的代际互动和影响：一方面，通过家长的言传身教、行为示范，潜移默化地培育子女的志愿服务意识，这也是家庭教育的重要形式；另一方面，子女的志愿服务意识同样会"反哺"家长的志愿服务行为，使志愿服务理念成为一种互惠、共享的价值观。20 世纪 90 年代，西方国家已经有意识地推动家庭志愿服务的发展，这也已经成为西方国家一种普遍化的趋势，美国还设立了专门的"全国家庭志愿者日"（National Family Volunteer Day）。[1]

---

① 张网成、杨娜：《什么是"家庭志愿服务"》，《中国社会工作》2016 年第 10 期上。

　　我国政府部门也较早注意到了发展家庭志愿服务的重要性，如全国妇联于 2009 年出台了《关于深入推进家庭志愿服务工作的意见》，但总体来看家庭志愿服务在官方政策体系中仍旧属于被忽视的环节。在实践中，我国部分省份也已经开展了家庭志愿服务的探索性工作，但发展并不理想。在抗击新冠肺炎疫情过程中，全员志愿者家庭的涌现成为新冠肺炎疫情下志愿服务拓展的一抹亮色。疫情之下，很多家庭两代人、三代人拥有了前所未有的长时间共同居家的生活体验。在一些家庭，只要有一位志愿者，其参与抗疫防疫的行为就产生传递倍增效应，带动家庭成员参与志愿行为，成为家庭全员参加志愿服务的"催化剂"。

　　应把抗击新冠肺炎疫情中家庭志愿服务的经验进行总结，作为推动未来新时代文明实践志愿服务的重要"突破口"。通过组织开展"家庭志愿服务行动""志愿服务亲子计划""亲子公益"等活动，以有效的项目或活动为载体，建立并完善家庭志愿互助平台，加强宣传、扩大支持网络，动员社区居民以亲子组合的方式参与志愿服务，通过把志愿服务与家庭教育和公益教育密切结合，激发家庭成员参与志愿服务的心理认同感和责任感，促进社区志愿服务网络的扩能增效，实现服务有效、家庭受益、社区和谐等多方共赢的良性循环。

三　发挥能人作用，释放能人效应

　　播撒新时代文明实践的种子，促进新时代文明星火燎原，既需要群众的广泛参与，也离不开"领头雁"的示范引领。能人效应是一种涟漪效应，能人带活动，能人带信息，能人带政策，能人带机制。能人效应的目的是要激活能人要素，创造能人生产力，实现能人带众人，众人变能人的良性发展。

　　作为"关键少数"，能人是带动和推进乡村地区文明建设与传播的主要承担者、实践者，掌握了他们，就掌握了主要矛盾。新时代文明实践中心建设中的能人，具有多元化的构成特征，他们既可能是具备某一方面突出才能的人，又可能是身兼多种身份的人，如集经济能人、政治能人、文化能人、技术能人，管理人员、专业技术精英、乡贤群体、社区能手、大学生群体、返乡农民工等都有这种情况。通过能人带动，最大限度地调动、激发人民群众广泛参与，形成能人带动社会风气、促进乡风文明的良好格局，是新时代文明实践中心建设取得实效的关键一环。

发挥能人作用、释放能人效应的前提是要发现能人，给能人增权赋能。只有充分地赋能才使能人意识到自身的自主性地位并有效行动起来，关注共同体事务，对社区事务保持热情和动力，从而成为有效推动新时代文明实践中心建设的重要力量。乡村和社区的能人群体，凭借特殊的社会身份优势、资源动员能力或者专业技术权威，对基层社会经济、文化和社会治理具有重要的影响力，也掌握着一定的社会话语资源，在新时代文明实践中心建设中具有特殊的地位，发挥着"领头雁"的作用。把能人的标杆树立起来，群众就有了学习的榜样。通过发现能人，进一步使能人效应最大化。以能人带动为轴心，串联政府、平台、群众等各方力量，推动新时代文明实践供给侧和需求侧精准对接，强化新时代文明实践中心与广大群众的精神联系，引导群众积极、有效地参与其中，构建新时代文明实践利益共同体，进而推动社会文明的整体进步。

在实践中要摸索总结发现能人的机制，及时发现能人的第一步是建立能人银行/能人信息库，其思路是以基本能人信息为基础，活用能人，释放更大的能人资本效应，创造更大的能人财富。一是广泛搜集能人信息，利用现有信息网络指定筛查标准，全面搜集分散在各个领域的能人信息情况，建立能人信息库。二是进一步掌握能人各自擅长的专业和领域，并据此分门别类建立各个分类型能人专业信息库。三是各地可以根据村况社情，因地制宜建立地方能人信息库。例如，浙江省丽水市云和县建立"乡土能人库"，把有一技之长、有兴趣参与到村庄建设的人才，如园林专家、项目工程师、木匠、泥水匠等各类乡土能人，都吸收到乡土能人库中，形成地方发展的"智囊团"，为家乡发展出谋划策。①

能人信息库建立之后，下一步就是精准投放能人，把能人效应发挥到最大。在实践中，要结合能人服务意愿和地方问题清单，实行点单式公益志愿服务，对症下药、结对帮扶，让志愿服务和群众需求实现精准对接，更有效地针对群众不同需求开展志愿服务，解决人才供需错配、资源闲置

---

① 《老乡建家乡"土味"唤乡愁》，《浙江日报》2018年5月31日，第10版。

等问题。例如，北京市延庆区作为全国 50 个新时代文明实践中心建设试点区之一，通过建立"点单派单"网络平台，在政策宣讲、法律咨询、科技科普、教育培训、文化活动、医疗养老、体育健身等不同领域，统筹能人资源供给与基层公共服务需求，实现能人精准投放，使能人效应最大化。[1]

第二节　政策的可持续

新时代文明实践志愿服务是新时代文明实践中心建设的重要抓手，是党中央推动宣传思想文化和精神文明建设工作的重大举措，涉及范围广、部门多、利益关系复杂、影响广泛，这就使良好的顶层政策设计显得尤为重要。政策的稳定性和连续性成为新时代文明实践志愿服务发展的制度基础，是志愿服务必要的政策支持和机制保障。行之有效的新时代文明实践志愿服务政策，必须同时具备可操作性和协调性两个基本属性。

一　政策的可操作性

政策的可操作性是指政策涉及的内容和行为方式可以具体化，能够用来指导实践操作。政策是否具有可操作性决定了新时代文明实践志愿服务领域的政策能否落到实处，这要求相关政策具备两个基本要件：一是政策内容制定要科学，二是明确可以细化配套的实施细则。

政策设计的科学性是要保证新时代文明实践志愿服务真正"接地气"，是能够切实增强群众获得感的好政策。要充分考虑政策落地可能存在的堵点、难点和痛点，避免出现好高骛远、脱离实际、政策标准不清等问题。提高政策制定的科学性需要在新时代文明志愿服务中精准聚焦服务对象的核心需求，以切实解决实际问题为导向。要广泛、深入、精细地开展实地调查研究，分析实际情况、发现问题症结，结合实际合理确定政策目标，设计政策内容，真正做到察民意、解民忧。在实施政策前要广泛征求群众意见，保证政策制定的公开性和民主性。

---

[1] 《延庆推广"点单派单"精准化公共服务，14 万人次参与》，《新京报》2019 年 7 月 31 日，第 A06 版。

随着我国志愿服务的发展，相关领域的政策制定也逐渐进入精细化阶段。目前出台的志愿服务领域的一些政策通常偏于宏观，过于笼统，应进一步明确和细化相关配套实施细则，赋予其切实的可操作性，防止政策落实"打折扣"。比如，政策规定建立合理有效的志愿服务评估和激励机制，但必须进一步细化相关配套性政策，才能发挥真正的激励效果。政策实施细则需要明确各社区、各志愿服务队及时准确做好志愿者信息登记及服务记录工作，以此为基础完善志愿服务积分制度和星级志愿者认证制度，出台"时间银行""爱心置换"等奖励计划，探索多种形式的回馈奖励方式，并将志愿服务信息纳入社会信用体系，在教育、医疗、文化服务等方面提供优惠政策，等等。又如，我国《志愿服务条例》对志愿服务的经费保障做了政策设计，政策规定拓宽经费来源渠道，保障经费持续供给，明确要求政府及相关部门统筹管理、合理安排，加强财政资源的支持，满足志愿服务的资金需求，但是由于缺乏可操作性的细化制度，政策条文最终只能"看上去很美"，在具体实践中又往往面临经费保障不足的窘境，这导致志愿服务项目的组织与开展成了"无米之炊"，甚至一些志愿服务项目为了解决经费问题通过变通的方式变相地向服务对象收取酬劳。

由于我国不同地域的经济社会发展很不平衡，志愿服务发展水平存在较大的地区差异和城乡差异，同一类型的项目在不同区域实施的难易程度也可能会存在较大差异。在新时代文明志愿服务的推行过程中，在政策制定、资金配套、活动设计等问题上不能简单地搞"一刀切"，需要充分结合当地的民情社情，深入了解当地基层民众的诉求，确保各项政策的合理性、科学性和可操作性，因地制宜地开展志愿服务活动。

二　政策的协调性

政策的协调性是指某项具体的政策内容不应与其他政策内容相互矛盾和冲突。由于我国志愿服务活动的起步相对较晚，制度化建设相对滞后，尚未形成一套较为完整的制度体系。目前，新时代文明志愿服务领域的政策尚存在碎片化、分散化、部门化问题，出现部门与地方政策、先前与后续政策之间冲突以及不同政策之间"打架"的情况。政策的协调性也要注意实施时间上的协调，既要保证政策的稳定性、一致性与连贯性，也要保证政策的适应性。政策要保持相对稳定，但如果现实情况发生了改变，则要适时做出政策调整。政策的不协调会导致我国新时代文明实践志愿服务在制度化建设中不同政策之间难以实现有效的衔接与配套，影响政策效果的有效发挥。

例如，在2017年国务院颁布《志愿服务条例》之前，我国已有多个省份进行了志愿服务立法，但这些地方法规存在着诸如立法名称不统一、立法标准不统一、立法结构不统一、志愿服务活动主管机构不统一、志愿服务中责任承担未明确、志愿服务激励和保障条款不完善等问题。[①]

保证政策制定的协调性，应探索完善政策制定的动态联动机制，从整体层面通盘考虑，强化政策沟通，检查不同政策环节的内在逻辑和关联关系，提高制度链条之间的有机衔接和协调适应程度，确保政策制定的统一性、全面性，避免出现"头痛医头，脚痛医脚"。增强政策制定和实施的协调性，上级单位的政策协调能力和指导能力非常关键。《志愿服务条例》做出规定，国家和地方精神文明建设指导机构建立志愿服务工作协调机制。应切实发挥好志愿服务工作协调小组的职能，进一步完善文明委统一领导、文明办牵头协调、各部门和单位分工负责、全社会共同参与的志愿服务领导体制和工作机制，志愿服务协调小组切实承担起统筹协调、指导督促的职责。各有关部门和单位在协调小组机制架构下，各负其责、各展所长，相互支持、相互配合，构建联动高效、协调有序的工作格局，加强政策制定的协调性，形成共同推进志愿服务的整体效应。

第三节　教育的可持续

2001年，《全球志愿者宣言》指出，志愿服务不应是心血来潮的冲动，不应是趋利从众的跟风，而应成为一种全民习惯、一种生活方式、一种文化。志愿服务理念的培育是志愿服务可持续发展的思想基础。教育性也是新时代文明实践的重要价值属性，凝聚群众、引导群众、以文化人、成风化俗。将志愿服务精神、服务理念、服务文化内化为志愿行动的自发动力

---

① 邓国胜、辛华：《美国志愿服务的制度设计及启示》，《社会科学辑刊》2017年第1期。

和文化自觉，需要借助志愿服务教育来实现。

新时代文明实践的志愿服务教育是指通过各种教育形式使受教育者掌握志愿服务的知识和技能，提升志愿服务的意识和理念，培养积极参与志愿服务活动的奉献精神和责任意识，进而在全社会范围内形成志愿服务文化。志愿服务教育需要融入学校教育的全过程，并充分结合社会参与，在全社会范围内广泛宣传志愿服务的价值，开展志愿服务教育，形成人人关心志愿服务、人人支持志愿服务、人人参与志愿服务的良好文化氛围。

一　把志愿服务融入学校教育全过程

志愿服务的自发性和自主性是志愿服务行为发生的前提，青少年又正处于价值观念和人生观念形成的关键时期，因此在青少年阶段就注重培养他们积极主动参与志愿服务活动的意识和精神至关重要。把志愿服务工作列为"立德树人"德育工作的重点，将"奉献、友爱、互助、进步"的志愿服务精神与弘扬"雷锋精神"相连接，融入社会主义核心价值观教育教学过程，实现志愿服务和道德育人的有机结合，激发青少年的道德意识和社会责任感，培养青少年"人人为我，我为人人"的志愿服务意识。

各级教育部门和学校须系统设计学校志愿服务工作体系，研究推行"青少年志愿服务制度"，把志愿服务纳入学校课程教育体系和教学工作计划，结合本地区情况，开设志愿服务课程，并规定学时，选取课程教材，可考虑编写青少年志愿服务手册。要坚持把志愿服务融入学前教育、基础教育和大学教育等学校教育的全过程。从长远来看，逐渐把志愿服务作为学生综合素质考察和评优升学的重要参考依据。

除了学校课堂教育之外，志愿服务的社会实践和体验是将理论知识付诸实际行动、锻炼志愿服务实际能力、实现实践育人的重要途径。教育既要读万卷书，又要行万里路。近年来，我国在青少年思想道德教育模式中引入了以志愿服务为主的社会实践活动，如暑期实践、高校学生支教、送知识下乡等活动，实践教育已经成为开展志愿服务活动、培育志愿精神的重要形式。未来需要将志愿服务实践纳入常态化的课程计划，充分利用各级各类青少年志愿服务活动基地开展实践教育，根据学生特点，开展不同形式的志愿服务实践活动。

二　探索"家校社"志愿服务教育合作共育新模式

青少年志愿服务教育的开展是一个牵涉广泛的社会问题，需要各个部门形成合力，共同配合，需要学校、家庭、社区及公益组织联合起来，密切配合，开展好志愿服务活动。

日本在实施青少年志愿服务教育中就比较注重社会力量的参与，其教育理念不提倡"关在校园里的教育"，而是主张让学生回归家庭、回归社区，注重加强家庭与社会的联系，通过学校、家庭、社区共同行动，有效地促进青少年志愿服务意识的形成。日本学校将青少年志愿服务的教育过程分为两个主要阶段。第一个主要阶段是在学校内通过"志愿服务课堂"和"道德课"来培养学生的志愿服务意识；第二个主要阶段是通过与学生家庭取得联系，争取家庭的支持、监督和参与，同时与社区取得联系，使社区成为青少年形成志愿服务意识和开展志愿服务实践的重要场所。[①]

我国在践行青少年志愿服务教育中，也应注重家庭、学校与社会的结合。我国教育家陶行知曾经指出，"生活即教育，社会即学校"。青少年参加志愿服务的实践过程，也是接受生活教育与社会教育的过程。应探索"家校社"志愿服务教育合作共育的新模式。各地各级教育部门和学校可依托家委会、家长学校等，通过家访、电话、短信、微信等多种方式，及时向家长进行志愿服务知识宣传，利用社区青少年服务中心和社区家庭教育服务站，借助各类专业化的公益组织，组建由家教专家、志愿者、优秀家长和社区代表等人员组成的相对稳定的志愿服务教师指导团队，设计"家校社"共育课程、开展"家校社"联动志愿服务等，带动更多的社会力量参与进来，形成良好的志愿服务社会氛围。

三　加强志愿服务的专业化能力教育

志愿服务需要具备必要的知识技能和一定的专业素质，才能使志愿服务热情在实践中发挥更大的效果。随着志愿服务的发展，受众对志愿服务的形式、内容和水平提出了更高的要求。尤其是针对健康医疗、在线教育、

---

① 李文英：《日本青少年的志愿服务教育及其启示》，《比较教育研究》1999 年第 4 期。

心理疏导等专业化较强的服务需求，就更加需要专业化的服务能力，以确保志愿服务活动的质量与水平。

志愿者服务能力提升的途径和方法是多种多样的。在青少年志愿服务的教育阶段，应格外重视实际能力的培养，青少年应具有思考、分析和有效解决实际问题的能力，尤其是提升他们的沟通、紧急情况应对等实操技巧。在新时代文明实践志愿服务中，招募的志愿者来源背景、教育水平和擅长领域都不相同，需要结合专业化的技能培训，才能更好地统一志愿者的观念、行动和能力。

志愿服务的培训既需要把志愿服务培训制度化，又需要运用综合的方法，有计划、有目的地统筹谋划。具体来说，首先，应制定翔实而有针对性的志愿者培训计划，根据志愿者的特点制定差别化的培训方案，邀请有经验的志愿者以及专业技术人员开展志愿者岗前培训，并根据志愿者成长需求，对志愿者进行相关知识和技能的跟踪培训，提升志愿者的专业化服务能力和责任感。其次，构建志愿者互助合作体系和沟通机制，促进志愿服务的热情和信念在团队成员中传递，促进志愿服务经验在团队内得到及时分享、交流和推广。

第四节　工具的可持续

可持续发展离不开技术工具的有力支撑。一个可持续发展的社会必然依靠科技的不断迭代与进步。回顾志愿服务发展的历史进程，每个阶段的发展都与科技、社会的发展变革休戚相关。随着网络技术的迅速发展和广泛应用，互联网已经成为各个社会领域创新发展的重要技术工具与平台。物联网、大数据、云计算特别是人工智能技术的发展，促使以智能化和信息化为核心的第四次工业革命开启人类智能化时代。

党的十九届四中全会将"健全志愿服务体系"作为坚持以社会主义核心价值观引领文化建设制度的重要内容，同时提出推动社会治理和服务重心向基层下移，把更多资源下沉到基层，更好提供精准化、精细化服务。[①]

---

① 《中共中央关于坚持和完善中国特色社会主义制度推进国家治理体系和治理能力现代化若干重大问题的决定》，http://www.gov.cn/zhengce/2019–11/05/content_5449023.htm？trs=1。

将互联网的新技术与志愿服务领域深度结合，有利于拓宽志愿服务范围，强化志愿服务职能，盘活志愿服务资源，更好地实现志愿服务的精准化和精细化，推动志愿服务的多元化发展。2015 年 9 月，中央文明办、民政部、共青团中央联合推广应用《志愿服务信息系统基本规范》，要求开发完善、选择应用相关志愿服务信息系统，尽快实现全国志愿服务信息系统互联互通、信息共享。2016 年 12 月，中宣部、中央文明办等 7 部门联合发布的《关于公共文化设施开展学雷锋志愿服务的实施意见》指出，积极探索"互联网＋志愿服务"，安全合规利用信息技术手段，助推志愿服务专业化、特色化和精准化。"互联网＋志愿服务"，不是二者的简单相加，而是利用互联网信息技术以及互联网平台，实现互联网与志愿服务的深度融合。"互联网＋"为新时代文明志愿服务的可持续发展提供了科技支撑，也提供了发展的新思路和新路径，给志愿服务事业带来了巨大变革，成为新时代文明志愿服务迈向信息化、网络化、智能化的重要途径。

互联网和大数据可以实现志愿服务管理的信息化与网络化，提高服务的精准化。信息化程度不高，求助及救援信息不通畅，志愿者资源缺乏有效整合，一直是困扰我国志愿服务管理的突出问题，影响了志愿服务的效率和质量。可以借助互联网建立全国志愿者数据库，形成志愿者信息档案的电子化管理，提高志愿者队伍建设的科学化和信息化水平。通过搭建便捷有效的志愿服务信息平台，实现对志愿者个人信息和服务效果、志愿者公益组织信息的信息化管理，实现志愿服务资源的互联互通、及时共享和科学调配，提升志愿服务资源的使用效能。通过智能终端和物联网的使用，及时提供实时服务信息数据，为组织决策提供支撑和依据，提高志愿服务管理的科学化水平。

"互联网＋"可以促进志愿服务信息的供需匹配和有效衔接，使资源利用效率最大化。借助大数据手段，提升社区志愿服务的便捷化、精准化水平，动态跟踪和管理社区内的各类服务需求，提升志愿服务的工作效率。通过微信群、微信公众号、QQ、微博、智慧社区 APP 等网络渠道，加强志愿服务宣传，及时更新和发布服务需求信息，快速回应社区居民急迫需求、普遍关心的共性问题，有效提升社区志愿服务效率，实现"发声即应""抬手即办"。

通过打造"互联网＋"志愿服务平台，可以有效盘活志愿服务资源，克服一些传统难题。例如，通过建立志愿服务资金募集平台，拓宽公益组织和服务项目资金来源的渠道，提升资金管理的规范化与智能化水平，目前的互联网筹款平台有阿里、新浪微博、腾讯等；建设"闲置物品捐赠站"，提供闲置物品捐赠的便捷渠道；开设网上志愿服务学校，推动志愿者线上培训和多方式教学，志愿者可通过在线学习积累学分并参加考试。

新时代文明实践中心云平台是利用大数据、云计算、移动互联网等新一代信息技术，打造"互联网＋志愿者"的志愿服务体系。例如，2019年10月上线的北京市海淀区新时代文明实践中心服务管理平台，目前已经成为海淀区新时代文明实践中心服务管理"一站式"、PC移动一体化综合平台，实现了体系机制、阵地管理、志愿队伍和实践活动的网络化管理，有效提升了新时代文明志愿服务的效率和水平。该平台与文明海淀微信公众号、掌上海淀APP、海淀通APP多个入口构成"一库双系统多端口"体系。平台汇聚了虚拟现实（VR）、基于位置的服务（LBS）、移动互联、人工智能、大数据分析等信息技术，整合了包括36个委办局和29个街镇的文明实践服务资源以及"2＋9＋N"的志愿者团队（1支新时代文明实践志愿指导员队伍、1支宣传文化组织员队伍，9类专业志愿服务队伍，N支功能多样的志愿服务队伍）资源，建设了"点单派单"、活动超市、活动报名、基地预约、服务地图、VR展厅、"我的书房"、慕课中心、"志愿海淀"、实践动态、精准推送等功能，提供了菜单式、订单式、一站式、随时随地的文明实践服务。[①]

与现代科学技术的结合赋予了志愿服务更强的生命力，推动志愿服务朝着更加精准化、智能化和个性化的方向发展。"互联网＋"志愿服务的推进，使得志愿服务的目标、内容以及形式也因此更加多元化，优化了资源配置和高效利用，推动志愿服务实现创新发展。

---

① 北京海淀文明网，http://bj. wenming. cn/hd/hdwmbb/201910/t20191030_5301253. shtml。

后　记

　　《志愿服务概论》是国内首本系统性论述新时代文明实践志愿服务的专门教材，也是中国志愿服务研究中心计划编撰的"社会发展与志愿服务研究"丛书中的第一本。

　　本书紧把时代脉搏，与习近平总书记关于志愿服务的重要指示精神紧密联系，高度融合中宣部、中央文明办关于新时代文明实践志愿服务工作的部署，注意吸收各学科的最新研究成果，较为全面地介绍了新时代文明实践志愿服务涉及的各方面知识。在内容上，结合新时代文明实践志愿服务的新实践和新趋势，导入与时俱进的典型案例，辅助理解和思考。本书学科交叉性强，有理论、方法，也有政策、案例；既可用于科研，也可用于教学、科普，适用范围广。望本书成为中国特色志愿服务理论研究及教学工作的新起点，对哲学社会科学的内容发展起到丰富与拓展的作用。

　　该书自编写以来，得到了浙江省文明办、宁波市文明办的高度重视和大力支持。作为全国志愿服务的先行市，宁波在志愿服务的体系构建、人才培养、平台建设、项目培育等多个方面的实践在全国具有领先地位，并为本书的编写工作提供了充分、完整、翔实的案例支撑。

图书在版编目（CIP）数据

志愿服务概论／中国志愿服务研究中心，中国志愿
服务研究中心浙江（宁波）分中心编著． —— 北京：社会
科学文献出版社，2022.10（2024.2 重印）
（社会发展与志愿服务研究丛书）
ISBN 978 - 7 - 5228 - 0520 - 7

Ⅰ.①志…　Ⅱ.①中…　②中…　Ⅲ.①志愿 - 社会服
务 - 概论 - 中国　Ⅳ.①D699.3

中国版本图书馆 CIP 数据核字（2022）第 143112 号

社会发展与志愿服务研究丛书

志愿服务概论

编　　著／中国志愿服务研究中心
　　　　　中国志愿服务研究中心浙江（宁波）分中心

出 版 人／冀祥德
责任编辑／胡庆英
责任印制／王京美

出　　版／社会科学文献出版社·群学出版分社（010）59367002
　　　　　地址：北京市北三环中路甲 29 号院华龙大厦　邮编：100029
　　　　　网址：www.ssap.com.cn
发　　行／社会科学文献出版社（010）59367028
印　　装／唐山玺诚印务有限公司

规　　格／开　本：787mm × 1092mm　1/16
　　　　　印　张：16.5　字　数：260 千字
版　　次／2022 年 10 月第 1 版　2024 年 2 月第 2 次印刷
书　　号／ISBN 978 - 7 - 5228 - 0520 - 7
定　　价／98.00 元

读者服务电话：4008918866